本书由2019年教育部人文社会科学研究项目《珠江流域民族河流文化与价值研究》资助
项目编号：19YJC850002

珠江流域民族河流文化与价值研究

何秋萍／著

吉林大学出版社
·长春·

图书在版编目（CIP）数据

珠江流域民族河流文化与价值研究 / 何秋萍著. --长春：吉林大学出版社, 2022.7
ISBN 978-7-5768-0034-0

Ⅰ.①珠… Ⅱ.①何… Ⅲ.①珠江流域 - 文化研究 Ⅳ.①K296

中国版本图书馆CIP数据核字(2022)第141587号

书　　　名：珠江流域民族河流文化与价值研究
ZHUJIANG LIUYU MINZU HELIU WENHUA YU JIAZHI YANJIU

作　　　者：何秋萍　著
策划编辑：矫　正
责任编辑：李潇潇
责任校对：王寒冰
装帧设计：雅硕图文
出版发行：吉林大学出版社
社　　　址：长春市人民大街4059号
邮政编码：130021
发行电话：0431-89580028/29/21
网　　　址：http://www.jlup.com.cn
电子邮箱：jldxcbs@sina.com
印　　　刷：天津和萱印刷有限公司
开　　　本：787mm×1092mm　　1/16
印　　　张：11.75
字　　　数：260千字
版　　　次：2023年5月　第1版
印　　　次：2023年5月　第1次
书　　　号：ISBN 978-7-5768-0034-0
定　　　价：68.00元

版权所有　翻印必究

目　录

绪　　论 / 1

第一章　珠江流域概况
（一）珠江流域河流水系 / 7
（二）珠江流域民族概况 / 10

第二章　珠江流域民族河流文化演变
（一）史前河流文化萌芽时期 / 19
（二）秦汉至六朝河流文化形成时期 / 20
（三）隋唐五代河流文化发展时期 / 23
（四）宋元河流文化成熟时期 / 25
（五）明清河流文化高潮时期 / 29
（六）近现代河流文化曲折探索时期 / 37
（七）当代河流文化新生时期 / 40

第三章　珠江流域民族河流文化
（一）居住文化：因河而居 / 46
（二）河流文化遗产：多样又统一 / 57
（三）航运文化：因河兴航 / 82
（四）边域文化：保卫边疆河流而稳定边疆 / 86
（五）水景文化：因河成景 / 87
（六）商业文化：因河聚商 / 93
（七）温泉文化：有温度的河流 / 97

第四章　民族河流文化特色

（一）神秘敬河的河流神话故事特色 / 103

（二）形式多样的河流节庆特色 / 105

（三）河神化身的图腾崇拜特色 / 109

（四）生存摸索的历史传奇特色 / 113

第五章　民族河流文化特色价值

（一）文化价值体系框架 / 121

（二）珠江流域民族河流文化内在价值评估 / 122

（三）珠江流域民族河流文化可利用价值评估 / 123

（四）珠江流域民族河流文化的经济价值评估 / 127

（五）珠江流域内河流数据分析 / 130

第六章　民族河流文化景观环境规划设计

（一）桂柳古运河河流文化环境景观设计 / 143

（二）龙胜各族自治县广南村河流水体与神话景观设计 / 166

结　　语 / 181

致　　谢 / 183

参考文献 / 184

绪　　论

党的十九大报告中"绿水青山就是金山银山"理念，进一步推进河湖生态环境治理工作，促进水生态文明建设健康发展。纵观国内近年水资源保护与整治工作，推行的"河长制""五水共治"等政策，在治水工作上取得了重大的进步。自古河流文化敬水护水，有着千百年的治水经验。珠江流域是次于长江流域的第二大水系，流域内民族河流文化众多，文化的发展可直接影响着南部生态环境体系稳定。

国内河湖生态环境文化研究最早可以追溯到古代大禹治水的传说，长江、黄河孕育了中华文明，文化又反作用于河流改造活动。2016年10月中共中央办公厅、国务院办公厅印发《关于全面推行河长制的意见》提出：以保护水资源、防治水污染、改善水环境、修复水生态为任，推行河长制。党的十九大报告把"绿水青山就是金山银山"写入新时代中国特色社会主义基本方略，是我国生态文明建设的核心思想。我国河流有着深厚悠久的文化生命，是水文化的特殊文明类型，也是人类文明的基础，现有长江三峡水文化、契丹社会河流文化历史解读、太子河文化内涵、黄河文化脉络结构、浙江五水文化等河流文化数据库建立。南部地区有广州水文化（源于珠江流域）、传统壮族水文化、西江水文化、云南民族水文化等都极富生态价值，可通过数据化文化档案建设方法建立体系数据。水文化发展使人类被动式改造河流转化成主动式，水文化内涵研究可提升生态建设水平。水文化具有"化人"的生态建设功效，河长制改革了整体性治理路径——以"河长制"保障"河长治"的生态建设格局。

河流分布影响着聚落的产生发展，中国古代崇尚"人水和谐"，河流文化传承应是城市建设规划的重中之重，河流文化生命保护推动了城市生态文明建设、文化遗产保护，目前对于河流水资源优化已创建了审计边界多目标模型及文化算法探究，可见河流直接影响流域城市文化的发展。人水和谐是生态转型的契机，保护与传承水文化中人水和谐的资源利用方式是解决人水矛盾的根本理论方法。人水和谐关系是水文化历史中的主流，也是水利时代发展的特征，人水关系博弈论为当下发展新思路，变模糊集模型分析人水和谐度，云模型、模糊物元综合评价模型为流域人水和谐评价方法，建设人水和谐的美丽中国，使社会水文学与城市水文学备受关注。

世界四大文明古国因水而始，随水而兴衰。尼罗河孕育古埃及，恒河诞生古印度文化，巴比伦的两河文化，国外学者对于河流的研究最早始于两千多年前希罗多德（Herodotus）的"埃及是尼罗河之所赐"的文学研究、亚里士多德（Aristotle）"河流与泉水的关系"的萌芽时期，文艺复兴时期至18世纪的"河流侵蚀研究阶段"，19世纪河流地貌学兴起，20世纪的现代河流学发展，至今河流研究仍是国外学术的热点之一。在河流建设政策规制制定方面：日本1996年制定《多自然型河流建设的施工方法及要点》；英国RRC1999年出版《河流修复技术手册》，后2002年、2013年进行修订；美国有田纳西河区域性政策管理，1998年出版《河流廊道修复原则、过程与实践》，后2001年修订；新加坡2009年出版《ABC水设计导则》；澳大利亚西澳洲2002年出《河流修复手册》；2012年国际上启动了《水伦理宪章》的规划与起草工作。而河流治理方略研究方面包括：英国泰晤士河自工业革命兴起造成河流污染后，政府分别经历了分散、协调、综合管理三阶段的河流治理过程；美国田纳西河流"水库型"区域反贫困经验；德国埃尔廷根-宾茨旺根段多瑙河基于数字水文地形模型的河流修复、利用L-M算法预测河流藻类生长动态；美国田纳西河的资源综合管理法；美国内华达州塔基河AdH模型洪水数值模拟。

通过上述分析得出，国外研究近年以河流管理、治理方略、河流水文化研究为主，强调生态理念，强化传统与发展共存。国内的研究以河流文化体系构建、文化与河湖生态环境治理、人居环境关系的关系，侧重治理与发展。从国家政策与学者的研究可知：一是我国深厚的河流文化底蕴时刻影响着河流历史的发展；二是河流文化传承发展有助于生态用水理念的普及；三是河流环境直接关系着流域内聚落的居住环境质量。目前研究长江、黄河、三峡等北中部河流文化的成果较多，而研究南方地域特色与区域主干河流文化资源的不多，有待进行深入。

本书的基本思路是以生态文明背景下珠江流域河流文化发展现状为研究背景，对河流文化演变与价值转化进行耦合关系研究，调查河流文化资源对人水关系的影响；并通过提高文化保护意识，推动珠江流域民族河流生态环境的循环发展，在文化与生态中谋求共赢发展的策略，构建"珠江"特色河流文化，以文化传承推动珠江流域文化、生态、社会、经济全面发展，响应党的十九大提出的"绿水青山就是金山银山"与"绿色发展"理念。

本书首先重点研究珠江流域民族河流文化特色的唯一性，挖掘与对比河流文化特质；推导珠江流域历史文化特色的民族区域性，进行其河流文化理论框架形成的历史推演；其次构建科学可行的珠江河流文化当代价值观，科学论证应对珠江当下河流文化危机的价值观。在理论上，从珠江流域视角探索河流文化构成，挖掘研究河流地域文化特色，传承河流文化理念、伦理、思想、制度精髓，形成河流特色文化价值阶梯式层次，丰富当代文化价值呈现形式，促进文化特色多元延续，为未来河流环境文化建设提供理论参考。在应用上，从文化的分类、展开、传承角度研究珠江流域民族河流文化特色的现实价值，从文化地域特色与价值转化两方面挖掘河流文化保护策略，对河流文化特色与特色价值两者的关联进行案例实质性推导，为珠江经济带发展提供水生态保障策略，促进西南、中南地区人水活动开展的可持续发展。

第一章
珠江流域概况

（一）珠江流域片河流水系

珠江由西江、北江、东江、珠江三角洲诸河组成。流域面积45.37万平方千米，其中中国境内流域面积44.21万平方千米。

西江为珠江的主干流，发源于云南省曲靖市沾益县（今沾益区）境内的马雄山，从上游往下游分为南盘江、红水河、黔江、浔江及西江等段，主要支流有北盘江、柳江、郁江、桂江及贺江等，在广东省珠海市的磨刀门注入南海，干流全长2 214千米。北江发源于江西省信丰县石碣大茅山，上源称浈江，由墨江、锦江、武江、滃江、连江等汇合而成，主流在思贤滘与西江相通后汇入珠江三角洲，思贤滘以上河长468千米，流域面积4.67万平方千米。东江发源于江西省寻乌县大竹岭，上源称寻乌水，由安远水、篈江、新丰江等汇合而成，主流在石龙镇汇入三角洲网河，石龙以上河长520千米，流域面积2.70万平方千米。珠江三角洲是复合三角洲，由思贤滘以下的西、北江三角洲和石龙以下的东江三角洲以及流溪河、潭江、增江、深圳河等中小流域及香港九龙、澳门等地区水系组成，面积2.68万平方千米。

下面将针对珠江流域主要组成河流进行介绍：

1. 西江水系

西江为珠江的主干流，占流域总面积的77.8%，在我国境内面积为34.15万平方千米。[①]地势西北面高起，东南向低伏，地质岩石以碳酸岩为主要品种。西江由发源地到北江总共包含南盘江、红水河、黔江、浔江和西江五条河流。流域内气候宜人，常有充沛的降雨，属于典型的亚热带气候。流域内森林覆盖率较高，尤其是流经湖南、广东的河段区，以亚热带常绿阔叶林为主，杉木、马尾松、桉树是常见的林木主干品种。区域内还分布有多样珍贵的野生中药材，如红豆杉、灵芝、鸡血藤、田七等。

西江流域流经云南、贵州、广西、广东四省区，沿途分布有云南彝族路南石林风景名胜区、贵州安顺黄果树瀑布、广西桂林漓江风景区、广东肇庆七星岩等著名旅游景点。流域内少数民族人口占总人口五分之一以上，以壮族人口最多，其次分别为瑶族、彝族、苗族、布依族，具有丰富的少数民族文化资源。

西江通航条件与里程仅次于长江，是珠江流域的黄金水道。西江流域涉及到了贵州、云南、广西、广东、湖南五省区，流域内耕地面积可达666万公顷，有效灌溉面积可达187公顷，以种植水稻、玉米农作物为主。

---

① 《中国河湖大典》编纂委员会编著. 中国河湖大典（珠江卷）. 北京：中国水利水电出版社，2013：6.

2. 北江水系

北江为珠江第二大水系，古称溱水。发源于江西省信丰县油山镇大茅坑，于广东省佛山市三水区思贤滘与珠江主干流西江相汇后，流入珠江三角洲网河区，主流由沙湾河道注入狮子洋经虎门出南海。北江92%流域面积在广东省内，其他在湖南、江西以及广西壮族自治区。整个流域呈折扇形，群山环抱。北江自江西省流入广东省南雄市后称浈江，至韶关市武水汇入后始称北江，南流经英德、清远等市（县），至三水市（今三水区）思贤滘与西江干流相通，进入珠江三角洲网河区。流域内属于亚热带季风型气候，常年高温多雨潮湿。流域降雨集中在每年的4至9月，降雨空间分布不均匀，流域洪水主要由暴雨形成，主要发生在每年的5至7月。北江下游有捍卫广州市、清远市、佛山市三市人口防洪安全的北江大堤，不仅属于广东省重要的水利堤防，也是我国南疆关键的水利堤防之一。

3. 东江水系

东江为珠江流域的第三大水系，古称龙川江、湟水、循江。流域总面积达27 040平方千米，其中江西省境内3 500平方千米，广东省境内23 540平方千米。东江流域北隔南岭与长江分界，南面南海，西以九连山、滑石山、瑶岭与北江相隔，东以不太明显的台地与韩江分水。流域范围包括江西省赣州市和广东省深圳、东莞、梅州、惠州、韶关、河源6市及14个县（市、区）。流域属于亚热带季风气候区，夏秋两季受热带气旋的影响，几乎都是高温多雨潮湿。流域内河流水源多数来源于降雨，因而流域自然灾害为洪涝旱灾为主，其中洪灾较严重，一般其特大洪水主要由全流域内普降暴雨引起。根据历史记载，自1864年以来，1959年、1964年、1966年、1979年四年洪水最为严重。东江河流水质上游优于下游，上游和中上游水质能达到国家地表水Ⅱ至Ⅲ类以上水质标准，符合饮用水原水水质要求，但是中下游受到农畜牧业有机污水与工业铬废水的影响，综合水质类别在Ⅲ类以上。流域内植被群为南亚热带季雨常绿阔叶林、南亚热带草被以及人工营造的针叶林，植被覆盖率很高，非常有利于河流两岸的水土保持，其河流含沙量不多。东江流域内共建有870座大小水库，其中3座大型，34座中型。1949年来，流域在1959年、1962年、1982年进行过河流流域综合规划，致力于水利水电开发建设，现已形成科学合理的防洪防旱的河网设施布局。①

4. 珠江三角洲河网

珠江三角洲为珠江流域三角洲，是我国的第二大三角洲，是由西江、北江、东

---

① 《中国河湖大典》编纂委员会编著. 中国河湖大典（珠江卷）[M]. 北京: 中国水利水电出版社, 2013: 256–257.

江带来的泥沙在海湾内迅速堆积，流水沿断裂带发育，逐渐形成了山丘罗列、水道如网的三角洲。珠江三角洲是一个平原广阔及网河交错的地区，网河十分发育是珠江三角洲的平原地貌的明显特征，西、北江三角洲的主要水道近100条，总长度1 600多千米；东江三角洲主要水道5条，总长度138千米。珠江三角洲网河区另一个水流特点是"三江汇集、八口分流"，即网河区水道是汇集西江、北江、东江三江的河川径流，又分8个出海口门（水道）泄洪纳潮。

5. 独流入海水系

独流入海水系有韩江、粤桂沿海诸河、元江，具体如下。

（1）韩江

韩江为纪念韩愈而得名，古称鳄溪、恶溪。分别由南源梅江、北源汀江发源而来，二源在广东省大埔县三河坝汇流后，至潮州市的湘子桥分为北溪、东溪和西溪，再而分别流入三角洲河网区，最后分5个口门注入南海。韩江河长486千米，涉及广东、福建、江西3个省8个市22个县（市）。流域面积30 112平方千米，其中广东省境内面积17 851平方千米，占全流域面积的59.3%；福建省境内面积12 080平方千米，占全流域面积的40.1%；江西省境内面积181平方千米，占全流域面积的0.6%。流域内属于亚热带季风气候，受海洋性东南亚季风影响大，日照充足，雨量充沛，年平均相对湿度达80%。韩江从唐代开始修建南北堤坝。北堤从竹竿山到潮州市金山，潮州市区以下的堤段为南堤，连接南、北堤的是城墙堤。韩江南北堤总长42.9千米，防洪标准为50年一遇。[①]

（2）粤桂沿海诸河

粤桂沿海诸河由粤东、粤西和桂南独流入海河流三部分区域组成（见下图1-5）。

粤东沿海诸河是指东江流域以南、黄冈河及韩江流域以西、大亚湾以东在广东大陆的单独入海各河流，宗流域面积为1.53万平方千米。以榕江流域面积最大，地理位置从汕头地区的饶平县至深圳市，是一个南北一百多千米，东西约四百多千米的条形地带。粤西沿海诸河是珠江口以西至雷州半岛广东东大陆部分单独入海的河流，这一地区北部有云开大山、云雾山与西江水系为界，南边是南海，西邻广西南流江，东邻珠江三角洲。总流域面积为31 713平方千米，地势北高南低，各河流多数由北向南流入大海。区域内地处亚热带气候，临海多，使得区域内炎热多雨。桂南沿海诸河为广西壮族自治区南部独流入海的河流，南北长约155千米，东西长约300米，北面以十万大山余脉与郁江、清水分水，南接北部湾，西边以十万大山与明江分水，东边以

[①] 《中国河湖大典》编纂委员会编著. 中国河湖大典（珠江卷）[M]. 北京：中国水利水电出版社，2013：325.

陆川东山与北流河分水，桂南沿海诸河流域总面积为2.44万平方千米。①

（3）元江

元江为流经我国云南的国际河流，其出境后名为红河。元江-红河全长1 006千米，流域面积14.1万平方千米。元江-红河水系境内流域范围是北面与长江流域（金沙江段）毗连，南部与越南接壤，西部以云岭南延余脉无量山和澜沧江流域相对，东邻珠江流域。元江流域涉及云南省昆明市、玉溪市、普洱市、文山壮族苗族自治州、楚雄彝族自治州、红河哈尼族彝族自治州、大理白族自治州38个县以及广西壮族自治区百色市的那坡县。元江-红河水系我国境内流域面积为7.63万平方千米。流域内属于亚热带高原季风气候，流域内多年平均年径流量为463.5亿立方米，其洪水常由暴雨引起，容易暴涨暴落，属于山区性河流特点。元江是一条含沙量较高的河流，因为流域内水土流失现象较严重。②

6. 海南岛诸河

海南省位于我国南端，北面以广东省与琼州海峡为界，南面与南海、菲律宾、文莱和马来西亚相望，西面与北部湾和越南相对，东面为南海。海南岛陆地总面积为3.42万平方千米，海域面积约为200万千米。海南岛与广东雷州半岛相隔的琼州海峡平均宽度约29.5千米。海南岛地处低纬度地区，属热带亚热带季风气候，全年日照时间长，气候温暖。海南岛四面环海，季风发达，常年多雨，岛上常受台风影响，降雨量大。岛内地形中部高突四周低平，故岛上河流均从中部山区或丘陵区向四面分流入海，呈放射状的水网，全岛内独流入海的河流有154条。岛上河流特点是一般较大的河流由中部山区流出，较小河流由山前丘陵或台地流出，再顺着中高四周低的地势顺流到海。岛上河流水量丰沛，水流湍急，受台风影响常暴涨暴落，终年不冻。海南岛的主干河流有南渡江、昌化江和万泉河，它们的流域面积分别为7 033平方千米、5 150平方千米、3 693平方千米。③

（二）珠江流域民族概况

珠江流域内民族众多，共有五十多个民族，主要民族有汉族、壮族、苗族、布依族、毛南族等，其中汉族人口为最多，其次是壮族。

1. 西江水系民族概况

云南省玉溪市在西江水系流域内，其江川县（今江川区）江川盆地有星云湖，

---

① 《中国河湖大典》编纂委员会编著. 中国河湖大典（珠江卷）[M]. 北京：中国水利水电出版社，2013：347-348.
② 《中国河湖大典》编纂委员会编著. 中国河湖大典（珠江卷）[M]. 北京：中国水利水电出版社，2013：404-405.
③ 《中国河湖大典》编纂委员会编著. 中国河湖大典（珠江卷）[M]. 北京：中国水利水电出版社，2013：436.

其西北岸有闻名的李家山古墓群遗址，出土了大量的青铜乐器、礼仪器等，青铜器上具有鲜明的边疆民族特色，尤其是1972年出土的牛虎铜案，其设计造型与炼制工艺实属高超，其是古滇国贵族祭祀用的华贵器物，代表着古滇国少数民族的青铜文明。云南普者黑自然保护区内的仙人湖畔边有一个仙人洞黎族村，村内还延续着古老的民族习俗：族人穿戴民族服饰往来村中，农作闲暇之时自导自演民族农耕舞蹈；村中有撑船水运水稻的农作场景；村中有著名的"花脸节"，节日当天族人以手蘸锅烟水彩，相互涂抹对方脸颊，配以山歌与舞蹈，相互祈福。南盘江陆良县是云南省的蚕桑县，重要的是它是爨文化的发祥地之一，县内有"爨龙颜碑"为国家重点文物保护单位。

西江南盘江段右岸支流名为隆林河，沿河的隆林县内少数民族资源众多，有拥有花纹生动美丽壮锦的壮族，有拜树节的仡佬族，有蜡染与刺绣齐名的苗族，有抹黑脸的彝族，民族风情多样交融，呈现出多彩的民族文化。六枝河流域内的六枝特区落别布依族彝族乡，常在每年三月三欢聚一堂进行铜鼓舞、搬麻舞等传统民族舞蹈表演。西江红水河段中游左岸支流名为刁江，刁江流域内居住有瑶族、壮族、苗族、水族、仡佬族、毛南族等13个民族，其中南丹白裤瑶族非常具有特色。

寨蒿河为柳江上游都柳江段左岸的支流，流域内是榕江侗歌、侗戏和苗舞的主要发源地。在寨蒿河右岸有一条叫瑞里河的支流，位于贵州省榕江县。瑞里河沿河两岸有乐里七十二寨，保留着"爬窗探妹"的侗族风情。柳江都柳江段左岸支流名为双江，位于贵州东南部，双江流域内有数十个汇集侗族鼓楼、风雨桥、戏台三大建筑于一体的鼓楼群，其中增冲鼓楼还是国家级重点文物保护单位。流域内侗族文化浓厚，尤其是侗歌，同时该流域境内有香猪、黄牛、腌鱼等侗族美食。

位于湘桂交界金紫山南面的古宜河，流淌于深山峡谷之间，河床常有岩石天然长于河中心，如同天然的石坝。古宜河沿岸分布着许多苗族与瑶族的村寨，还保留着农历四月初八"红饭节"、六月六"半年节"、七月半"歌节"的民族节日。

古宜河流域内的三江侗族自治县是广西唯一的侗族县，其林溪河上有闻名中外的程阳风雨桥，是国家重点文物保护单位。

榕江段右岸支流泗维河上有一中型水库，名为泗维河水库。水库区内大袍屯是融安县苗族聚居地，村寨内以干栏式吊脚木楼房建筑为主，以树皮或青瓦为屋顶，松杉木板为屋壁，民居底层用于存放家畜与杂物，楼上才是住人的空间。

环江县内的大环江是其境内最大的河流，其环江毛南族自治县是我国唯一的毛南族聚居县。桂林市草坪乡是广西回族第一乡。龙州县金龙镇以北的板池屯又名长寿村，还被称为美女村，村内有优质的山泉资源，村前就有一口名为玉泉的泉水，泉眼口处下游有一天然形成的水潭，承接泉眼溢出的泉水，泉水清澈甘甜，清末命其为"板池"。得益于泉水资源的优质，村中八十岁以上的长寿老人随处可见，村中习俗兼含有壮傣两族的特点，服饰上既有壮族的"长衫"特点，也有傣族的"露脐装"，村民们不仅能歌善舞，还是织布刺绣的能手。

百色市北面有澄碧河水库，水库下游的田阳县敢壮山是壮族先祖布洛陀的发祥地，每年农历三月三壮族族人都赶到敢壮山祭祀先祖，会举行隆重的抢花炮与群体对山歌的节日活动，今百色已将农历三月三定为百色布洛陀民族文化旅游节。

左江水库的花山风景区内分布着众多民族山寨，山寨民族种类有壮族、苗族、瑶族、侗族，寨内民族木构建筑资源非常丰富，其科研与考察价值都非常的高。东班江流经的甘棠镇是宾阳县三大古镇之一，镇上壮族人口占总人口五分之四以上，每年5月17日的蓬圩节是甘棠壮族人民的盛大节日，当天人们汇集到镇集上，载歌载舞，对唱山歌，舞龙舞狮，1993年该节被定为甘棠民族文化艺术节。

西江水资源充沛，流域内居民多以近水而居，因而发展出一个特殊的族群，称为疍民，其水上居住特征尤其显著。疍民的最早记载可追溯到宋代《太平寰宇记》："疍户，县所管，生在江海，居于船舟，随潮往来，捕鱼为业。"周去非的《岭外代答》中有："以舟为室，视水为陆，浮生江海者，疍也。"可见疍民以船为家，终日与水相伴，自古靠水吃水，主要从事捕鱼、造船、采珠与水上运输等。疍民的起源至今尚无定论，多数学者认定以百越族为来源，百越种族繁多也是疍民多源头起源的原因。疍民最早形成于汉晋代，唐宋时期已有"疍户"的专用称呼，象征着疍民的基本形成。明代光是福建地区的疍民就有七个种类，并且各族分类趋于清晰化。目前，疍民主要分布在两广、福建、海南岛和港澳等东南沿海地区，其中广东疍民人数最多，分布最广。由于历史上疍民饱受歧视于压迫，又加上近代渔业变迁与水上运输兴衰变迁、上岸定居政策出台等原因，疍民数量日趋减少。如今，大多数疍民已不再以船为家，而是上岸定居，与陆地居民并无太大的生活方式差异。疍民因所处的环境与生产方式的不同可以分为"河疍"和"海疍"。我们这里主要研究的为河疍，也称"淡水疍"。其主要分布在西江流域的两广地区，具体有广西的南宁、柳州、梧州以及广东的番禺（广州）、肇庆、东莞、顺德等。河疍在捕鱼、航运的同时也会从事水产养殖。河疍民以龙、蛇为自然图腾信仰对象，以妈祖、龙母、北帝为信仰水神，喜欢绣面纹身，使自己看起来更像水中蛟龙。一般每户疍民有两艘船：一艘为住家船，靠岸停泊在固定的地方居住；一艘为作业船，是生产劳动的工具。居住的船体一般宽约一米多，长约5至6米，刚够容纳一家人，又名为"连家船"。船身多用杉木制成，板上涂刷有桐油以防腐防水。船底共两层，最下层为隔空的隔水层，与水直接接触，上层为底舱，可用于堆放物品。船底与甲板之上才是疍民居住的主舱空间，主舱上装配有遮风挡雨的疍蓬。船侧有一双划行的长桨，舱外挂有照明设备。船前后空间是非常有说法的，船头是疍民捕鱼生计的劳动场所，疍民敬畏的神圣空间，常贴有福字或红纸以表吉祥，船尾放置煮饭灶炉，也是一家大小便的场所。中舱为疍民日常活动的起居空间，可细分为前后两内舱，前舱为捕鱼装载空间，后舱为疍民就寝的卧室。船内空间材料上也是涂满桐油，疍民常年光脚行走在船上，常用水冲洗船体，保证船空间的洁净。随着时代的发展，疍民船舶的种类也在更新换代，居住船种类有疍船艇、四柱大厅艇、横水渡艇、沙艇等；捕鱼劳作艇种类有捕鱼虾船、蚬艇等；运货船种类有运米船、运煤艇、西瓜艇、货艇、装泥艇等。疍民常年捕鱼为生，食物主要以河鲜为主，搭配一些蔬菜、饭粥，同时疍民也保留了祖先古越族人的杂食习惯——"不问鸟兽虫蛇，无不食之"。船上柴火短缺使得疍民有生吃腌制鱼虾的嗜好，道光《肇庆府志》记载顺德地区的河疍有："妇女皆嗜生鱼"的生食习惯——疍民的艇仔粥是一道有名的风味美食，其利用船上随时可以捕捞鱼虾的优势，一边煮粥一边捕鱼虾，在新鲜度上最大地保留了河鲜的鲜美。疍民终日行舟水上是有非常多的禁忌的，如对"翻"的禁忌深入生活方方面面，吃鱼不能将鱼身翻转，煎鱼不许翻面，饮茶吃饭用具不能朝下翻、放等；言语中不能出现翻、搁、破、漏、倒、沉、退等字眼，在船通过险滩河域时，会烧香点烛以祈求行船安全。

2. 北江水系民族概况

北江水系内的广东省连山县三江镇左纳太保河流域内有瑶寨资源，三江镇为连南瑶族自治县的县城所在地，连南瑶族自治县内瑶族人口占总人口人数过半的比例，流域内的较闻名的瑶族有里八侗、火烧排、马箭村等瑶寨。广东省韶关市始兴县城早在三国吴永六年（263年）因始兴江而得名，有"粤北粮仓"之称。始兴的满堂客家围屋是珠江流域客家建筑的典型代表，现已被列入全国重点文物保护单位。韶关史称韶州，韶关是"马坝人"的故乡、石峡文化的发祥地，韶关境内具有丰富的少数民族资源，分别有壮族、瑶族、满族、回族、苗族、京族、侗族、土家族、蒙古族，居住地分布在乳源瑶族自治县内。

波罗河流经的大湾镇（广东省清远英德市西北部）内，有一高山名为金龟山，是镇内唯一的高地，金龟山山顶上有明朝始建的金山祖庙，已有四百多年历史。该庙地处波罗河河口处，山形如龟兽般立在河边，远望如金龟过河，景色非常独特。每年正月十五，大湾镇有"炮轰火麒麟"的传统，由数人扮演"火麒麟"，游走于村镇街道中，人们点燃鞭炮投掷于"火麒麟"，借以驱走邪祟，祈福吉祥。

3. 东江水系民族概况

东江水系内的寻乌县城（江西省赣州市）位于马蹄河下游，春秋时归百越管辖，汉属于都县，唐宋隶属于安远县，明万历年初置长宁县，1957年后改为寻乌县。寻乌有八景，分别为：文笔秀峰、龙岩仙迹、江东晓种、镇山高阁、桂岭天香、西献云屯、铃山振铎、石英标英。其南桥镇青龙村的南龙水库是青龙岩所在地，青龙岩又称龙岩仙迹，水库两岸峭壁上有近千岩洞，其中有11个大岩洞组成的青龙庵已有八百余年历史，至今仍是游人往来、香客络绎不绝。定南水流域内的镇岗乡老围村的东生围屋，是赣南最大的客家方形围屋，建于清道光二十二年（1842年），是由"二品武功将"陈朗庭多建，现为江西省文物保护单位。

东江中游河段属粤东平行岭谷区，区内多为海拔500至700米的山地丘陵地带。居民主要居住在沿河城镇一带，属于地势低矮、耕地少的河流人居环境。东江干流流域属于客家语系地区，保留着独特的客家文化资源与民俗风情。位于东江中游流域的龙川县，早在秦始皇三十三年（公元前214年），秦初平定百越，设立南海郡时建龙川县，首任县令为赵佗，赵佗是统一岭南的南越王，现位于佗城镇的佗城遗址现为广东省文物保护单位，佗城镇是个千年古镇，镇内有南越王庙、龙川学宫等古建筑。

4. 珠江三角洲河网民族概况

番禺（今广州），早在五千多年前的新石器时期已有人类活动的痕迹。春秋为百越之地。番禺区西南部有一个已有八百多年历史的文明古镇，名为沙湾镇，市桥水道、沙湾水道环镇外而过，自古以来沙湾文风兴盛，名人辈出，孕育了广东音乐代表人物"何氏三杰"，诞生了《雨打芭蕉》《赛龙夺锦》等名乐。镇上的留耕堂、宝墨园、三善古庙群为岭南建筑代表。沙湾镇还有著名的广东音乐、沙湾飘色、沙坑醒狮和沙湾兰花四大文化品牌。在园林文化中，珠江三角洲流域内有岭南四大名园之一——清晖园，是我国岭南园林艺术精华代表之一。还有广东四大名园之一——可园，是全国重点文物保护单位，其园林美景获得前人赞誉为"可羡人间福地，园夸天上仙宫"。在广东省惠东县沿海地区生活着当地最原始的渔民，称为"蜑民"，又叫"后船蜑民"，是古代南方百越族的一部分。他们长期过着海上漂流的生活，生产方式单一，生活十分枯燥，在此情况下，他们学会了以歌自娱，以歌解忧，形成了渔歌的艺术形式。

海洲水道流域内的均安镇，位于顺德西南部，镇上海外华侨与旅居港澳台的乡民有4万多人，是著名的侨乡。均安镇还是国际功夫巨星李小龙的故乡，镇上周边都有曲艺社，是中国曲艺之乡。南沙涌流经的丹灶镇，是南海第二大镇，以丹灶圩闻名。同时南沙涌流域内的西樵镇周边的西樵山风景区，拥有的"西樵山文化"被考古学者誉为"珠江文明的灯塔"，为中华文明的发展有着巨大的推动作用。佛山水道流经过佛山市区，佛山在秦汉时期只是珠江口咸淡水交界的洲岛小渔村，晋朝佛山区域随着海岸线南移变成平原，命名为季华乡。公元388年，一名法师达昆耶舍登陆佛山洲岛讲经。唐贞观二年（628年），乡人在法师讲经处挖出三尊铜佛，后在此处建起堂塔坡市。宋代佛山设立"舶司"，成为对外港口。明代佛山集市繁荣、中外商运往来，是珠江三角洲重要的手工业和商贸中心。明清时期，佛山与朱仙镇、汉口镇、景德镇并称为全国四大名镇，清康熙时期，与北江、汉口、苏州并称为天下"四大聚"，清末，佛山有近海航运的优势，成为我国近代民族工业的先锋地之一。

5. 独流入海水系民族概况

珠江流域内独流入海水系内的潭江凤坪是畲族的聚居地。南渡河下游附近的雷州市是我国的历史文化名城，市内分布有汉、唐、宋、明朝多处名胜古迹，其中唐朝雷祖祠是全国重点文物保护单位，明朝三元塔是广东省重点文物保护单位。雷州城的地理优势使其从古至今一直是座军事防御要塞，被称为"天南重地"。雷州城南面的雷州港远在西汉时就是我国海上丝绸之路的外贸港口。

广东省梅州市梅县区松口镇地处闽粤赣三省交汇处，水陆交通便利，史上一直是商贸重镇，是福建客家人迁往广东的初始落脚点之一，明末后为客家人外出南洋的第一站。松口镇现保留了很多客家族古民居。历史最悠久的是"围里"围龙屋，其建于宋末元初，可惜现只遗存下门楼和部分遗址。保存最完整的是"世德堂"围龙屋，其半圆形独特结构建于明末时期。

广西壮族自治区北海市合浦县廉州镇的清水江，库区周边现存有新石器时代遗址和西汉墓群。合浦远在汉代就是海上"丝绸之路"的起点和外贸大港，早在2000多年前合浦与东南亚各国就有商贸往来。在西汉墓群考古出土了大量的古汉代殉葬品，如铜凤灯、中原"带钩"，以及一些如琉璃、水晶、奇石等外来商品，现西汉古墓群为全国重点文物保护单位。防城港是广西和大西南出海重要通道，区域内居住有壮族、京族、侗族、回族、瑶族等十多个民族，也是广西第二大侨乡。

北仑河流域内的板八乡是一个聚居有壮族、瑶族、侗族、苗族的民族乡，其中以中越边境的大板瑶族最为独特，其人口不足2000人，是瑶族人数最少的一个分支。大板瑶每年农历三月三都会与当地的壮族、花头瑶一同欢庆壮族山歌节。大板瑶族也有自己的传统节日，每年三月三和四月八举行，名为"阿宝节"，又名情人节。节日当天大板瑶男女老少都会盛装出行，汇聚到特定的活动场地，吹响芦笙和唢呐，对唱山歌以联络感情。巍山县是唐朝时期南诏古国的发祥地，现为国家级历史文化名城，城内建筑至今仍保持着明清时期的棋盘式格局。

元江流域内的元阳县是一处立体分布的少数民族聚居地，从低海拔到高海拔的民族分布是傣族、壮族、彝族、哈尼族、苗族与瑶族。其中云南哈尼族的稻作梯田远近闻名，其核心区为元阳梯田，梯田规模宏大，地形高差大，常年与山谷中的云雾环绕一体，如同仙境。其梯田内灌溉水源能做到"山有多高，水有多高"。哈尼族村寨选址在梯田山地顶部，族人通过开挖沟渠引流山泉，利用泉水将肥冲流入水田中，水沿山地层层自然下落，从山顶到山脚灌溉到每一块梯田，成为以独特农耕景观闻名中外的民族乡村。

6. 海南岛诸河民族概况

海南岛是个多元文化的地域景观综合体，民族资源主要以汉族、黎族、苗族三族为主。其中黎、苗两族人居住选址偏向于海拔高的聚落，聚落规模相对于汉族人要小，民居基本采用开放型、分散式的布局，以独栋民居建筑为主。据记载，史前时期，黎族最早聚居于海南岛四周的低洼地，后因汉人迁入后而向岛内中部山区迁移退居。西汉之后，海南岛东、西两面迎来了不同来源的移民。明清时期，从广西调入用于"剿平叛黎"的"苗兵"在平息动乱后就地定居于岛中部山区。

史前始，
秦汉成，
隋唐五代开，
宋元熟果成，
明清鼎盛峰，
近代曲转折，
当代重新生。

第二章
珠江流域民族河流文化演变

"珠江"一词始于宋代，有过不少传说解释"珠江"二字的来源，多数为"珠宝说"与"海珠石说"，以珍宝的形象命名代表着对珠江的崇敬，而珠江周边的人居环境便衍生成了珠江流域。

（一）史前河流文化萌芽时期

没有文字记载的史前时期，珠江流域内已出现古人类的活动，河流对于他们而言是非常珍贵但又难以把控的生存资源，一方面是水源的获取，一方面又是水患的威胁。远在170万年前，生存在珠江流域的古人类以生存获取的需要创造了珠江流域的史前河流文化。

北有山顶洞人，南有白莲洞人。早在数十万年前，柳江流域已出现古人类，1956年发现的柳城巨猿下颌骨化石，经考证已有200多万年历史，柳江河流弯曲流淌在南域大地中，孕育着以白莲洞人和柳江人古人类所在地为中心的史前人类活动文化群落。根据白莲洞遗址中出土的螺蛳壳化石堆积物（见图2-1、2-2），证实了白莲洞人早在两万多年前，早已学会从河流湿地中捕捞螺蛳食用，这种食螺饮食习惯，从史前延续到了当下，形成了各种螺蛳美食，如螺蛳粉、鸭脚螺蛳煲、螺蛳酿等美食品种，可见人类食物与河流之间的人水关系在不断摸索前进中。白莲洞人不仅从河流中获取了食物，而且还将河流中的各种蚌类的外壳做成了器物，以切割、承装食物的蚌器居多。柳江流域河蚌资源众多，蚌壳薄硬的质感非常容易经过简单的加工成为锋利的工具，其大如碗的造型是非常天然的盛放食物的器皿，直到今日，广西非遗物质文化遗产中还保留着以蚌壳为材料的"蚌画"。白莲洞人依附着柳江，从河流中获取了生存的必需品，形成了与北方山顶洞人相对应的南方白莲洞人河流文化。

图2-1 白莲洞遗址

图2-2 出土的螺蛳壳化石堆积物

在广东英德牛栏洞遗址中发现了水稻硅晶体，该遗址为石灰岩洞穴，处在云岭镇猴子山南面山脚下，雨水充沛，地下水位高，河流溪水分布较多，非常适合水稻的生长。遗址中还同时出土了许多原始的农业生产工具，如蚌刀、骨铲、重石、石杵、石磨盘等，都是一些农业粗加工的石器、骨器。牛栏洞遗址的水稻硅晶体与原始农石器的发现，是珠江流域稻作文化起源的有力佐证，标志着珠江流域的农业文明的开端。非常值得注意的是，在珠江流域旧石器文化类考古中，如同广东英德牛栏洞具有初步农业活动类型的遗址是沿着珠江大小河岸冲积平原与河岸周边山洞呈现集中分布的特点。从湖南道县玉蟾岩遗址，贵州六盘水桃花洞，广西柳州的白莲洞与桂林的甑皮岩，最后到沿海广东英德青塘等，呈现是沿珠江不同水系上游往下游，最后临海的地理分布特点。

在两广沿海的滩涂、岸堤、河州考古出土过许多见证两广先民由洞穴转往河流两岸生活的沙丘型遗址。如深圳大梅沙、广州南沙鹿颈村、东莞蚝岗、珠海草堂湾遗址，都出土过大量的鱼骨、贝壳。这些遗址的地理特点集中于珠江三角洲和沿海河口，是珠江两广先民开始依托海洋、河岸口获取生存食物，走出洞穴，沿河海临水居住的历史见证。

史前时期珠江流域河流文化处于最初级的萌芽时期，人类出于生存本能对居住、食物的需求出现了人水关系的最初相处模式，属于朴素的本能获取与自然给予的关系，该阶段文化系统尚未形成系统，但是已经涉及人类历史的发展，人类对于河流的依赖关系非常紧密，虽然上升不到真正的文化层面，但是其地域性已经开始呈现。

（二）秦汉至六朝河流文化形成时期

先秦时期在珠江水系广西干流西江段，是由南北盘江流入广西后交汇于桂黔交界地，称为红水河，生活着骆越、西瓯族。该河全长659千米，流域面积达到3.3万平方千米。该流域面积内喀斯特地貌居多，地下河流资源丰富，形成了大量适合族人生存的天然溶洞，正是生存在此的骆越与西瓯族创造了红水河文化，而红水河文化中《布洛陀》史诗在现代文化研究中被认为是珠江流域的人文始祖，布洛陀为远古壮族先民的首领，在该流域内壮族先民开创了属于他们的文化。骆越与西瓯族在先秦时期分别有过独立、联盟、战争的族群历史，在秦进军岭南时与秦军大战于湘桂走廊。如今骆越、西瓯族人已繁衍生息成为当下的壮族人民。骆越族人非常崇拜一种名为"大石铲"的农作工具，在左江、右江与邕江交汇的河流冲积三角区域考古出土的石铲最多，且形状硕大，制作优良。相传该区的骆越人非常善用天然潮水的涨落灌溉农田，取得了发达丰收的农业发展。

《淮南子·原道训》中有："九嶷之南，陆事寡而水事众。"其意思为南越人以从事舟船水上生产生活为主。广东汉墓考古出土了10余只木船与陶船模型,模型样式经考究分别代表着当时的货运、乘渡、居住等功能的船舶,是全国汉墓中船体模型出土数量最大的地区,可见南越河流船舶文化在汉代时已经非常突显了。晋代张华《博物志·五方人民》中记载有:"东南之人食水产","食水产者,龟蚌蛤螺以为珍味,不觉其腥臊也"。这些来自河流海洋赐予的水产饮食习惯从史前一直延续,被南越人视为美味珍馐。

左江花山崖壁画是珠江流域先秦时期骆越、西瓯族生活的历史见证,据考古研究推断壁画大概形成于战国到秦汉时期。崖壁画沿着左江主河与支流300多千米分别分布在桂西南崇左、凭祥、宁明、扶绥、龙州、大新6个县域内。这些壁画选址都为临河而立的陡壁上,多数正好在河湾或者多河交汇处的崖壁上,崖壁往往临近河岸倒映在河水中,崖壁之画与水中倒影之画相映成趣。左江花山崖壁画规模大分布点多,而且绘画于距离水面高达数十米,甚至上百米的崖壁上,直到当下对于壁画的绘制过程与手段、工具依旧未能找到确切的答案。可见当时骆越族人是有组织、有目的地选择了河边崖壁并进行有规划的绘制具有特殊指定含义的画像。画像内容多数以人物活动为主,分别有正面与侧面的蛙形人像,人物通过大小、位置来分主次。壁画中还反复出现了类似铜鼓的圆形符号,同时也有狗、马等动物元素的出现。壁画绘制内容所传达的意境非常神秘,对于其的研究成果也是各不相同,而对于我研究的河流文化视角而言,我觉得跟早期人水关系演变有着不可分割的联系。理由为:第一它的选址在临河而立;第二它与河水倒影互为一体;第三它的内容中出现了舟船元素;第四它往往处于行舟危险系数较大的河湾与交汇处。可以猜测其想传达的是当时族人对于河流水事的祈福与重视。

军事方面,公元前218年,秦始皇在统一六国两年后发兵50万,兵分五路直指岭南,以沉重的代价在连续三年的战争中,最后赢得胜利统一了岭南,使得珠江流域在历史上第一次成为中国疆域的一部分。非常可惜的是,由于秦政暴戾,岭南在统一不到七年时,被农民武装起义推翻。当时的南越郡赵佗依靠地势与军事优势,占据岭南,于公元前204年建立了南越国,成为后世非常有名的"南越王"。到了汉代,汉武帝于公元前112年秋,出兵10万,依旧效仿秦朝,兵分五路进军岭南。汉越之战进行了一年多,以汉军攻破南越国国都番禺(今广州)而结束了南越国对于岭南的统治,珠江流域又回到了中国疆土版图中。非常值得研究的是秦汉进军岭南所选的行军作战路线都是以珠江各河道为主,沿河的要塞关口是战争的主要发生地。这些行军路线主要集中在以下五条中:第一是横浦道,地处于如今的梅关。该道接江西赣江,可沿浈水到北江南下直进番禺(今广州)。秦时还是主帅的赵佗(后南越王）正是沿这路线行军，获得了非常顺利的行军与作战成果。第二是越城岭道，与湘桂走廊相接，有秦始皇派史禄开凿灵渠。第三是桂阳岭道，古称骑田岭道。该路线由湘江支流舂陵水或耒水出发，然后转陆行到骑田岭后又转为水路，水路有两条，主要以连江入北江线为主，因为该线下游河道开阔适合船只往来，是历史中汉越人往来粤西北的唯一航运河道；而第二条线路由武水入北江，因地势险峻不用。，将湘桂连通，中原的军需物资得以运往岭南战场。第四是九嶷山道，今贺江道。由湘江别源潇水进入西江水系贺江，沿贺江到广东封开直到番禺。第五是牂牁道。今西南丝绸之路，由溯北盘江通往巴蜀，是汉初夜郎国与南越国往来通商的航道。说起河道行军，从秦攻岭南开始到汉朝都有舟兵，即水兵，汉代称之为"楼船兵""楼船卒"。

水利方面，秦代有一项重大水利工程，标志着珠江水利文化的形成，是遗留至今仍在使用的广西兴安灵渠工程，2018年8月，灵渠入选为世界灌溉工程遗产名录。该水利的修建是秦始皇对于攻占岭南时秦军劳师远征，战争进入相持阶段而应变的军事策略。秦军沿湘桂走廊南下的西路大军遇到越族人拼命抵抗，战争陷入长期持续阶段，遇到了军需供给困难的问题，于是公元前217年，秦始皇派监御史史禄欲打通湘漓二水、开凿运河，以便输送军需。该运河因水利工程技术灵巧而被称为灵渠。湘桂走廊是一条位于五岭最西部沟通中原与岭南的交通孔道，此处湘江北去，漓江南下，二水与湘桂走廊相交，于是便在湘江上游河谷开阔的地方筑坝、开渠，便是灵渠运河。运河包含渠首、南渠、北渠三部分，渠首为一处有南短北长的"V"字形拦河砌石坝，因外形酷似犁铧，古人便称渠首为铧堤。拦河砌石坝北向段长344米，称为大天平，南向段长120米，称为小天平。大小天平先是拦截湘江河水，让河水水位提升约四米后注入漓江，同时还能兼具调节流量的功能，当注入漓江的水量超过承载力，河水会漫过堤坝重回湘江河道，堤坝分水比例为三七：三分入漓江、七分到湘江。铧堤顶端为鱼嘴状的铧嘴构造，由无数堆石砌成，直到今日这些堆石依旧还在，经历了两千多年的水流冲刷愈发坚固。南渠是灵渠的主渠，由天然、人工、半人工运河段三部分组成，位于湘江南岸，总长有34千米。北渠是灵渠的配套工程，修建时打造成S形，是为了解决南渠修建后湘江船只被堤坝阻截无法进入漓江与漓江船只不能越坝进入湘江的问题。北渠通过降低堤坝坡度，河道弯曲形成两个180°的弯道，加长了渠道的长度，减缓了南渠大天平水位差带来的水流冲击，无论是北面湘江下来的船舶，还是南面逆水而上的舟船，都能利用北渠这种弯道代闸的水利工程技术顺利行舟。北渠2000多年前精湛的水利工程修造技术即使在当下河流力学原理中依旧是非常合理可靠的。灵渠将湘江与漓江相连，目的在于将长江与珠江连通，将珠江水系与北上黄河、淮水等水系形成中国一个完整的南北航运交通网（见图2-3），由此岭南与中原互通往来便利，可见灵渠修筑对于珠江河流文化形成有着不可或缺的推进作用。

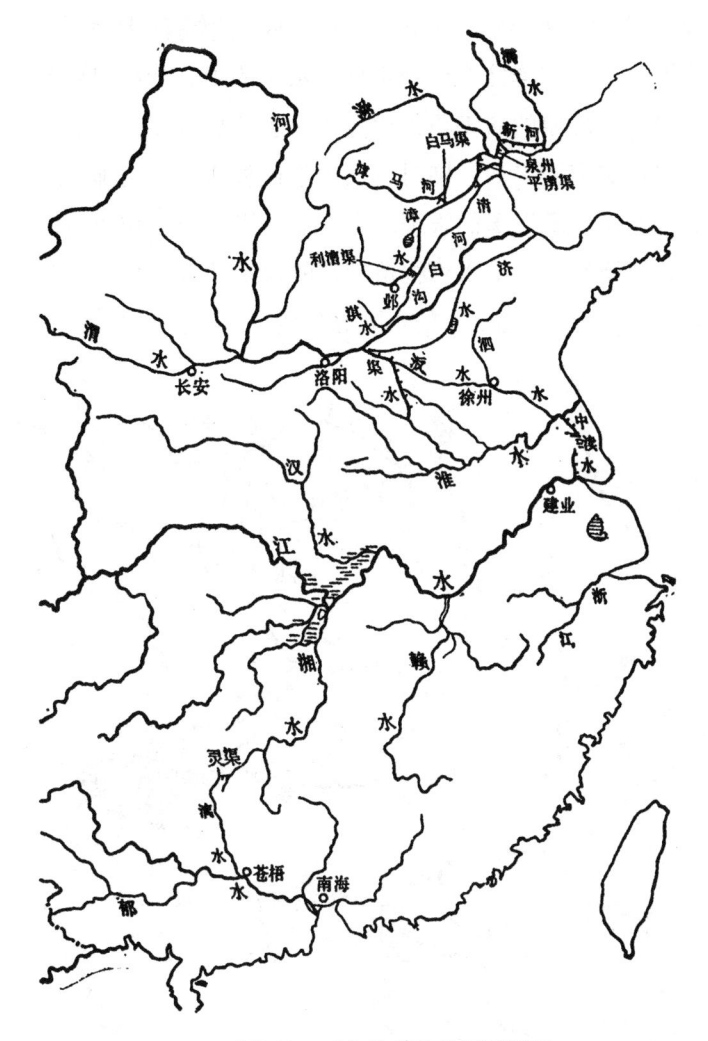

图2-3 隋代统一以前的南北航运干线图

秦汉至六朝时期珠江流域的河流文化随着人类社会制度的建立逐步形成，并与社会发展进步有着不可割舍的关系。该时期的河流文化从生存的本能需求上升到国家统治、农业水利、航运管理等复合型价值意义，其地域性愈加明显，而出现了民族性、社会性、政治性，河流文化体系正逐步完成创建，文化元素趋于丰富化。

（三）隋唐五代河流文化发展时期

桂柳运河是唐代时期珠江流域内最大的一项水利工程，其还有一个浪漫的名字叫相思埭。相思埭位于广西桂林市临桂县（今临桂区）境内，能连通柳江与桂江。根据《新唐书·地理志》记载，相思埭始建于唐长寿元年（公元692年），正是武则天为皇帝的第七年，正当唐朝鼎盛时期，当时国家非常注重发展农业而兴修农田水利。相思埭运河总长16千米，东起良丰河，西抵相思江大湾。运河通过修建18座水利陡门，将原场地的沼泽区变成储水塘，水位的提升为船只的通行提供了足够的河流宽度与水量。相思埭的竣工不仅改变了过去桂林柳州两地通行必须经梧州、浔江、黔江曲线绕行的交通局面，同时也缩短了桂林与南宁两地往来时间，加强了唐朝对于桂林、邕州（今南宁）的管理。在农业灌溉方面，相思埭的储水功能缓解了运河两岸石灰岩地质易渗水给水稻种植带来的缺水危害。相思埭与灵渠的修建，形成了北上连通中原，南下沟通江海的水陆混合型交通大要道（见图2-4）。

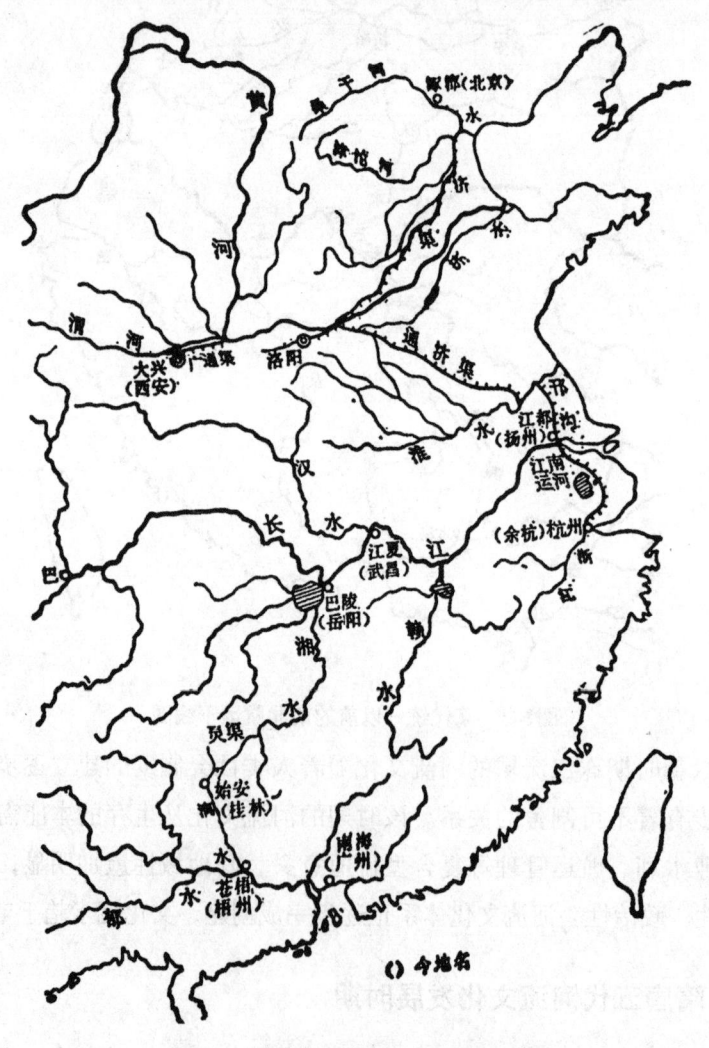

图2-4 隋唐宋时期南北航运干线图

唐代在潮州，流经粤东最大的河流在民间称为"恶溪"，因为河里鳄鱼横行，鳄鱼常攻击并吃人畜，两岸人民因此困苦不堪，这时被贬官员韩愈带领百姓进行了一系列驱赶鳄鱼与祭祀鳄鱼的措施活动。同时唐代潮州农业常年因水利问题失收，韩愈为了解决百姓农桑灌溉的问题开凿了金山溪，该溪现今依旧存在并灌溉着溪流两边的农田，潮州百姓为了纪念韩愈，将潮州最主要的河流命名为韩江，可见韩愈在唐代潮州河流环境建设中作出了不朽的贡献。在广西柳州也有一位为民兴水利发展农业的官员，为唐宪宗元和十年（815年）夏被贬至柳州的柳宗元，他鼓励百姓挖井取水灌溉农田，广植林木以利于水土保持，并在柳江河岸种植大量柳树，民间留有："柳州柳刺史，种柳柳江边，谈笑为故事，推移成昔年。垂荫当覆地，耸干会参天。好作思人树，惭无惠化传。"诗句纪念其爱民的政绩。唐敬宗宝历元年（825年），被贬为桂州（今桂林）刺史的李渤，在桂林为官期间发现桂林交通不便，其考察了兴安的灵渠，唐代的灵渠在开凿并运营了上千年后因缺乏围护，已存在诸多水利问题，行舟多有不便，李渤因而对灵渠进行了一次大修。首先是通过修筑拦河坝顶端的铧嘴将南下的湘江河水三七分，其次修建十八道陡门，通过水位的调整来推动行船上下渠道，最后建立官民用水约法章程，白天河水主要供应行舟，晚上河水用于灌溉，作到交通与农业两不误。

值得一提的是在2006年广东省考古研究所在信宜境内发现的俚人文化遗址，遗址中发现了七座船型竖穴土坑墓，船型墓是越人墓的一种类型，与越人通水性的生活有着明显的关联，具有非常原始而奇特的丧葬特点。

"海上生明月，天涯共此时。情人怨遥夜，竟夕起相思"这首我们熟于耳心的诗句，是唐代诗人张九龄（678—740年）所作。张九龄是曲江（今广东韶关市）人，生于珠江之滨，常与河海湖溪相伴，这首《望月怀远》正是其对珠江入海后海上明月升起的描写，诗句中传达的不仅有诗人开阔淡定的心境，更是对珠江入海后平静大气的赞赏。黄伟宗在其《珠江文化系论》著作中将张九龄诗句中概括的珠江文化，与李白诗中"黄河之水天上来，奔流到海不复回"的黄河文化、苏轼词中"大江东去，浪淘尽，千古风流人物"中的长江文化齐名并深入人心，三者以不同的文学形式描绘出珠江、黄河、长江各具鲜明特色的河流文化，张九龄可称得上唐代珠江文化发展的标志性文学人物。

（四）宋元河流文化成熟时期

宋元时期珠江流域水系沿线城镇因航运商品经济新高潮迎来了商业集合的发展机遇，许多沿河分布的城镇根据珠江沿线的江河海贸易形成了具有宋元历史个性的市场格局与商业贸易形式。首先流域内最大的商业中心是广州，广州是珠江河流入海关键地理位置的中心城市，宋朝广州设立有市舶司管理航运来往商船，同时进行舶货收买，朝廷也可以获得舶税增加国库的收入。宋代在自然经济占绝对优势的广西，位于湘桂走廊的桂州（今桂林），借助其交通与首府的优势条件，一度成为商贾云集之地，许多来自中原城市的商人在桂州得到了与少数民族接触的机会（见图2-5）。

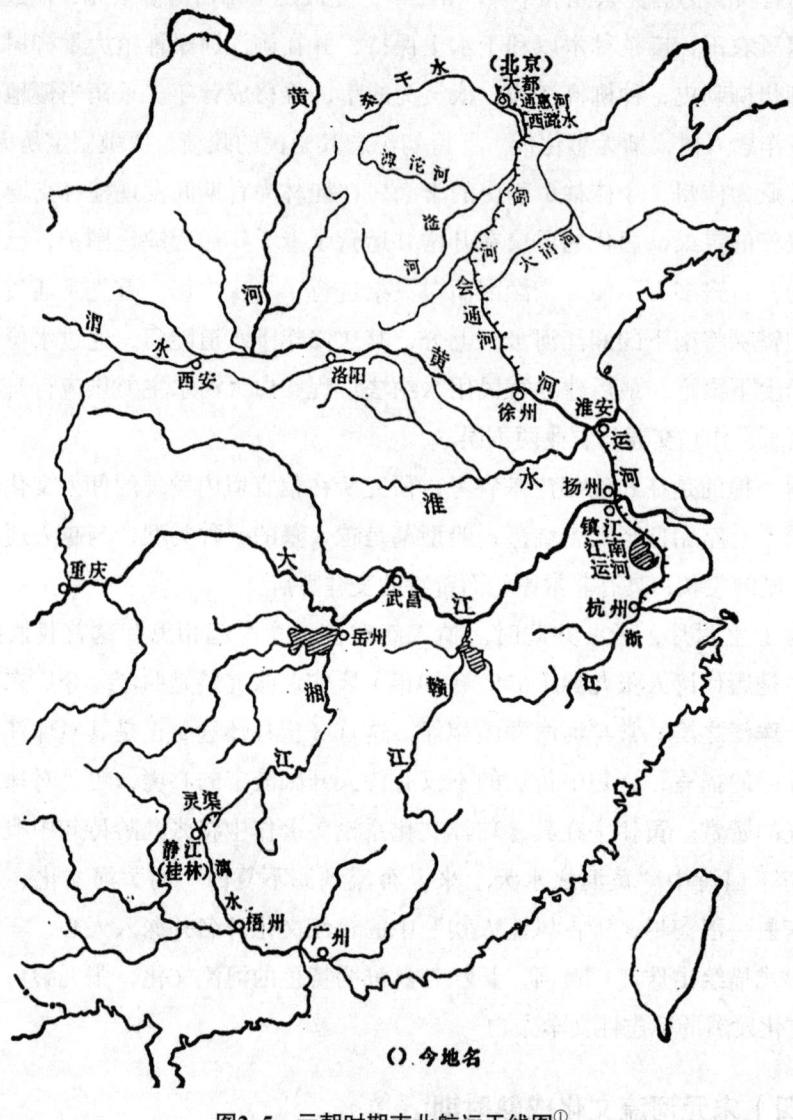

图2-5 元朝时期南北航运干线图[①]

---

① 覃圣敏,等.广西左江流域崖壁画考察与研究[M].南宁:广西民族出版社,1987:6.

在两广咽喉之地的梧州以粮食贸易闻名，在宋高宗绍兴二十年（1150年）梧州苦旱，正是其粮食贸易上的便利帮该城扛过旱情带来的粮食短缺。宋代广西每年商税在千贯以上的城市能达到17州，如桂、贺、梧这三个城市的商贸与城市河流资源优势有着紧密的联系。元丰初在红水河-黔江、右江-邕江、桂江和北江河流附近，沿河分布有大量的圩镇，河流航运交通对这些圩镇的分布起着巨大的控制作用。据《元丰九域志》记载，宋建制镇在广西有8个、广东有15个，一些典型与河流关系密切的圩镇信息如下表2-1所示。

表2-1 与河流相关的部分宋建制镇信息表

镇名	地址	与河流关系	备注
大通镇	广州芳村区	沟通西、北江水道经过之地	设水铺
瑞石镇	广州海珠区	临珠江后航道	设水铺
猎德镇	广州东部天河区沙河镇	南临珠江一凹岸	宋设水铺，元设旱铺
大水镇	广州东天河	临今沙河	设水铺、旱铺
石门镇	广州西北石门村	广州北上要冲	设递铺
白田镇	广州西关	珠江东岸丛桂里水陆码头	设旱铺
扶胥镇	广州溺谷湾北缘漏斗湾口	珠江前后航道在黄埔汇合后形成宽阔的狮子洋顶港湾区	扶胥港、扶胥圩市、扶胥古运河
临贺镇	广西平乐临贺镇	贺江上游两支流交汇处	设旱铺
马门	广西博白县顿谷镇	南流江边	马门滩伏波祠

宋代珠江三角洲为保障农业生产大量地修筑了排灌、沟渠、堤围、防洪等水利工程，是农业遗产景观的一种。堤围集中在西江、北江三角洲西北部和东江三角洲东部以及西江沿海边缘的冲积平原。修建堤围可以固定住河床范围，增加水流速度，冲走河床内淤积的河沙，保障河道的畅通，减少了洪水吞噬的农田范围，增加了农业种植面积。同时陂塘兴修在宋代灌溉工程中也常用到，如流域内北面今南雄、连州，南面中山、肇庆、广州，西部桂林、南宁，东面龙州、惠阳都有兴修陂塘的历史记载。流域内的丘陵山地区域由于地形变化大对水的灌溉需求量也是很大，宋朝时这些地区不仅有堆石陂、砌石陂、木陂、木石陂等陂塘形式，同时还有筑坝引水灌溉的记载。在阮元《广东通志》中记载过宋代有关于惠州西湖前期筑堤拦湖渔业丰收，后期针对湖干堤毁的河流整治尝试——"湖之润溉田数百顷，苇藕蒲鱼之利岁数万，民之取于湖者，其施已丰。"潮汕地区在宋代通过兴修水利使得农业土地利用率大大提高，史称"潮本泽国，盖合赣、循、梅、汀、漳五郡之水注

于韩江，千里建瓴，万派归壑"。潮汕地区水文特点为平原河网型，有记载宋元祐年间潮州知军州事王涤有"浚芹菜沟以疏水患，筑梅溪堤以障民田"。这是潮州宋代著名的水利工程之一。宋光宗绍熙二年（1191年）修复海阳十保之堤，宋理宗宝祐元年（1253年）动用3万多劳力对南堤进行一次大修，利用打井、开河道、挖渠、筑涵洞将水流引灌田亩，整个韩江下游水利堤防体系修建于宋代。陈憺《海阳筑堤记》赞赏潮州这些水利工程功效有："一之曰扰扰奔腾之势合战而退；二之曰鼋鳌鱼鳖之区，屹然山丘；三之曰沮洳化为平土，流民志其本业矣"。另外，闽人航海保护神妈祖也是在宋代传入潮州，陈天资《东里志·疆域志》记载有："天后宫……在深澳，宋时番舶建"。潮州最早的妈祖庙建于宋代，至今潮汕依旧是广东沿海妈祖庙宇最多的地区，是潮汕地域文化的一个显著特色。

宋代在广西前后共七次疏通清淤灵渠，通过增加陡门数量以缓解运河枯水期船舶行舟时的困难，同时相思埭也在同期得到了多次维修。《宋史·食货志上》记载："大抵南渡后水田之利，富于中原，故水利大兴。"可见宋代灵渠与相思埭在南北航运连通上的关键之处。在广西山区有大量的梯田，为了避免干旱给梯田带来的减产，该地区使用了筒车、自动式翻车与引水水笕，抬高河水水位或是引流山泉，保障梯田的水量，供给水稻类农作物的生长。同期宋代云贵地区正处大理国时期，也有引山泉灌溉梯田的记载，军征到大理的刘秉忠曾作诗记录有："鳞层竹屋倚岩阿，是岁秋成粳稻多。远障屏横开户牖，细泉磴引上坡陀。"可见当时在云贵地区梯田引山泉灌溉随处可见，也成为云贵地区农业稻作景观的一大特色。

元代水利修缮上不仅在宋朝堤岸的基础上加高增厚，而且在西江沿岸修筑新的堤岸。元代堤围修筑技术相比宋代有所提高。首先根据河床上下游水位差值设定堤围修筑高度，其次通过河流天然水速带动水车进行农业灌溉。北宋末年有一"桑园"，以蚕桑业生产为主，依靠水车运转河水进行桑田灌溉，获得了较好的丝绢产量，有每年向北宋政府奉纳丝绢的记载。

宋元时期珠江流域少数民族与河流之间的文化发展同样也是丰富多彩。珠江中上游地区处于大理国文化下发展，许多少数民族政治与经济形态逐步进入了封建地主或封建领主制，本族文化发展的同时也在与南下的汉文化融合。第一是侗族，源于骆越，集中在广西、贵州、湖南，宋朝时以"峒"为行政单位，"峒"为古越语，也会用"垌"字，字意为山间盆地或小河流域，是侗族人民生活环境的经典概括，侗族地区河流资源很多，农渔牧业发达，喜好食用牛肉与禾花鱼，与其河流水资源丰富有着紧密关系。侗族风雨桥河流特色建筑正是在宋代时期出现，常在聚落河流之上修建，不仅具有桥梁的功能，还兼具休憩点景的作用。直到现在很多侗族聚落依旧沿用宋朝的"峒"为村名的最后一字。第二是黎族，因为水源的充足，黎米产出量与质量非常高，常运往外界交易。黎族人民为了适应其多雨湿热、高温潮湿、多瘴气毒虫的生活环境，发展出"干栏"和船形屋两种建筑形式，尤其是船型屋，是水上行舟谋生在居住中的一种映射。第三是壮族，主要分布在广西，宋朝为"土官"管治，始称为僮，元是"土司"管治，在壮语中常用"那"字表示水田，可见其稻作文化的发达。第四是水族，与壮侗称为"潦"（僚），与骆越同源，百越为远祖，主要分布在贵州与广西，《宋史》中记载水族生活环境为："土热，多霖雨，稻粟皆再熟"。同时可见其农业以稻作文化为主。第五是仫佬族，宋元时期主要分布在贵州、广西的河谷、坝子间，同样仫佬族稻作文化也很显著，农业耕作手法与壮侗相似。第六畲族，宋元时期畲族仍处于原始社会，依旧是刀耕火种生活，主要分布于闽、粤、赣交界带，宋朝畲族也出现了梯田，山泉灌溉也是常用的农业水利方法。珠江流域这些少数民族大部分都是以稻作文化为主的农业民族，依靠河湖捕捞水产，聚族而居，以干栏式建筑为主，都有以自然事物为崇拜对象的原始崇拜，如河神、水神、土地神、树神等，崇拜理念与仪式都相似。

隋唐五代时期珠江流域河流文化已完全形成了南方区域的地理特色，与中原黄河、长江文化形成独立相互对比的格局。其航运水利多数建立在秦汉六朝时期基础上发展前进，河流继续用于农业灌溉，直接影响着区域内的衣食住行，该时期河流文化体系框架已经非常完整，构成元素几乎涵盖了方方面面，为宋元时期的成熟作好了铺垫。

总体而言，宋元时期对于珠江河流文化发展是一个承前启后的阶段，利用河流资源为农业、渔业、城市航运的发展带来了丰厚的受益，其民族特异性逐步表现得更显著，人河关系逐步走向生态和谐，对于洪涝与干旱灾害的抵御能力逐步增强，让河流资源成为经济发展的助力，其河流特色成就了流域内丰富多彩的民族文化，直接映射于民族风俗节庆、图腾信仰、农耕生产等特点。

（五）明清河流文化高潮时期

随着西方文化的逐步传入，明清时期的珠江河流文化变得多元而赋予新的生命力。明代珠江流域的水系格局让其基本形成了一个统一的市场，构成了巨大商业网络，流域内河流沿岸出现了发达的城镇商业中心，使得城镇、河流、商业、文化踏入一个新的发展高度。明代珠江水系格局以西江、北江、东江、珠江三角洲为骨架，兼有周边一些独流入海的河流。

明代流域内首位河海商业城市广州，各省会馆林立，光省内会馆数量有23个，外省有19个，外省会馆有四川会馆、江西会馆、漳州会馆、湄洲会馆等，广州经济腹地一跃成为全国性商业城市。佛山是广州外港，与广州相辅相成，一内一外，明中叶后佛山与广州一起组成了以其两为中心，覆盖珠江流域，沟通东南数省的巨大经济文化网络。清初"四方商贸之至粤者，率以是（佛山）为归。……桡楫交击，争沸喧腾，声越四五里，有为郡会（广州）之所不及者"。明清时广东佛山镇与河南朱仙镇、江西景德镇、湖北汉口镇成为全国四大镇，佛山与广州、陈村、石龙又成为广东四大镇。到了清初，佛山已成"天下四大聚"之一，分别为："北则京师，南则佛山，东则苏州，西则汉口。"

沿着西江往上，首先第一个收到广州佛山中心辐射而获得商业发展的城市为三水县城，记载有"带山控江，衮数千里，据广州之上游，当贺、梧之津要"的西江水运枢纽的地理优势。梧州是西江进入广西的"水上门户"，北上可通云南贵州，南下可抵达港澳进出口，是桂江、浔江、贺江三江相交点。明万历和清康熙年间，梧州既是商港也是军港，驻扎有水师军队。桂林作为明清广西省会城市，拥有着政治、地理、经济多方面的优势，明代包裕写诗有："如流车马门前度，似栉人家水上围"。可见桂林当时依水而居是非常常见的，同时也是商业集镇的汇集点。明朝桂林城内有10多个外省会馆，如江西、湖南、福建、四川会馆等，这与其河流资源地理位置有着重要联系。明清时期作为桂西南重镇的邕江南宁，诗人黄体元《邕江杂咏》记载南宁在明清时期的场景："大船尾接小船头，北调南腔语不休。照水夜来灯万点，满江红作乱星浮。"可见当时夜间河流行舟往来船舶非常热闹，南腔北调混杂在一起，可见南宁当时通过邕江资源，成为一座南北往来、沟通东西的河流商业文化城市。在西江与蓬江交汇的江门，从明初的乡间小圩集到成化年间成为"千艘如蚁集江门"的港口城市。清光绪三十年（1904年）江门定为对外通商口岸并设置海关，成为珠江三角洲西部商业中心。西江流域中广西地区的商业发达度相比珠江三角洲要逊色许多，其商业城镇数量远少于广东省，明清广西商业圩镇几乎都集中在大小河流交汇点上，服务半径都不大，多集中在4至9千米左右，属于当地区域自我供给的商业经济类型。

北江连接大庾岭道可纵贯广东南北，这条水陆航线在明清时期正值发展高潮，北江沿线两岸发展出许多商业城镇，航线经绕南岭，衔接江西赣州、九江、南昌，依托河流带状串联优势，形成了以南岭走廊东部竖向中轴线，与以西江干流为横轴的城镇商业带，共同构成了南岭走廊河流沿线城镇商业地理格局。北江流线首位城市为韶关，早在元代韶关与广州、潮州已成为广东三大录事司，属于南北轴线的交通枢纽。明嘉靖二十六年（1547年）在韶关武水边设税关，名为遇仙桥关。康熙九年（1670年），南雄太平桥税关迁移到韶关浈水边，名为太平桥关，并兼管了遇仙桥关。[①]光绪《曲江县志》记载有："重关横锁，万壑环趋，当江楚水陆之冲，界岭海毗连之域，……为上游之要害"。浈水越过山岭可通江西，是广东与江西联系的航线之一。浈水上游有一个汇集南北商贾的城市名为南雄，云集了江西、福建、广州多地的商贸，光是广州商人经营的商行就多达200多家，连通广州的优势使得南雄与国内外市场连成一体，有"小扬州"之称。南雄通过浈水与江西联系非常紧密，形成了南雄至大余、赣州、吉安，樟树直至南昌等城市的河流沿线水陆经济轴线。明代江西瓷都景德镇的陶瓷、樟树的药材、鄱阳湖的鱼米，铅山的纸茶，通过浈水将闽、粤、赣、浙、皖六省的商业贸易连通在一起。

东江流经区域为粤东客家地区，其商品经济相比西江、北江流域城镇有所欠缺，东江上游定南水和寻邬水连通江西，两水汇合后途经龙州佗城，南下可通达惠州、番禺（今广州）。龙州佗城是一个辐射粤、闽、赣三省边界区域的东江商业经济重镇，现如今为广东省历史文化名城，明嘉靖《龙川县志》有记载："郡据上游，当江赣之冲，为汀漳之障，则固三省咽喉，四州门户，可不谓岩邑哉"。可见在明代龙州佗城的河流地理优势已经发挥得淋漓尽致了。

由上可知，明代珠江流域依托河流水系特点形成了以沿河分布线状为主线、以"中心城市—县镇—集圩"点状辐射区域型为辅助线的珠江流域商业经济城镇体系；同时也把流域边界外的沿海商业城镇纳入其中，如广西北部湾、雷州半岛、海南岛等，形成了一个流域内外、内陆与沿海、国内与国外相连通的河流资源型商业经济大网络（见图2-6）。

---

① 徐俊鸣.韶关城市发展的历史地理背景[J].中山大学学报（自然科学版），1981（04）：111.

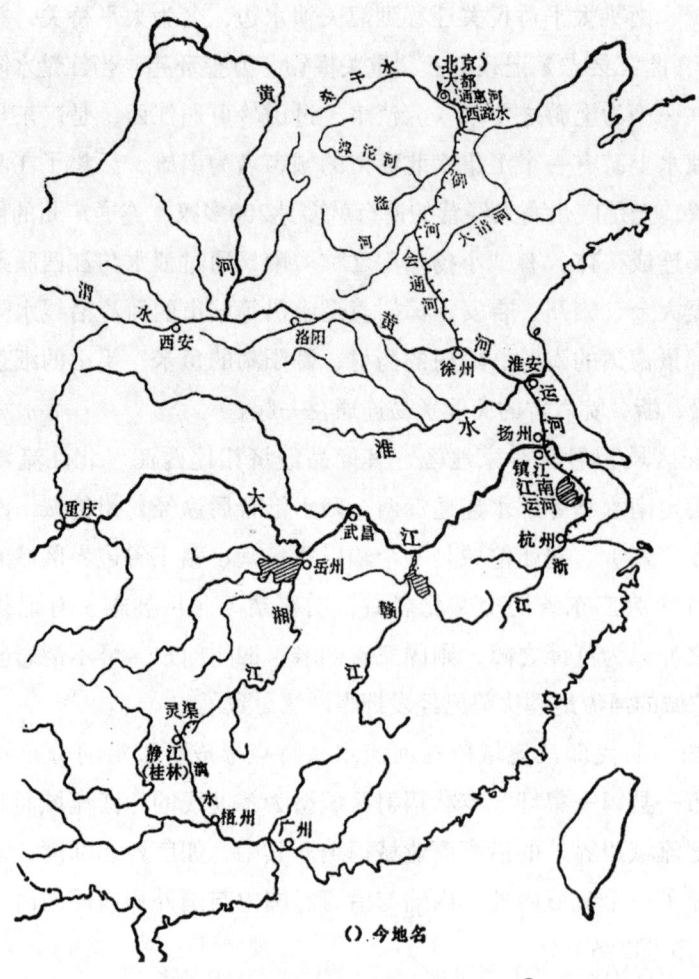

图2-6 明清朝时期南北航运干线图[①]

明代珠江流域河流文学对于河湖景色的描写非常入木三分。首先是明代岭南诗人孙蕡（1337—1393年）曾作诗《广州歌》赞颂明末的广州河岸美景："广州富庶天下闻，四时风气长如春。长城百雉白云里，城下一带春江水。少年行乐随处佳，城南南畔更繁华。朱帘十里映杨柳，帘栊上下开户牖。闽姬越女颜如花，蛮歌野曲声咿哑……"。诗中描绘了明末广州滨水景观的开阔大气，十里杨柳的湿地植物景观，蛮歌野曲用词生动地写出了岭南少数民族歌乐的不拘一格。明嘉靖年间诗人欧大任写过《镇海楼》："一望河山感慨中，苍苍平楚入长空。石门北去通秦塞，肆水南来绕汉宫。"诗中借珠江水网特点与历史更替抒发了诗人对于民间疾苦的满腹惆怅。

---

① 覃圣敏,等.广西左江流域崖壁画考察与研究[M].南宁:广西民族出版社,1987: 6.

清代在对边疆少数民族地区改土归流的治理有了更大的进步,雍正与乾隆根据封疆大吏上奏的边境情况大力推进治边政策的实施,这对珠江流域内区域协调发展有显著的推动效果。魏源《圣武记·雍正西南夷政流记》记载有:"令兵役雇苗船百余,赴湖南市盐布粮货,往返倡道,民、夷大忭,估客云集……乃遍勘上下江,浚滩险,置斥堠,通饷运……于是楚、粤商艘直抵镇城外,古州大定。"文中说的是清朝镇远沿其清水江北上可抵达贵州,南下可通广东,清朝政府在镇远设有军营监管航运水路。在古州地区,清朝时开通了清水江、都江的丹江水路;又疏通柳州至桂林的河道,大大增加了滇、黔、桂三地的水陆交通便利。

明朝为巩固新政权促进农业生产的发展,进行了多项水利修缮工程。清朝也是如此,将水利整治放在与经济发展、社会治安同等重要位置。明洪武年间,淤积多年而停止农业灌溉的灵渠得到了筑堤、设闸、疏浚等两次重大修缮,恢复了农业灌溉功能的同时也保证了航运的通行。此后明朝永乐、成化、万历与清朝康熙到光绪皇帝都对灵渠进行过修整,使灵渠的南北航运功能与农业灌溉作用一直保持运营。具体有康熙五十二年(1713年)广西巡抚陈之龙对灵渠采取了"旧存陡门十四皆修整,其已废二十一陡门酌复其八。雍正九年(1731年),广西巡抚金鉷:"凡陡门十有八,蓄水之堰三十有七,颓者完之。"乾隆十九年灵渠经历大修后出现了"舳舻衔尾,商旅欢呼,楚越之血脉长通"。嘉庆年间有"铜船一百五号,三日全行出陡"的盛况①。广西桂林临桂相思埭运河也经历了清雍正、乾隆两朝的大修整,前次为"陡二十四座,开浚河如石槽形,长流不竭,农商俱赖"。后次为广西巡抚宋邦绥所奏:"粤西临桂、兴安所属南北二十八陡河,为通商利农之要津。今又修复星桥、灵山、牛路三陡,请每陡设夫二名,并给蓄水器具银两。"②灵渠与相思埭经历明清两朝的修整,其航运与灌溉功能发挥到了历史功能最大化,桂林可由两运河水路直达柳州,也更便利地连通黔东南,使得作为广西首府的桂林对于相思埭航运的商业物流到达了历史鼎盛时期,这条水路航线对地处深山又远离沿海港口的云贵有着特殊意义,如同一座桥梁将云贵与广东连接起来。

明代府江(今桂江)民间有谚语描绘其河流状况:"盎有一斗米,莫溯藤峡水;囊有一百钱,莫上府州船。"府江水流湍急,光是容易翻船的大小石滩就有三百多处,两岸又是容易落石的悬崖峭壁,府江虽然是南北水运交通要道,但是当时的河流状况还是让许多商船望而却步。明万历年间府江经过了四次修整,分别有架设桥梁、增加摆渡、除去石滩、修两岸官道等水利措施。清代也延续了明朝

---

① 参见司徒尚纪.珠江传[M].石家庄:河北大学出版社,2009:188.
② 《清高宗实录》卷七四五。

对于府江的重视，进行了多次水利修缮，其中光绪十四年（1888年）的修整程度最大，着重开展去除江面险滩顽石，保障航运的通畅安全。清代阳朔文人徐廷诤在诗歌《螺绕漓江》记载了府江修整后的滨江美景："青髻层层滴翠鬟，回纹难辨几重湾。鱼游高岸朝泉水，螺绕长堤作砦山。崖覆蛟庵成佛阁，渡修马颈接儒关。年年神诞多祈禳，一路舟车如市圜。"

明清时期北江航运发展到了鼎盛时期，明清政府将北江定为"贡使通道"，即境外商货到达广州后往北通韶关，再沿连江过南风坳，下春陵水过湘江，抵达湖南湘潭后即可分发到内地。明清时期浈水大庚岭道的航运交通量仍是各水陆交通线第一。在北江与连江交汇处有一段收缩变小的河段，最窄处不到80米宽，名为浈阳峡，峡长约5千米，两岸都是高山峭壁，每逢洪水季节江浪非常湍急，虽然浈阳峡情况非常险峻，但是其北上韶关、南下广州的交通航线优势还是得到了许多商船的青睐。

北盘江沿岸的少数民族地区多为山地型地貌，石灰岩较多，能种植的田地非常小而且零星，明清时期这些地区居住的多为瑶族、壮族、苗族人民，他们通过凿泉、引渠、引坝将地表山泉水与地下水资源运用起来，把许多原本"看天吃饭"的旱田变成了水量充足的稻田。西江各干流在广西经过的流域中，农业水利工程进展也是如火如荼。清雍正年间《古今图书集成·职方典》记载有：当时广西境内水利工程以桂林府、南宁府、平乐府、思恩府、浔州府最多，境内53个州县就有井泉、渠圳、陂塘等水利工程987项。在桂林龙胜县的"龙脊梯田"占地面积达4平方千米，族人从元朝开始建设，清朝完成，梯田层层叠叠，如同大地艺术般盘旋在山地河谷之间，一年四季不同时节呈现出农业景观，直到今日已成为国内外热门的旅游胜地。明代广西已普遍使用水车引河流溪水进行灌溉，明代诗人龙瑄诗《平乐府》中有："车筒昼夜翻江水，刀具春秋种石田"，诗中描绘了农民针对顽石多又干旱的山地田，使用水车可昼夜不停地调动江河湖水进行灌溉。直到现在在广西境内的民族山地村寨依旧可以就到这些水车，虽然现代灌溉技术已很先进，但是这种传统生态的农业水车还是作为了一种农业遗产景观延续下来。西江流域中的柳江、红水河、南盘江以及左江、右江水系地处石灰岩溶洞地区，地表比较难积水但是地下水却是很丰富，明清时期这些区域通过修筑陂塘将山泉水储藏在了地表，解决了这种山地田地对于降雨的依赖。

珠江水系在广东境内的河流明清时期时在农业灌溉方面效益远高于过去。根据记载明洪武至嘉靖末年（1368—1566年）内肇庆地区修建的灌溉工程有160多项，到了清嘉庆末年（1820年）已多达309项。北江水系山区多，历来都有陂塘灌田的水利习惯，据嘉靖《广东通志·水利》中记载，粤北南雄、始兴等14个县该时期已拥有

314项各类灌溉工程，可使32万亩农田收益，到了清道光已多达671项，可供给57.85亩田地的灌溉，还有很多零星的小水利工程分散在山区河谷间，如同"星星之火可以燎原"般造福当地农业。

在东江中上游的支流中也有很多类似于西江下游的地貌特点，明代在其支流新丰江沿江修筑了大小灌溉沟渠约50多处，架水车引水，给东江沿岸的河谷盆地的农业提供了灌溉水源保障，促使该地发展成为东江流域新粮仓。清朝文人潘好骧在《龙台晚眺》中写到龙川佗城东江两岸的丰收景色："烟村断续桑麻雨，陇亩高低禾黍风"，诗中"陂亩高低"生动的写出了陂塘灌溉高低梯田的农业景观场景。

明代河流水系地理整理工作上有一个伟大的人物是必须要提到的，他通过自身实地考察摸清了西江水系的水源，对贵州、云南、广西的岩溶地下河地貌也作了考察记录，留给后人一份珍贵无比的历史考察材料，他就是明代著名的地理学家徐霞客。明崇祯十年（1637年）、十一年（1638年）徐霞客实地考察了西江中上游各水系，指出了南盘江发源于云南沾益州交水炎方驿附近，同时还摸清了北盘江自黔西流经今晴隆，过今红水河，渡罗木渡，下迁江的流向，纠正了明朝前对于西江、北盘江、右江的一些错误记载。

明代珠江流域城市河流发展随着城市的规模与功能的变化，在国内外商业经济的刺激下，许多城市内的河流水利工程需满足新的发展要求，因而城市河流水利基础设施服务的修整受到了政府与民间两方的关注，成为明代河流文化中城市发展部分的重要篇章。首先是以山水秀丽闻名中外的桂林，桂林唐宋时期号称"西南会府"，明清两代更是作为靖江王府、桂林府、广西布政使司、广西巡抚署、临桂县治等政府机构。明朝桂林府常受到漓江洪水危害而受到发展的限制，于是在明洪武八年（1375年），桂林将宋代旧城外的护城河归入内城范围，再而另修一条护城河于城市扩展的南城外，同时在新护城河下游的阳江河上修建拦河水坝，提高其水位，将水引入倒灌到新护城河中，使得河水在象鼻山脚下与漓江汇合。新旧护城河的修筑与改道将桂林城的洪水水患缓解了不少，同时在军事上也得到了更好的防卫效果。旧护城河纳入城中后经历多次河道清淤与扩宽后成为城市内湖，命名为阳塘，河上修建一桥名为阳桥，阳桥将阳塘分为东西两部分，东塘命名为杉湖，西塘命名为莲荡（今榕湖），绿树倒影在河水之中，景色非常宜人。桂林城内外河网密集，修建了各式各样的桥梁，成了城中的美景，吸引了不少的文人墨客。明代桂林将宋代的一浮桥改建为由50艘木船连接的铁索浮桥，成为漓江一大特色美景；同时还将小东江上的花桥改建成11孔石拱桥，据记载该桥能历经百年洪水冲刷而屹立不倒。

东江重镇惠州也是一个水利基础设施非常综合的城市，惠州以西湖为中心，满足了城市中的城防、排水、防洪、供水、灌溉等需求，直接影响城市的商业与文化发展。惠州用修筑堤坝来解决地势低洼带来的洪水威胁，早在宋代惠州已修建有平湖堤，分别为拱北堤与南堤，拱北堤上有桥与闸以供蓄泄洪水之用，南堤在苏轼贬惠州时改名为苏堤。明清时期在不断对平湖堤进行维修加固的基础上，开凿了鹅湖，鹅湖上修有钟楼堤，堤上有可供鹅湖蓄泄湖水的水闸，其次再辅助加建了主次干水渠，组成了横竖完整的河网以排放雨季城中积水。明末惠州西湖受到城市人口急增长的影响，出现人湖水争地现象，多为侵占河湖临岸搭建房屋或是种植作物。进入清代后人湖争地现象愈演愈烈，甚至有人挖穿堤基引湖水私自筑田，还有人直接开垦耕地到了湖底，对于河湖堤坝稳定性是非常不利的，官府发现该现象后多次实施修堤、清除违规占地等措施，并制定管理河湖的条例制度。如道光二十九年（1849年）惠州府严令："自今，邻池之民，毋涸水源，毋决石岸，毋弃秽屑于池中。有一于此，罚无贷。钟楼道士率坊役督察之。启闭不时，惟道士坊役之责。修闸之资，取之新桥之月息，归善县主其役。"这一官方河湖保护制度的颁布与实施是历史上人河关系形式的一大进步。

　　明代广州的城区为宋元时期的东、西、中三城合并，实施了扩宽与贯通南濠、西濠、清水濠三城河，并且开挖新东濠，最后四濠汇总合一流入珠江，成为明代广州老城的内濠，清代命名为玉带河。道光《南海县志》中有记载："濠受内城六脉渠水，自永安门东水关穴城而入，至太平门四水关穴城而出，达于珠江"，入清后广州城市人口骤增，为了保障城市的航运与排水，从清初到道光九年（1829年）先后九次修浚玉带濠，使得广州城内无水患之忧，获得"六脉皆通海，青山半入城"的人居生态环境。

　　明清两代留下了许多关于河流方面的著作文献，文化史学类如咸丰德庆《悦城龙母庙志》，屈大均《广东新语》，我国第一部地方海关志《粤海关志》，《徐霞客游记》。水利类有陈法《河干问答》，严如煜《苗疆水道考》，罗文思《塘说》《堰说》，鄂尔泰《修浚海口六河疏》，黄士杰《六河总分图说》，王继文《请修河坝疏》。地理学类有张景蕴《云南山川考》，赵元祚《滇南山水纲目》，何其英《迤江图说》，檀萃《滇南山水纲目考》，孙髯《盘龙江水利图说》。

　　该时期河流文化发展到了一个前所未有的鼎盛高度，人们在对河流资源的开发利用上已经具备非常成熟的规划、管理、修缮经验，借助河流资源使农业增产，为南方各地往来提供航道便利，形成了城市地理军事防卫，开创了众多商业城镇，留下来众多不朽的著作篇章，为近现代珠江流域经济、社会、人文开放性发展提供了坚实的支撑。

(六)近现代河流文化曲折探索时期

1932年广州港务局成立,为管理河道的官方机构。这时广州主要依靠内河航运为主要交通线路,1933年广州建成连接珠海南北的海珠桥,到了1935年,广东省内各江河通航里程达3000多公里,全省每日估约有多达17 000艘民船昼夜航行于各水系河道中,广州是其最大的航运中心。光绪三十四年(1908年)珠江流域两广地区第一次使用花尾渡客货驳轮,它船体绘满彩绘,船尾高高翘起,船身为木制,由拖轮在前牵引前进,故而行船平稳,无震动和噪声之忧,船上常保持航运的同时还兼经营当地风味美食,配有地方民乐,非常适合旅游的船客乘坐(见图2-7)。广州花尾渡在当时属于全国河流上仅有,成为珠江上一种特色的地域风情。之后梧州、肇庆、南宁以及珠江三角洲的各大城镇都出现了花尾渡,直到80年代,花尾渡才逐步消失。中华民国成立后,珠江各航线结束了外资垄断的局面,开始了内河自由发展的航运阶段。1914年广东船坞自己建造船只,最大一艘"北合号"可达1 800吨。1920年粤海航运公司成立,开始使用以柴油内燃机为驱动力的电船。1933年2月15日珠海大桥落成,其外形庄严大气,桥体构造奇特,还能电控开合,是珠江南北两岸唯一能通行大型轮船的大桥。可惜的是这跨时代标志性的桥梁在1949年广州解放前夕被国民党军队炸毁,成为了历史的记忆。好在新中国成立后修复了珠海大桥,但是桥面已不能开合,现桥梁保留至今,成为珠江一道历史性的亮丽风景线。

图2-7 1908年问世的花尾渡船型

1925年后,以李宗仁、黄绍竑、白崇禧为代表的新桂系一了广西,新桂系非常注重交通建设,1937年广西整治了西江河道,可供通航轮船、电船、民船,每日船舶往来量可达上万艘,航运里程有1 522千米,是当时广西省内主要交通工具之一。

20世纪30年代在中外学者调查、勘测基础上，对珠江有了清楚的了解，尤其是对珠江三角洲的科学研究进步很大，获得了对珠江三角洲存在的科学论证，为后来珠江三角洲经济区形成与扩展奠定了坚实的基础。20世纪初以来，国内外水文水利、地质地理研究学界对于珠江河口是否在三角洲各执所见，且以否定观点为上风。中山大学地理教授吴尚时（1904—1947年）经过细致的实地野外考察与研究后，在地貌学与水利学原理的支撑下，证实珠江三角洲为客观存在，他提出了"珠江三角洲溺谷生成学说"——"珠江三角洲至少为湾头三角洲之一种"。是由西江、北江、东江三角洲组合而成，可分为三角洲本部、附近平原与边缘丘陵三大部分。以三水至广州一线为其北界，再往东南延至石龙属于三角洲本部，东西长度与南北相仿，面积约6 000平方千米，这是吴教授对珠江三角洲实体的明确肯定，也是分布区域河界线最早的划分。后经过吴尚时教授、何大章以及中山大学同行们的深入研究，将珠江三角洲的学说建立并巩固起来。

珠江流域测绘在鸦片战争后，测量深度比清康熙年间更深入，1856年英国海军用测量船只对珠江三角洲主要河道进行了测量，先后完成并出版了珠江三角洲，北江三水河口至曲江，南海九江至广西梧州，梧州至龙州的浔江、左江的水道图，美国海军后复制了英国测绘图用于航运。广州在1914年成立了"督办广东治河事宜处"（下文简称广东治河处），开始了河道与地形的测量与制图工作。1937年广东治河处改为珠江水利局，业务管理范围扩展到了整个珠江流域，从此珠江流域有了完整的治理机构。1939年后珠江水利局统一采用正轴等角圆锥投影测绘1∶50 000地形图，可惜直到新中国成立前夕，珠江流域只完成了部分地区的1∶50 000地形图的测绘工作，对于我国管理珠江流域主权是关键性支撑。民国初年我国地质学家丁文江通过实地调研南、北盘江上游地区，在其论文中《曲靖河谷及其邻近高原》中指出："尧林山脉"和"马龙高原"是珠江与长江的分水岭地带。自此，珠江与长江流域在云南的分界得以确定。在水文资料收集方面，1896年广西龙州海关在左江边立尺观测水位，是近代珠江水文观测工作的第一个工作点。20世纪30年代，珠江上下游、南盘江和西江各干支流都设立了一批水位站。根据记载到了1937年流域内水位站已多达223个，为珠江整治工作提供了降水量、蒸发量、水位、流量等数据参考。

清末珠江航运开始使用机动船舶，据民国时期《邕宁县志》记载：光绪二十六年（1900年）有一艘英国兵轮，借夏季涨水，从梧州驶入邕江，是邕江通行机动船舶的开始。1902年到1907年西江航运长期被外国商人控制，外国商人通过控制航运对我国珠江流域商业采用了多种限制与侮辱手段，引起了国人极大愤怒。直到1908

年我国梧州商人成立了西江航业公司，经营国人西江各航线业务。西江航运到了1938年才完全被我国人民经营。因为西江各航道内具有多处险滩，从1930年开始在左江、水口河以及平而河两条通往广西龙州的河道内炸毁石滩38处，使之成为中越边界的便利航运河道。1936年至1937年桂江也进行了修整疏浚，保证了大部分河道能全年通航。

鸦片战争后，珠江流域相继开辟了广州、江门、三水、龙州、南宁、梧州等港口，其中以广州珠江口内黄埔港最为有名，它的建设是由孙中山先生在1919年的《建国方略》中提出，1936年才确定计划，1937年开始施工，受到抗战的影响，最后并未能如孙中山所构思的南方大港计划竣工，也仍是旧中国珠江流域内最大的内河港。

珠江水系拥有着巨大的水位落差，是一种天然的动力资源，这种天然水力能源一直没有被人类运用。到了19世纪40年代，珠江水系开始出现水力发电。1942年南盘江云南开远水电厂竣工，装机容量为2 690马力，是当时珠江流域内最大的水电厂。1943年广西贺江支流上的光明水电厂建成，年发电量可达50万至60万度。这时期出现的河流水力发电，虽然在规模与数量上还是初露头角，但也是珠江电力开发时代的开端。[①]

新中国成立后，珠江作为一个完整的水系开始被科学的勘探研究与开发利用。1952年政务院制定了珠江的建设方针的任务为：以巩固东江、北江、西江堤防，保证普通洪水位不成灾为目标。汛期中，争取有记录以来最高洪水位不致成灾。1956年底，国务院批准设立珠江水利委员会，1957年春又成立了珠江流域规划办公室。自此珠江流域有了协调发展的管理职能机构，流域内各省份可以以一个整体来规划未来的发展蓝图，实施各项治理与建设，是历史性的转变。1958年我国处于"大跃进"年代，出现了前所未有的河流水利建设高潮。珠江水系各河流两岸到处可见以农民为主，辐以工人、官兵、干部、学生的水利建设大军。1958年至1965年在西、北、东江和珠江三角洲各水系的干支流上，建成了许多大中型骨干水利水电工程，还完成了数以万计的小型蓄水、引水工程，其中建成了珠江流域最大的水库——新丰江水库与第一座大型水电站——新丰江水电站。1964年在郁江干流建成了珠江流域第一个低水头河床式发电站，名为西津水库，是国内最大的船闸，其可通1000吨级船队。1960年在南盘江支流建成了六郎洞水电站，是我国第一座以地下水能发电的电站。同年又建成深圳水库，缓解了香港因河流湖泊缺乏而淡水来源困难的局面，水库为香港提供淡水资源，保障了香港的稳定发展。1965年4月东江-深圳供水

---

① 参见司徒尚纪. 珠江传[M]. 石家庄：河北大学出版社，2009：298–303.

工程竣工，全长83千米，将东江河水水位抬高，注入雁田水库，再流入深圳水库，最后通过管道输送到九龙、香港，成为香港同胞的"食水保险公司"。

"文化大革命"时期，珠江河流水利工作受到了很大的破坏，首先水利机构被撤销，工作人员被下放，许多珍贵的河流水利档案被丢失，工程管理程序混乱，导致了许多水利事故的发生，如1967年开挖广西郁江合江水库大坝，导致蓄水与鱼白白丢失，还有1979年北江挖河防洪事件。虽然错误存在，但是这时期还是建成了许多利民的水利工程。首先是历时16年完工的连江航道渠化工程，素有"六潭""十峡"之称，该工程从连县至英德全长133千米，包含了11座以航运为主，结合发电、灌溉的梯级工程。其于1975年完成，是我国第一条通航的山区渠化河流，可全年通航50吨钢质船舶，最为进步的一点是该工程改变了昔日连江纤夫的悲惨命运。

1979年8月水利部珠江水利委员会重设，在广泛考察与科学论证后，编制了《珠江流域综合利用规划报告》，是流域河流治理与水资源开发的科学依据。首先是红水河进行了连续的梯级开发，建成了大化、龙潭、岩滩等大型水电站，其中建成了红水河上最大的水电站——龙潭水电站，其仅次于长江三峡电站，其水库面积达537平方千米，能将广西、广东的电网连成整体，为两地提供电力，还能给香港供应部分电力。近年来建成的北江下游飞来峡水利枢纽工程，占北江面积8.8%，通过分级加固防洪堤，北江大堤的防洪标准提高到了三百年一遇，飞来峡年度发电量可高达3.15亿度，可供应广州与珠江三角洲的用电。除此还建成了广州抽水蓄能电站，其在广东流溪河上游，它深藏在地下100多米，其装机容量是当时世界同类电站的第二。

西江作为两广的沟通大动脉，至1981年重新获批纳入国家航道治理规划中，1985年动工重点整治广州到南宁的航道，采取了疏浚、筑坝、护岸、炸礁、去弯取直等方法，该航线经过整治后可通行1 000吨至1 200吨位的船舶，借助这优势，广西的锡石、广东的硫铁矿、云南的磷矿石、贵州的煤炭、珠江三角洲的工业品都可通过这黄金河道往来商运。

近现代时期流域河流文化虽然受到战争的影响遇到了一些阻碍，但是依旧曲折前进，出现了岭南特色的河流文化休闲部分。河流官方管理机构的成立并壮大，便有了部分主流与支流的地理测绘资料，有了较突出的河流新能源的转化尝试。近现代珠江河流文化的开放性逐步显现，并为港澳地区的文化交流、经济合作架起了连接的桥梁。

（七）当代河流文化新生时期

1978年的改革开放为珠江河流文化带来了历史性的转变。1978年党的十一届三中全会召开，中央确定广东"先走一步"，因而珠江河流文化转入开放模式。20世纪80年代后，流域内许多建筑开始吸取了欧美特色，出现了时代性强的建筑文化，如深圳地王大厦、广州塔，是外来文化与岭南传统文化结合的代表。1979年3月广东省撤销宝安县和珠海县分别成立了珠海市和深圳市，试办"出口特区"，第二年更换为"经济特区"，特区的建设催化了珠江河流文化添上了时代浪口的先进性。1997年与1999年香港与澳门先后回归祖国，港澳实施的"一国两制"是我国制度的创新，为珠江流域河流文化带来了全新的制度文化血液。改革开放后，河流文化与水文化、海洋文化一样受到学术界的重视，出现了司徒尚纪的《珠江文化与史地研究》与《珠江传》、黄伟宗的《珠江文化论》、张镇洪的《岭南文化珠江来》、谭元亨《广府海韵——珠江文化与海上丝绸之路》等文化类著作。2000年6月底成立了以黄伟宗为首的"广东省珠江文化研究会"。

2000年水利部《关于珠江水利委员会审查河道管理范围内建设项目权限的通知》中明确珠江水利委员会在珠江流域片河道管理范围内发放建设项目同意书的权限。同年珠江水利委员会全面启动珠江片水资源综合规划工作。2004年5月，水利部珠江水利委员会在广东牵头召开了泛珠三角水利发展协作会议，会议通过了"安澜珠江、绿色珠江、生态珠江"共建理念的《泛珠三角区域水利发展协作倡议书》。2005年习近平在安吉余村提出"绿水青山就是金山银山"，宜水则水，因地制宜，以"绿"生"金"。2006年6月底，珠江防汛抗旱总指挥部正式成立。2008年3月国务院批复、水利部及国家发改委联合发文《水利部国家发展改革委关于印发保障澳门、珠海供水安全专项规划的通知》，有效地保证了澳门、珠海长期稳定供水的安全。

珠江委2010年6月初召开了第一次全国水利普查动员大会，并成立珠江工作小组，珠江片水利普查工作正式启动，2011年普查工作取得阶段性成果，同年11月由水利部印发《珠江河口综合治理规划》，2012年水利普本完成，同年生态文明建设纳入"五位一体"总体布局。

2015年"绿色"列入新发展理念。2016年，《关于设立统一规范的国家生态文明试验区的意见》审议通过。同年10月11日下午，习近平总书记主持召开中央全面深化改革领导小组第二十八次会议并强调：保护江河湖泊，事关人民群众福祉，事关中华民族长远发展。全面推行河长制，目的是贯彻新发展理念，以保护水资源、防治水污染、改善水环境、修复水生态为主要任务，构建责任明确、协调有序、监管严格、保护有力的河湖管理保护机制，为维护河湖健康生命、实现河湖功能永续利用提供制度保障。要加强对河长的绩效考核和责任追究，对造成生态环境损害的，严格按照有关规定追究责任。①"河长制"是中国生态文明建设的一个新实践。如今，全国既有市长、省长担任的"河长""总河长"，还有众多"小河长"。未来，将有更多的"小河长"等志愿者，投入到保护河湖、绿色发展的生动实践中。

2018年，"生态文明"写入宪法。广西南宁从2001年到2020年期间，通过修建防洪堤，建设邕宁和老口水利枢纽工程，实施邕江两岸综合整治工程，共建成17个滨水主题公园、148千米绿道，打造完成"百里秀美邕江"城市河流景观。形成了提升西江运输能力、联动江海航运的"黄金水道"，一江两岸十七园，治理一条江，改变一座城！

2019年11月，水利部印发《珠江-西江经济带岸线保护与利用规划》，对流域内重要河段资源与利用提出了河势、生态、供水、防洪保护要求，并按河岸线的经济社会发展需求，进行功能区域划分与制定管控要求。2020年底，水利部珠江水利委员会与生态环境部珠江流域南海海域生态环境监督管理局，共同进行内流域跨省河流突发水污染事件联防联控协作管理。

2021年1月《粤港澳大湾区水安全保障规划》正式印发。同年珠江委为促进珠江水文化发展，讲好珠江故事，制定水文化"五个一"建设任务，任务包含开放区改陈、宣传视频、公众号产品、网站宣传、创新平台，有效地促进珠江文化故事的宣扬，将水文化时代价值宣传与新时代水利精神推动相融合，推动流域河流建设的高质前进。习近平2021年4月在广西考察时指出：要坚持山水林田湖草沙系统治理，坚持正确的生态观、发展观，敬畏自然、顺应自然、保护自然，上下同心、齐抓共管，把保持山水生态的原真性和完整性作为一项重要工作，深入推进生态修复和环境污染治理，杜绝滥采乱挖，推动流域生态环境持续改善、生态系统持续优化、整体功能持续提升。②

新时代浪潮滚滚前进，生态文明新局面已打开。当下河流资源的地位处于历史上的最高处，对于河流的运用与保护，在规划上更科学，并且更具有前瞻性。河流的开发与管理无论是官方机构，还是民间组织，都更细化、更专业化，不仅是生存需求，更上升到了文化、经济、景观、生态等综合层面的追求。

---

① 习近平主持召开中央全面深化改革领导小组第二十八次会议强调：坚决贯彻全面深化改革决策部署 以自我革命精神推进改革[N]. 光明日报, 2016-10-12.
② 习近平在广西考察时强调：解放思想深化改革凝心聚力担当实干 建设新时代中国特色社会主义壮美广西[N]. 光明日报, 2021-04-28.

临河而居,因河建城,由河成镇。
龙鱼象形,山水城河。
航运兴,漕运成,巧成商。
稳边疆,塑河景。
观运河兴衰,
看温河长流。

第三章
珠江流域民族河流文化

从没有文字记载的史前时期，到拥有文字记载的历史时期，珠江流域内民族河流文化形成了不同时间节点的历史篇章。如史前时期的旧石器、新石器文化，先秦的百越族与土邦小国多元文化并存，秦汉六朝的广信文化与海上丝绸之路，隋唐五代的中外文化大交流，宋元汉文化与民族文化大交融，明代贸易全球下的商业文化，清代海上贸易与商帮集团的联接文化，近代战争后的文化新生。当代粤港澳文化大交流中，河流都在其中扮演着不可或缺的角色，也形成了独特的民族河流文化。珠江流域中的八桂文化、黔贵文化、滇云文化与岭南文化包含着丰富而又古老的民族文化内容，流域中拥有着我国近半数的少数民族资源，各族沿江各支流分布，靠河以种植水稻为农业主要作物，从河湖中捕捞各类淡水水产食用，形成的五味混杂的饮食差异。虽各成体系，却又能寻求到共同的发源理念，如河神的崇奉，人们在与河流的相处中共同一致地崇敬母亲河流的赐予，进而发展出水神、谷神、龙母等与河流有关的原始崇拜，形成了和谐统一中又存在独特性质的珠江民族河流文化特质。珠江流域民族文化中还包含着与中原文化相融的部分，秦始皇兵指岭南、汉武帝平南粤都为珠江流域少数民族地区带来了中原文化，两文化在历史中相互交融发展，即内向又开放，两者可称得上难舍难分。

珠江流域不仅是我国南部河网纵横的代表性地域，更是水文化积累深厚的承载地。著名文化学家郭沫若最早提出珠江文化，中山大学司徒尚纪教授认为珠江文化是个多元文化体系，其河流文化尤为突出与鲜明，表现出水元素本质的兼容性与开放性[1]。黄河文化、长江文化、珠江文化称为我国三大流域文化，可见河流文化是珠江文化形成的源头之一，中山大学黄伟宗教授认为珠江文化寻源应着眼于流域内水系长度与水量第一的西江[2]。河流在珠江流域历史进程中影响着区域内的社会、经济、科技发展与人口流动，更是直接影响着区域内水利、农业、地理、艺术、文学等的发展。当下全球正从"河流再生"开始向"城市再生"探索实践，党的十八以来，中国河流文化以农业文明为传统根脉，承载着"天人合一"的哲学思想[3]。

水为生命之源，河流是人类之母，人类与河流在发展过程中相互依赖，形成一种合理的人地关系。河流景观（Riverscape）自20世纪70年代出现，利奥波德（L.B.Leopold）和马尔尚（M.O.Marchand）第一次利用该术语描述了河流的物理、生物和美学特性。复旦大学葛剑雄教授指出，水文化是人类以水为基础所产生的生活方式、生产方式和相应的思想观念，可分为物质文化、精神文化和制度文化，而

---

[1] 司徒尚纪.珠江文化的地域特色[J].珠江水运，2011（09）：87–89.
[2] 黄伟宗.珠江文化的历史定位[J].学术研究，2004（07）：121–123.
[3] 胡晓艺.中国河流文化的传统根脉与现代更生[J].广西社会科学，2019（10）：135.

河流文化是水文化中一种特殊的、也是最重要的最有意义的文化类型[①]。中国河流文化承载着天人合一的哲学思维，包蕴华夏智慧，体现着民族气质。可见河流文化研究范围包含自人类居住起，由河流给人类带来生存、生产发展影响，由河流形成的人类居住聚落的兴起、发展、变迁，由此衍生的文学、艺术、历史交融为一体的物质与非物质文化遗产，而珠江流域民族资源众多，其河流文化的民族性研究显得格外重要。

（一）居住文化：因河而居

河流是人类赖以生存的环境元素之一，因河而居、因水兴盛的居住文化在历史上数不胜数，根据居住场地规模的大小，将分为城市居住文化与乡村居住文化两类型。珠江流域每个居住城市都拥有"城河"资源，分别有穿城而过、围城环抱、近城相守等关系类型，与城市居民生活有着紧密的关系，通过生活的衣食住行方面影响着城市的文化特质。如梧州市的骑楼城，临河居住，因每年河水变化形成了"水上城市"的人水相处方式。珠江流域广大乡村选址原则中，对于河流元素的利用也是具有悠久而有趣的历史。常利用河流便利生活、美化人居、保障生态环境等。如镇远古镇的选址布局，临河而居，居住美化了河流空间，河流也丰富了人居环境，从而成就了镇远水镇的历史居住气质，并发展出古镇各类河流文化旅游品牌，如龙舟旅游节、镇远夜景游等。流域内河网交织在古代森林植被茂盛的山地中，容易形成所谓的"瘴气"，虽对当地的居民生存而言非常不利，但在一定战略优势上保护了先民免受外来人员的骚扰，而生活在这些河网密集山地的土著先民们，以"刀耕火种"方式去除瘴气，并形成了上层人居、下层饲养家畜的"干栏"式建筑，具有极好的通风、散热、隔湿效果。珠江多数民族在服饰上常用敞开式"贯头衣"为样式，植物板蓝根为原料的蓝靛染为主要布料，配饰上多有腿套、袖套等配件，以达到通风凉爽、防虫防晒的功效。这些都是源于流域内河流水汽繁重的环境应对技能，也形成了区别于其他气候流域的河流文化个性。

1. 城市河流文化：因河建城

（1）广州——"江城"

广州，已有2200多年建城史的历史文化名城，它是岭南文化中心地、海上丝绸之路发祥地、当代改革开放先行地。广州不仅只有珠江，城内还有无数的河流、湖泊、溪流，因而被称为"江城"、"水城"（见图3-1）。城内河流两岸是居住最稠

[①] 葛剑雄. 水文化与河流文明[J]. 社会科学战线, 2018 (01)：108.

密的地方，清代诗人王渔洋的竹枝词有："潮来濠畔接江波，鱼藻门前净绮罗。两岸画栏红照水，疍船齐唱木鱼歌。"描绘的是城内河流内船只往来，河岸居民生活劳作的场景。江城广州除了白云越秀与珠江的天然山水优势（见图3-2），还有历代先民在城内修筑的六脉渠。

图3-1　广州府图[①]

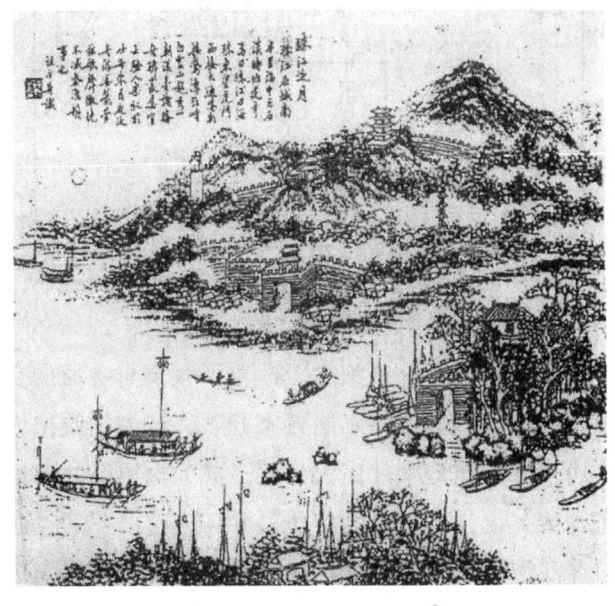

图3-2　广州城与越秀山[②]

先秦时期广州城初具成形，还未纳入中央王朝的帝国统治版图范围，生活在这一带的主要是土著古越人。先秦古籍《山海经》卷十三《海内经》云："帝俊生

---

① 曾新. 越秀山[M]. 广州：广东出版集团，广东人民出版社，2008：5.
② 曾新. 越秀山[M]. 广州：广东出版集团，广东人民出版社，2008：10.

禹，禹号生淫梁，淫梁生番禺，是始为舟。"可见古越人以水为生，在与大自然水环境相处中慢慢形成独特的族群组织和地方文化，干栏式建筑也逐步形成。公元前214年，秦南海郡尉任嚣在番山、禺山上修筑番禺城，秦在番禺建制，番禺的政治层面归属关系得到了转折，开始归入中原政治文明体系，本土的南越文化与中原汉文化交融发展。南越武王赵佗西北以白云山、越秀山为靠，东、西、南面有天然护城河围护，形成了"金城环抱"格局的南越国（见图3-3）。秦汉时期番禺城因地处水道交通便利，成为南部最著名的经济都会城市。

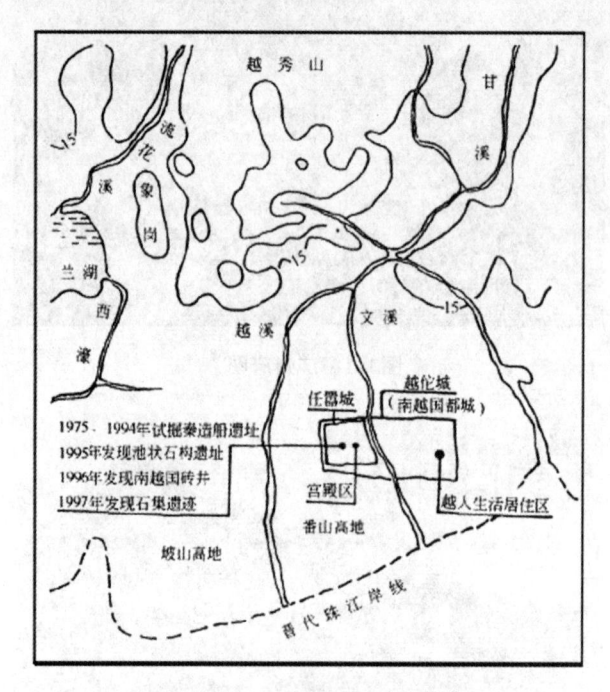

图3-3 南越国赵佗城示意图[①]

唐代张九龄开凿大庚岭通道，从根本上改善了番禺与中原的交通状况。唐代丞相张九龄形容广州："城隅百雉映，水曲万家开"，诗中描绘出城中纵横交错的河溪、小桥、人家。唐代的广州港中外商人云集，成为世界级的商运大港。日僧真人元开《唐大和尚东征传》记录下当时的广州是"江中有婆罗门、波斯、昆仑等舶，不知其数"。唐末珠江河岸南移，珠江边居民日益增多，两岸商贸更发达，岭南节度使刘隐下令凿平番山、禺山进行扩城建设，将城区商业中心进一步扩大（见图3-4）。南北两宋期间，广州城内进行了史上最频密的扩建和修缮，南濠、西濠、玉带濠、清水濠都是宋代开凿的，著名的六脉渠也自从宋代始建，有了这些濠渠

---

① 周霞. 广州城市形态演进[M]. 北京：中国建筑工业出版社，2005：24.

后，全城渠皆通于濠，濠通于江，江通于海，城市排水系统完整相连，网状分布各级建立起来，同时修筑城墙与扩建城市，形成了子城、东城、西城的三城格局，此时广州城的山水布局已呈现出"六脉皆通海，青山半入城"的空间环境。宋元时期中央政府继续增加广州的商业开发力度，波斯、印度、阿拉伯和东南亚等国家与广州有了长期的商贸往来，广州的本土文化多了几分域外气息。古代广州有一个天然大湖，名为兰湖，《水经注》描述："鹭登高远望，睹巨海之浩茫，观原薮之殷阜"，现已改建成今天的流花湖。

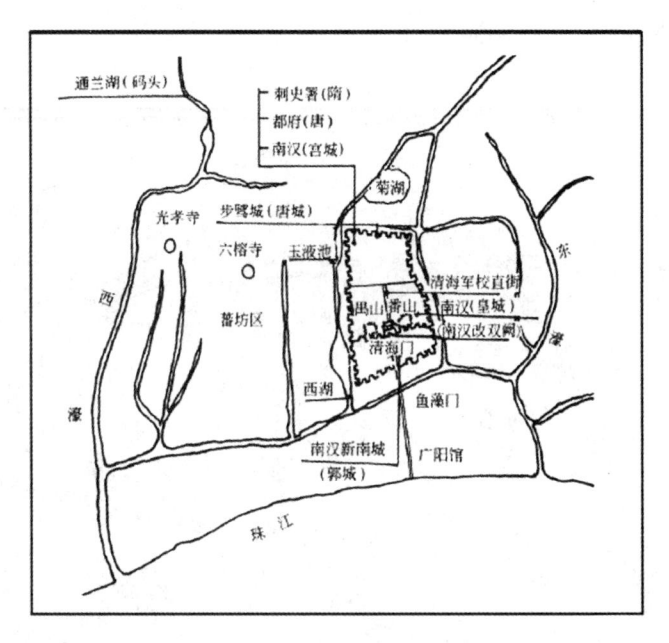

图3-4　广州唐城示意图[①]

入明后，广州城开始了大规模扩城，明洪武三年将东、西、中三城何为一城。明朝戴璟《广东通志初稿》："粤江，一名珠江，源于三江，合侦涅，出石门，东过沥窖，又东十八里会于黄木湾，即波罗庙江，为岭南诸水之会。支流分于西朗，即白规壳江；又分于沙湾，有分于韦涌，以注于海。"[②]广州历史上最早称文溪为东濠，昔日文溪日夜从白云山流入珠江，明宪宗成化三年（1467），文溪淤积改道，下游变成了大水塘，再后历经扩城筑墙，筑为内街，李氏后人居住于此，后名为李家巷。清朝仇巨川纂《羊城古钞》对珠江的记载有："珠江，在城南五羊释前，石排涌出海中，仿佛海上浮珠，即海珠石也'受灵州之水，合郁水之流，自石门东南

---

① 周霞.广州城市形态演进[M].北京：中国建筑工业出版社，2005：31.
② 胡晓艺.中国河流文化的传统根脉与现代更生[J].广西社会科学，2019（10）：135.

汇于白鹅潭，过会城下，东趋虎头门，达于海'。"[①]由这些记载我们可知珠江水系对于广州城的作用愈加增大。珠江江海相连，八口出海，直接影响着城内人们的主要生计方式，还提供城市的主要生活用水来源。入清后，因广州港口是唯一开放港口，海上贸易逐步扩展到全球范围，成为中国最大的贸易港口，商业贸易往来更为频繁，还衍生了"十三夷馆"繁华商行的场景。明末清初广东学者屈大均《广州竹枝词》中描绘到这繁盛的商贸情景："洋船争出是官商，十字门开向二洋。五丝八丝广缎好，银钱堆满十三行。"海内外的商贸让广州成为吸收海外文化、融合中原与岭南文化的南部大门（见图3-5）。

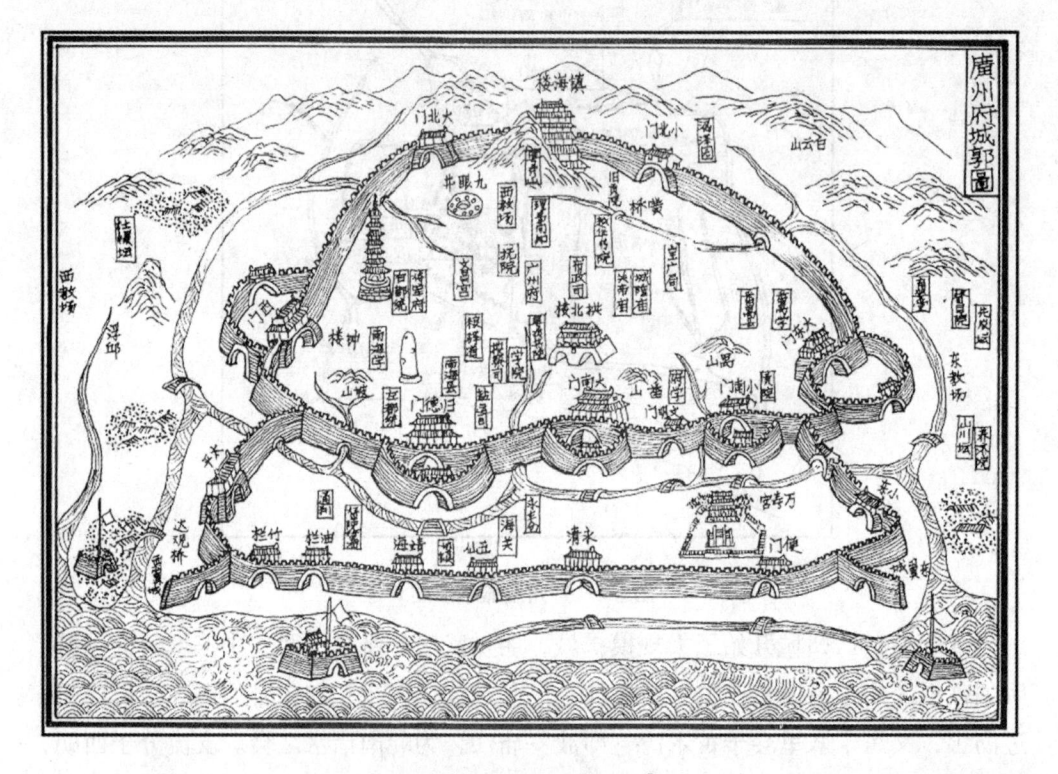

图3-5 清初广州城郭图[②]

清代后到解放初，广州城的河流环境因人口增长与工业发展开始恶化，出现大面积的淤积，河流面积缩小得很显著，让广州"江城"的美名不在。1952年清水濠和玉带濠经历了广州市第一项河涌整治工程后，成了街名不复见濠。2000年后广州政府将城内河流环境的整治列入政府重要日程事务，力求改善珠江与河涌的生态环境，加大开发人工湖与疏浚淤积，尝试恢复广州城"江城"的水域美景。

---

① （清）仇巨川纂.陈宪猷校注.羊城古钞（卷二）[M].广州：广东人民出版社，1993：138.
② 吴庆洲.中国古城防洪研究[M].北京：中国建筑工业出版社，2009：4.

(2)桂林——"江城"

桂林古称"百越之地",位于"湘水之南,粤垠之四……遥制海疆,旁控溪峒"[①]。桂林可沿漓江,北入湘江上中原,可作为沟通中原与岭南的中间城市,是我国南部边疆军事中心之一,历来都是兵家必争之地。桂林依江建城,北面有猫儿山、叠彩山作为依靠,南面有阳江,东面漓江环抱,西面西湖护卫。桂林江城最重要的河流是漓江,其由北往南分别流经兴安、灵川、桂林城区、阳朔,在桂林城区的河段总共有49.3千米。城区另一条重要河流是桃花江,也是漓江的主支流,由北从南流过城西面,在桂林城的河段有18.4千米,另外的一些小河流还有小东江、灵剑溪、南溪,都是漓江的支流,可见城市不缺水,还拥有强大的天然防御资源。

汉朝初期,汉武帝平定南越,公元前111年,岭南三郡被改为九郡,桂林被划分到九郡以外的零陵郡,属于始安县治,辖区包括当下的桂林、临桂、灵川、永福、兴安等地,学者们普遍将桂林作为县治这一年当作桂林的建城年。三国甘露元年(265年),桂林作为始安郡治所在地从零陵郡独立出来,成为郡治行政中心,其城市行政位置得以上升。南朝梁陈时期,始安(即桂林)属于桂州辖区。隋朝,桂州属始安郡,仍为郡治所。

唐代桂州大总管李靖在独秀峰下修建桂州城,又名为"子城",成为近现代桂林城市布局的雏形,形成了以独秀峰为城中心,北到叠彩山、虞山,南到象鼻山、南溪山,西到隐山、西山,东到七星山、尧山的山水总构架。莫休符《桂林风土记》记载有:"子城在漓江西,唐李靖筑。有门四:南曰腾仙,东曰东江,西旧揭静江军额,西南曰顺庆,旧揭桂州额。"唐代桂林城四面环水,倚靠漓江形成以独秀峰-子城-象鼻山为城市中轴的山水城市格局(见下3-6),唐代韩愈赞扬桂林山水为"江作青罗带,山如碧玉簪"。元和十三年(818年),桂管观察使裴行立营造了訾家洲,訾家洲紧邻漓江,站立在訾家洲西面可远眺象鼻山、独秀山、叠彩山、伏波山、南溪山、斗鸡山,形成了桂林老八景"訾洲烟雨"。诗人柳宗元登上訾家洲游览后写下了山水游记《訾家洲亭记》,如下。

太凡以观游名于代者,不过视于一方,其或旁达左右,则以为特异。至若不骛远,不陵危,环山洄江,四出如一,夸奇竞秀,咸不相让,遍行天下者,惟是得之。桂州多灵山,发地峭竖,林立四野。署之左曰漓水,水之中曰訾氏之洲。凡峤南之山川,达于海上,于是毕出,而古今莫能知。元和十二年。御史中丞裴公,来莅兹邦,都督二十七州事。盗遁奸革,德惠敷施。期年政成,而富且庶。当天子平

[①] 《粤西文载》卷三十,《八桂堂记》.

淮夷，定河朔，告于诸侯，公既施庆于下，乃合僚吏，登兹以嬉。观望修长，悼前之遗。于是厚货居氓，移于闲壤。伐恶木，刺奥草，前指后画，心舒目行，忽焉如飘浮上腾，以临云气。万山面内，重束隘，联岚含辉，旋视其宜。常所未睹，倏然互见。以为飞舞奔走，与游者偕来。乃经工庀闲馆，考极相方。南为燕亭，延宇垂阿，步檐更衣，周若一舍。北有崇轩，以临千里。左浮飞阁，右列闲馆。比舟为梁，与波升降。苞漓山，含龙宫，昔之所大，蓄在亭内。日出扶桑，云飞苍梧。海霞岛雾，来助游物。其隙则抗月槛于回溪，出枫梢于篁中。昼极其美，又益以夜，列星下布，灏气回合，邃然万变，若与安期、羡门接于物外。则凡名观游于天下者，有不屈伏退让，以推高是亭者乎？既成以燕，欢极而贺，咸曰：昔之遗胜概者，必于深山穷谷，人罕能至，而好事者后得，以为已功。未有直治城，挟阛阓，车舆步骑，朝过夕视，讫千百年，莫或异顾，一旦得之，遂出于他邦，虽博辨口，莫能举其上者。然则人之心目，其果有辽绝特殊而不可至者耶？盖非桂山之灵，不足以瑰观；非是州之旷，不足以极视；非公之鉴，不能以独得。噫！造物者之设是久矣，而尽之于今，余其可以无藉乎？

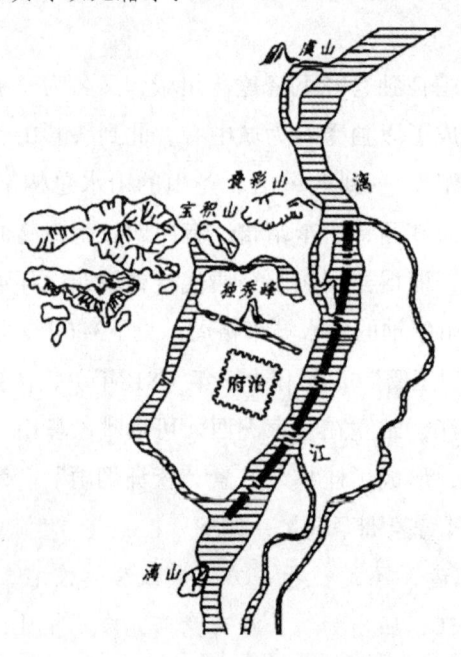

图3-6 唐代桂林子城图

宋代桂州城成为集桂州州治、广南西路帅府驻地、靖江府治三个行政身份的城市，宋人意识到桂州城山景多而水不足的城市布局，开辟了河流景观营造，先是在城南开挖"阳塘"，发展成为今日的榕湖、杉湖，又在城北开凿了"朝宗渠"，在城西挖掘了"壕塘"，至此桂州城形成了"千峰环野立，一水抱城流"的城市河流布局（见图3-7），分别有一湖（西湖）、一渠（朝宗渠）、三塘（阳塘、壕塘、揭帝塘）、六水（漓江、桃花江、南溪河、小东江、灵剑溪、相思江）的河湖资源。这些河湖资源形成了三个方向的环城河流圈，分别是最外围的东环河，由小东江与城东的灵剑溪相连接，往南流过七星山脚下，再南下流去在城南外围与漓江汇合，将穿山、塔山环抱其中，形成了城外围的东环河流圈；第二条是西湖之水流经隐山的蒙泉、蒙溪与桃花江相连，汇入漓江，形成城外围的西环河流圈；第三条入城的漓江上游流经城北的朝宗渠，连接壕塘汇入西湖，再从阳塘流入漓江，形成中环河流圈。沿着这三个河流圈，宋朝游客可以一日之内舟游桂州城。宋代刘克庄"千峰环野立，一水抱城流"表达出了水与城的分布关系，宋代王正功一句"桂林山水甲天下"成为古今评价其山水的千古名句。

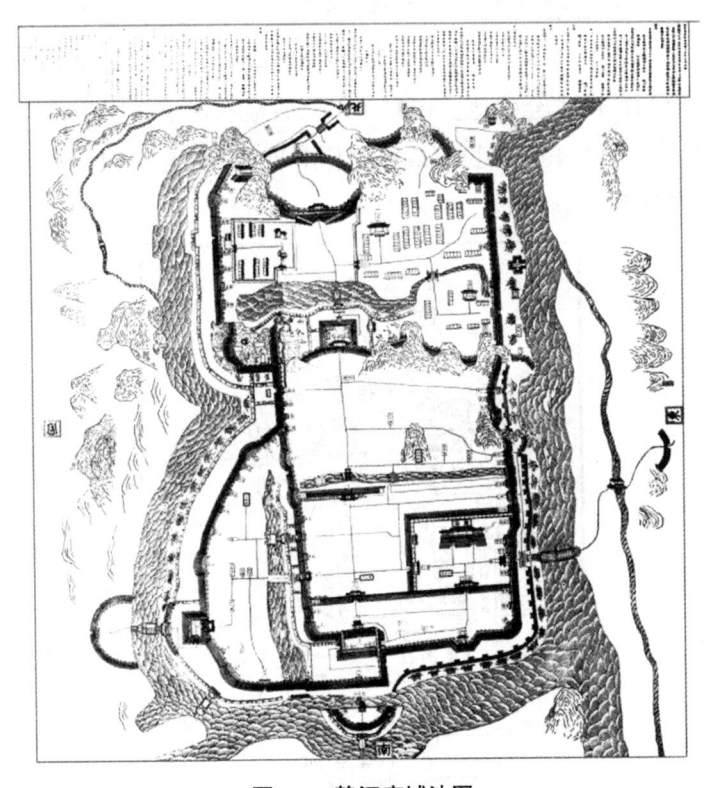

图3-7 静江府城池图

元代，桂林成为广西行中书省省会。桂林城规模向西扩展。明代洪武十年（1732年），桂林正式定名，自此以"桂林"行政名称沿用到今日。城市布局依旧以靖江王城为中心，扩大了三分之一面积（见图3-8），桃花江经修整改为城南的护城河，杉湖和榕湖成为桂林的内湖，河流上的桥梁设施得到了修缮。

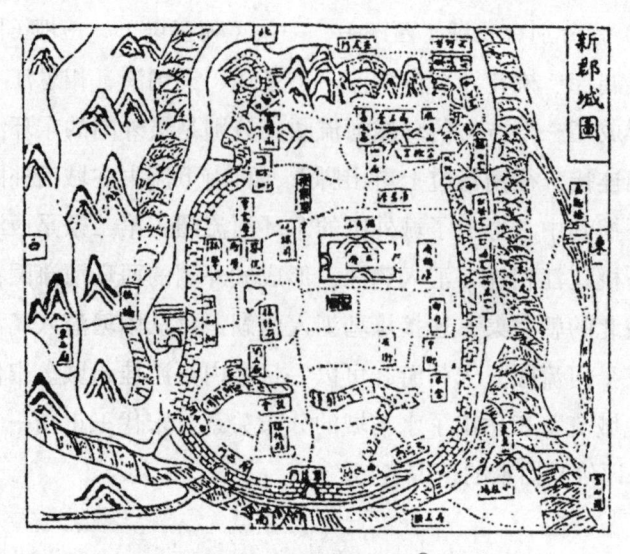

图3-8 明代桂林城图[①]

清代桂林府为广西省会驻地。1936年广西省会从南宁迁回桂林，政府设府在靖江王府（见图3-9）。1940年1月1日成立桂林市政府，是桂林建市开始，1958年，桂林成为广西壮族自治区直辖市。

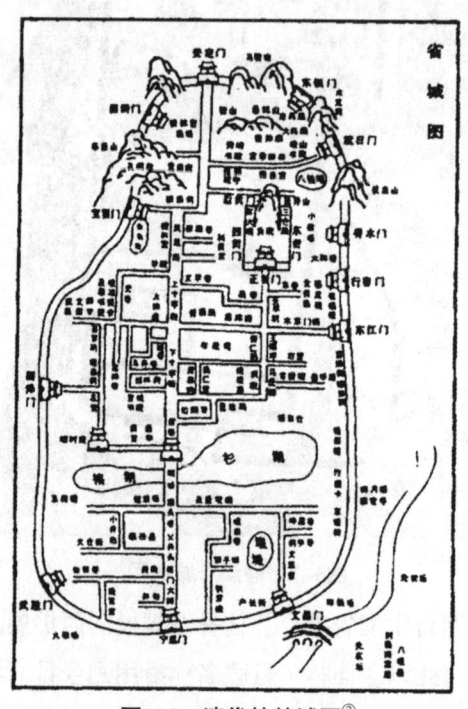

图3-9 清代桂林城图[②]

① 图片来源:明·陈琏纂修《桂林郡志》（明景泰元年重刊本）:新郡城图.
② 图片来源:清·苏宗经辑《广西通志辑要》（光绪十五年）.

近代受战争影响，桂林古护城河环城水系早已不复存在，木龙古水道被填埋侵占，城市生活污水与未经净化的雨水直接排放到榕湖、杉湖和桂湖中，桃花江河水秋冬季水量远不足通航，河流水系基础设施因战争轰炸与战后经济停滞恢复期而得不到及时的修缮。在1985年《桂林市城市总体规划》提出了恢复桂林古护城河环城水系的建设构想。1999年国家实施了名为"两江四湖"水系恢复建设工程，"两江"为漓江、桃花江，"四湖"为榕湖、桂湖、杉湖、木龙湖。该工程是我国首批以连通河湖、引水入湖、整治四湖、理顺通航、顺通排涝为建设措施，以改善城市人居环境、水资源生态、旅游人文景观为目标的大型城市水生态环境工程。

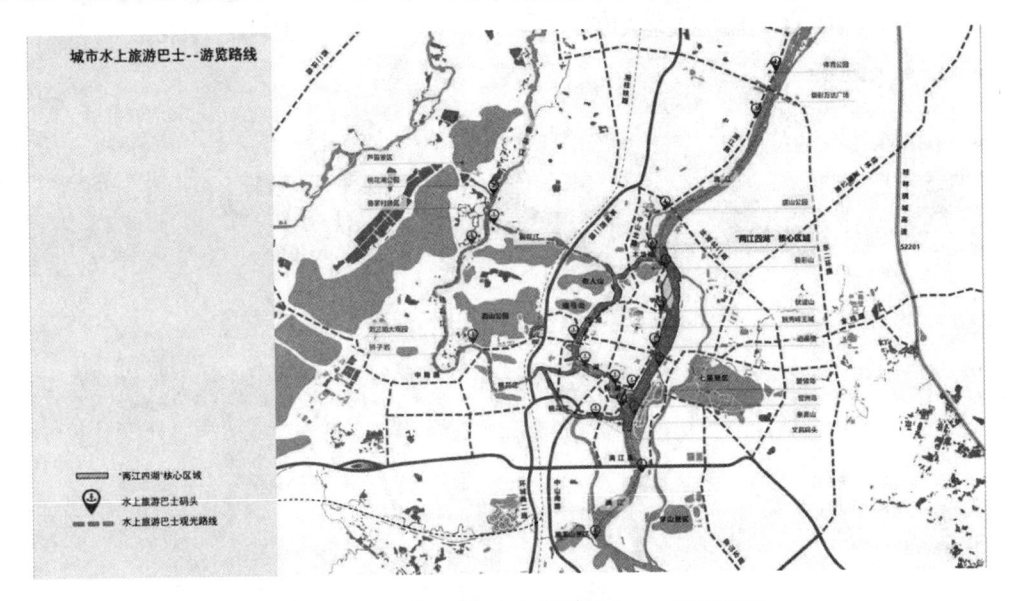

图3-10 两江四湖城市水上旅游巴士——游览路线

"两江四湖"工程建成后，景区内可乘坐游艇可进行一次历史性的水上文化旅游体验（见图3-10）：在象鼻山游船码头登船，沿漓江逆水行舟而上，游览伏波山、木龙古渡，从叠彩山下穿过宋城水门，此处有游艇抬升机提升，进入木龙湖景区，接着转至桂湖望老人山（见图3-11、3-12），行舟转向进入榕湖景区，途游宋城古南门，再抵达杉湖景区可游李宗仁故居后转回榕湖，通过春天湖船闸到，最后沿漓江顺流而下回到象鼻山，完成一个环形水系的水上游览，沿途还可以赏尽桂林市著名的人文山景、历史建筑与桥梁，是一条与"古人"同行，看"历史景观"的古护城河水系体验过程（见图3-13）。在水环境整治方面，建成的"两江四湖"能做到引水流量约为1.35立方米/秒，湖区水体每7至10天循环更新一遍，水质可达地表水Ⅲ类，改变了内湖死水、脏水的历史状态。①

图3-11　桂湖遥望老人山 　　　　　　图3-12　桃花江

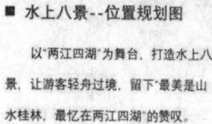

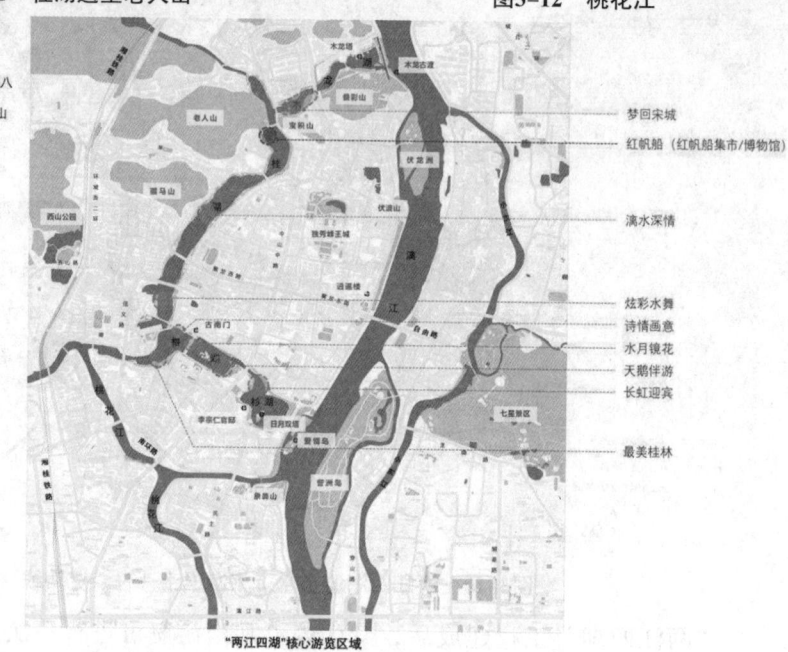

■ 水上八景--位置规划图

以"两江四湖"为舞台，打造水上八景，让游客轻舟过境，留下"最美是山水桂林，最忆在两江四湖"的赞叹。

图3-13　两江四湖水上八景位置规划图

2. 乡村河流文化：由河成镇

（1）黄姚古镇——水乡

黄姚位于昭平县东北面40千米，发祥于宋朝开宝年间，明清时期达到鼎盛，因水而成，在珠江与兴宁河两河环抱之间，两河交汇归入姚江穿镇而过，古镇布局沿姚江水系展开，15座石桥横架河面，桥连石板路，石路曲径通幽，桥下码头阶梯妇孺浣衣洗菜，桥上行人匆匆而过，桥边亭台古木参天，好一处小桥流水人家！镇内有山必有水，有水必有桥，有桥必有亭，有亭必有联。魁星楼下有楹联"下界路

---

① 黎之光，吴作韬.珠江流域的民族源流初探[J].广西民族学院学报(哲学社会科学版)，1987(10)：34.

从溪口过，上方人在画中行"，古镇溪水风景如画，置身其中如同画中之人。中兴街东门楼外楹联有"川达三江直绕遇珠海姚溪雄吞西域，楼成五凤特耸出螺峰文峡关键东门"，该联点出了三条河流在古镇的位置与作用，虽然用了夸张的手法，如"吞西域"，但仍能精悍地描绘出古镇河流的气势。

古镇古语有"三水十二古樟十一桥，六社九曲十三弯"描绘镇内水环境与水景建筑的美景画面。古镇气候多雨，雨季期间，姚江黄泥色水流滔滔不绝，如同黄龙奔腾前去，因而取名为"黄姚"，因江河而得名。黄姚以姚江之水为龙脉护佑古镇，建有见龙祠、会龙祠、护龙祠、回龙祠等一系列龙脉有关的庙宇以示对姚江的崇敬。古镇西南面建有一处名为"龙塘"的水塘，位于镇内传统风水理论的"朱雀"位，边上搭配修建了接龙门、佐龙桥、佐龙寺，接龙门上有楹联"门近接龙水流四八，桥横走马景足西南"，描绘的是古镇内河流蜿蜒流通小镇，营造的河景类型丰富，可作为西南山水的缩影（见图3-14、3-15）。

图3-14　水乡黄姚　　　　　　图3-15　树影古桥倒映河中

（二）河流文化遗产：多样又统一

珠江流域河流文化是中国文化发源的重要组成部分，因其位于南疆，濒临东南亚诸国，同时与海外诸国有着丰富的往来交流，形成了独特的历史文化遗产资源，包含非物质与物质文化遗产两类，这些文化遗产以有形或无形的方式记载着珠江流域河流文化的内容，是其历史最为久远的文化之一。物质遗产文化如古人类遗址、新旧石器遗址、灵渠水利工程、茶马古道等，在当代依旧能追溯到其与河流关系兴盛时的辉煌。非物质文化遗产如丝绸之路、普洱茶制作、蜡染扎染工艺、稻作文化，都离不开河流元素，也因此形成了多民族共荣、内外共融合的河流非物质文化遗产。例如作为珠江文化重要组成部分的南越文化，发源于秦代，秦后期至汉基本形成，隋唐发展到鼎盛，留下了灵渠水利工程遗产、南越民族青铜冶铸工艺、花山岩壁画、杨孚《异物志》，等等，无论在物质层面上，还是在精神文化领域中，都颇具民族文化个性，对于后人文化考古研究都是一份不可估量的文化遗产。

1. 非物质文化遗产：与龙、鱼、蛙结缘

下面是流域内各省区域有关于河流文化的国家级非物质文化遗产名录，有直接形成于河流文化的，有间接受到河流文化影响而衍生而来的，还有河流作为其自身文化形成要素的类型，具体各区域名录如下。

（1）广东省河流文化相关国家级非物质文化遗产

根据民族河流文化的特点，广东省内与河流相关的国家级非物质文化遗产有20项。其中有传统音乐类2项，为渔歌类，源于河流渔民捕鱼的生产生活；有传统舞蹈类10项，其中9项为龙舞，1项为灯舞；有民俗类5项、曲艺类1项、传统体育、游艺与杂技类1项、传统技艺类1项。具体内容如表3-1。

表3-1　广东省河流文化相关国家级非物质文化遗产代表性项目名录

序号	遗产名称	公布时间	保护单位	类别
1	渔歌（汕尾渔歌）	2014（第四批）	汕尾市城区文化馆	传统音乐
2	惠东渔歌	2008（第二批）	惠东县文化馆	传统音乐
3	龙舞（湛江人工舞）	2006（第一批）	湛江市	传统舞蹈
4	龙舞（汕尾滚地金龙）	2006（第一批）	陆丰市文化馆	传统舞蹈
5	龙舞（埔寨火龙）	2008（第二批）	丰顺县文化馆	传统舞蹈
6	龙舞（人龙舞）	2008（第二批）	佛山市顺德区杏坛镇文化站	传统舞蹈
7	龙舞（荷塘纱龙）	2008（第二批）	江门市蓬江区荷塘镇文体服务中心	传统舞蹈
8	龙舞（乔林烟花火龙）	2008（第二批）	揭阳市磐东乔林公益协会	传统舞蹈
9	龙舞（醉龙）	2008（第二批）	中山市西区宣传文体服务中心（综合文化站、档案馆）	传统舞蹈
10	龙舞（香火龙）	2011（第三批）	南雄市文化馆	传统舞蹈
11	龙舞（六坊云龙舞）	2011（第三批）	中山市古镇镇宣传文体服务中心（综合文化站、档案馆）	传统舞蹈
12	灯舞（沙头角鱼灯舞）	2008（第二批）	深圳市盐田区沙溪沙头角鱼灯舞艺术服务中心	传统舞蹈
13	龙舟说唱	2006（第一批）	佛山市顺德区杏坛镇文化站	曲艺
14	赛龙舟	2011（第三批）	东莞市万江区文化服务中心	传统体育、游艺与杂技
15	龙舟制作技	2008（第二批）	东莞市中堂镇文化广播电视服务中心	传统技艺

续表

序号	遗产名称	公布时间	保护单位	类别
16	七夕节（天河乞巧习俗）	2011（第三批）	广州市天河区文化馆	民俗
17	瑶族盘王节	2006（第一批）	乳源瑶族自治县文化馆	民俗
18	民间信俗（悦城龙母诞）	2011（第三批）	德庆县文化馆	民俗
19	汉族传统婚俗（斗门水上婚嫁习俗）	2008（第二批）	珠海市斗门区文化馆	民俗
20	装泥鱼习俗	2011（第三批）	珠海市斗门区文化馆	民俗

流域内广东省与河流文化有关的国家级非物质文化遗产中带有"龙"字的遗产名称就有11项，其中有8项是龙舞，只是其舞蹈内容不同而已；有2项是渔歌。

①渔歌

惠东渔歌是广东省惠东县沿海地区人民流传的一种民歌。据史书记载，它在宋朝时开始，现已有上千年的历史。当地最原始的渔民是古代南方百越族的一部分，称为"疍民"，又叫"后船疍民"。疍民长期过着海上捕鱼为生的漂流生活，原始而单一的生产方式单，求生环境相对艰苦，因此，疍民学会了劳作时以歌自娱、以歌解忧的方式。它与其他民歌之间存在较大的区别，区别点在于惠东渔歌是由渔民在船上演唱，有独唱、齐唱等表现形式。

②龙舞

龙是中华民族的图腾和信奉的祖先；龙舞是华夏精神的象征，它体现了中华民族团结合力、奋发开拓的精神面貌，也包含了天人合一、造福子孙的文化内涵，是我国在吉庆佳节时最常见的庆贺方式，舞龙时场面热闹，鼓舞人心，是中华民族极为珍贵的文化遗产。龙舞，又叫"舞龙"，民间又称其耍龙""舞龙灯"或"耍龙灯"，广泛分布在全国各地，其形式多样，是任何其他民间舞都无法比拟的。早在商代的甲骨文中就有以数人集体祭龙求雨的文字记载，汉代董仲舒《春秋繁露》也明确记载各种舞龙求雨的民间活动。此后历朝历代的诗文中都有记录宫廷或民间舞龙的文字。直至现在，龙舞仍是珠江流域内民族喜庆节令场合普遍存在的民间舞蹈形式之一。龙舞最基本的表现手段是其道具造型表现、舞龙场景构图变化和动作变化。

根据龙形道具的扎制材料的不同，分为布龙、火龙、纱龙、纸龙、草龙、钱龙、竹龙、棕龙、肉龙、板凳龙、百叶龙、荷花龙、鸡毛龙，等等。南方龙舞相对精巧细致，动作敏捷活泼。龙舞从色彩上可分为白、黄、青、红、黑等，以黄龙最为尊贵。舞龙参与的人数最少是一人舞双龙，最多时可以到达百人舞一条大龙，非常壮观。龙舞表演时的构图和动作设计一般会有"穿插""翻滚""窜跃""绞缠"等特点。整个表演的传统程序一般设定为："请龙""出龙""舞龙"和"送龙"四个步骤。民间常有"七八岁玩草龙，十五六耍小龙，青壮年舞大龙"的说法。

湛江人工舞是广东省东海岛东山镇东山圩村的特色龙舞，又称为人龙舞。人龙舞素有"东方一绝"的美称。据村中艺人传说，人龙舞大约始于明末，被清军打败的明军撤退到雷州半岛和东海岛，适逢中秋，地方百姓为鼓舞明军士气，编排了这个舞蹈。此后人龙舞便在这里流传开来，至清乾嘉时达于鼎盛。舞龙时，几十至数百名青壮年和少年身穿短裤，人与人通过身体相接，组成一条人体"长龙"。在锣鼓震天、号角齐鸣的背景搭配中，"长龙"高昂龙头，翻腾龙身，摇摆龙尾，正如蛟龙出海，气势非常震撼，势不可挡，显现出浓厚的乡土气息和独特的海岛色彩，是东海岛乃至雷州半岛经久不衰的民间风俗和大型广场娱乐活动的重要表演项目。每逢春节、元宵、中秋佳节和一些重大节日，东山圩村都会连舞几个晚上"人龙"，各家各户张灯结彩，人人倾巢而出，人流如潮，热闹非凡。人龙舞是东海岛地域自然条件与特殊社会历史因素的产物，它将古海岛群众敬龙、娱龙、尊祖、奉神、祭海等多种风俗融入"人龙"之中，形成了独具一格、自创一体的龙舞表演形式和"人龙"精神。湛江人龙舞有起龙、龙点头、龙穿云、龙卷浪等独具特色的表演程式，表演者必须练就快速托人上肩的难度高的动作和步法，队形多变流畅，动作一气呵成。该活动远观动感十足，近看雄壮粗犷，成为中华龙文化延伸与发展的重要组成部分。有些可惜，时代变迁，人龙舞逐渐失去了往日的吸引力，处于衰落状态，为保护民间文化遗产，有必要对它进行尽快抢救和整理。

根据广东省汕尾市南溪村老人黄天枢藏书中的记载和部分知情者的叙述，"滚地金龙"始创于南宋，明嘉靖年间，黄氏光昭公一支从福建漳州移居广东陆丰南溪村，带来《滚地金龙演史传》的传本。黄氏南溪"滚地金龙"传承了十七代。后来由该村的金龙艺师、传统武术师传到陆丰潭西镇深沟村，大安镇的安博、下安联、顶潭、安塘村，西南镇的两军、下村，陆丰城东镇的上神山村等地。南溪村"滚地金龙"表演时，由两个舞者钻入"龙身被套"道具中，一人负责舞动龙头，一人负责舞动龙尾。整个表演过程环节共分为"开场见礼""打围巡洞""游潭戏水""抻筋洗鳞""伏蛰闻雷""迎雷起舞""驾云飞腾""收场还礼"八个舞段，表演中舞者模仿龙旋舞飞腾、勇猛奋、戏水嬉耍、柔静盘曲、沉思奋醒等动作。1996年，南溪村被广东省文化厅授予"民族民间艺术之乡"称号，滚地金龙被编入《中国舞蹈志》，并在国家和省区的重大活动中多次获奖，得到了非常好的保护与传承。

埔寨火龙是广东省丰顺县埔寨镇村民闹元宵的传统活动形式，据《丰顺县志》记载，早在乾隆六年（1741年），埔寨镇就已经有火龙表演的习俗。镇上每逢新春佳节，各家村民便会出钱出力制作火龙，准备在元宵之夜在埔寨的龙身（地点名称）进行表演，以祈风调雨顺，五谷丰收，祥和吉利，家人平安。火龙舞动时，会有数万名群众远道而来参与观看，逐渐形成一种民俗传统，世代相传不绝。埔寨火龙表演由燃放"禹门""烟架""火龙"三个部分组成。"禹门"高6米、宽10米，内装有各式烟花，用导火线连接。"烟架"高达十余米，以木料搭成，上下若干层，每层有着不同的景观，也用导火线进行连接。"火龙"最早以稻草扎结，缚上硫磺、白硝和木炭制成的火药即成，手法十分简单。经过长期不断的实践，埔寨火龙的制作变得日益复杂精巧，它全长可达35米，内装各式烟花、火炮，外部用彩纸装饰表面，整体造型显得精致美观，栩栩如生。制成的火龙可以张嘴、喷火、吐珠、躬身、摇尾，舞动时能自动点燃和发射内藏的各类烟花火药，造成绚丽耀目的烟花景观。夜晚时火龙表演在广场举行，由龙灯队、喜炮队、火缆队和鼓乐队四部分组成，共一百多人共同表演。表演者赤膊上身，高举龙头，舞动龙身，摇摆龙尾，一边舞动一边发射出各类烟花、火炮，同时还有鱼虾造型灯舞动的映衬下，形成坡为壮观的宏大场面。埔寨火龙发展至今，已由原来的丈余长发展到三十多米长，烟架也由5架、7架发展到现在的13架，高15米。近年来，埔寨火龙后继乏人，面临生存危机，亟待保护传承。

人龙舞是流传在广东省佛山市顺德区杏坛镇光华村的一种传统民间广场舞蹈。岭南水乡光华村是著名的南派武术之乡，传统文化底蕴深厚。人龙舞是清代中叶在光华村兴起。道光十年（1830年），光华村人梁耀枢高中状元，村中的武林高手为迎接状元荣归故里，自动发起了180人的表演舞人龙活动，一时轰动全村。自此之后，光华村每逢喜庆节日都会表演人龙舞助兴，世代沿袭，承传至今。表演人龙舞时，数十人至百余人组成长达数十米的龙形。整个人龙造型分为龙趸（龙的底部）和龙面（龙身）两部分，担任龙趸者须体魄强健，能用肩部和腰部承托龙身。担任龙身者骑坐在龙趸肩膀上，身体后仰躺在后一龙趸的肩膀上，双手挥动红色绸带作龙爪。龙头由3人组成，一人双手持龙角骑坐在龙趸肩上，另一人双脚紧夹了龙趸腰部，上身悬空向前伸出作龙舌。龙尾亦由3人组成，一人双手合掌高举作龙尾，或持龙尾道具骑坐在前一龙趸肩膀上后仰，由最后的龙趸用头部顶着其背部。人龙舞队员穿戴服饰整齐，随锣鼓音乐起舞，呈示出阳刚大气的面貌。人龙舞保留了古百越族的龙图腾信仰遗风，展现出南国水乡的龙文化精髓。它将南派武术因素融入民间舞蹈,被媒体誉为"中华一绝,别无他龙"。近年来,人龙舞的生存空间日益缩小,发展传承面临重重危机,亟待保护扶持。

荷塘纱龙起源于荷塘镇的篁湾村,明代篁湾举人李唐佐在本地草扎游龙的基础上模仿四川彩龙扎成纱龙灯,之后在长期发展过程中不断进行改进,一直传承至今。蓬江区荷塘镇位于广东省江门市东北部,是西江主航道下游的江心岛。篁湾村有常住人口4 300多人,还有分散在海外的华侨和港澳台同胞近40 000名。荷塘纱龙全长可达五十多米,以木板、竹篾等材料为骨架,以纱布为龙外衣,彩色布贴作龙鳞,龙头、龙身、龙尾三部分以四条粗绳连接。纱龙制作时一般先扎龙头,再扎龙尾、龙珠、鲤鱼、龙身,最后外包龙布。夜晚舞龙时,还要在龙体内装上特制的防风防滴蜡烛。龙舞在舞动时有平面式和立体式两种舞动套路,平面式套路采取行进路线的姿势,立体式套路采用技巧性龙舞造型。纱龙舞共有二十余种舞步,花式繁多,频现高难动作,反复舞动,表演时龙体内蜡烛始终不灭。整套纱龙舞表演时间约需一个多小时,每轮26位舞龙者,在舞者接力交替时,整个龙舞不能停歇且不乱阵,堪称绝技。荷塘纱龙具有非常强的珠江流域特色,可以成为增进海外侨胞文化认同感的重要工具。近年来,荷塘纱龙也同样日趋衰落,传承遇到不少的困境,急需政府和民间力量的保护。

乔林乡位于广东省揭阳市区西部,地当岐山之阳、榕江之滨。俗称"烧龙"的乔林烟花火龙种类是揭阳市区最隆重的一种民间艺术活动,它始兴于明代,在磐溪都古乔(今揭阳市东山区磐东镇乔东村、乔西村和乔南村)传承不绝,至今已有六百多年的历史。在潮汕民间,人们以烟花火龙表演来祈求平安兴旺、吉祥如意。在历代艺人的发展加工和民众的参与下,乔林烟花火龙融舞蹈、服饰、潮州音乐、武术于一体,表演风格刚强威猛,语言动作洒脱干练,呈现出独特的潮汕民间艺术特征。

乔林烟花火龙一条龙表演队伍常需三十多位青年,舞动时有不同的花样套式。表演时,掌珠人在火龙前面引导龙首前行,龙身跟随舞动。龙头、龙身、龙尾均能火花四溅,十分壮观。乔林烟花火龙舞动时高低起伏、曲折蜿蜒、时而盘龙前行,时而腾云驾雾。乔林烟花火龙表现的是当地人民百折不挠、刚强勇敢的品格,具有民俗学、舞蹈学、潮汕音乐等方面的研究价值。近年来,乔林烟花火龙的生存出现危机,亟待有关方面进一步加强抢救保护措施。

醉龙是古代广东中山民间特有的一种舞蹈,它起源于宋,盛于明清,原为自发的即兴跳神,后发展成道具舞蹈形式。醉龙源于中山西区的长洲村,并从长洲辐射到石岐张溪、大涌、沙溪、火炬开发区濠头等地。除此以外,它还经由早年从长洲等地移民澳门的中山籍邑民传到澳门。醉龙每年会在农历四月初八浴佛节祭祀后举行的巡游活动中表演。醉龙表演包括拜祀、插金花、请龙、三拜九叩、喝酒、席间舞龙、灌酒和巡游等内容。表演过程中，舞龙者需提前被灌入足量的酒，形成一定的醉意，然后带着这许醉意而舞。舞龙者喝至似醉非醉，手抱龙头，口喷啤酒，醉步起舞，热闹不已。似醉非醉的舞步看似踉跄，但极为精彩。舞动一段时间后，等舞者稍稍酒清醒，持酒埕者必从旁强行"灌酒"，务使之进入沉醉状态。醉龙融会了醉拳、武术南拳、杂耍等技艺，自古以来深受中山当地群众欢迎。原先舞醉龙者在拜祀过程中随意舞动龙头、龙尾，称为"转龙"，现已发展成为一种民间舞蹈，堪称中华民族民间舞蹈的瑰宝。目前，醉龙的主要传承人年事已高，这一独特的民间舞蹈正濒临灭绝，亟待政府和民间保护。

广东省南雄市的香火龙源于百顺镇白竹片村，流传于百顺镇一带。每年的元宵佳节或其他重大庆典活动期间，白竹片村的香火龙都会隆重登场。香火龙扎制和舞龙技艺代代相传，现今该村青壮年都已熟练掌握该技艺，因此，该村被远乡近邻称为火龙村。香火龙有公龙、母龙之分，公龙体长9.9米，母龙体长约9米，略小于公龙。龙身用稻草扎制而成，每条龙的制作重量可达29千克。每年的元宵佳节，当地人称"闹春"，是"龙抬头"的喜庆日子。夜幕降临后，在村内开阔的打谷场边，18名舞者紧张有序地同时为扎好的草龙燃香、插香，要在约十五分钟内在两条龙身上分别插上多达1600至1800根香火。插香完毕，草龙浑身香火缭绕，似星光闪烁、烟火缠绕。此时，锣鼓声、鞭炮声响起，一舞者在场地中央舞动龙珠（火球），逗引双龙入场，两列舞者分别举着公龙、母龙登场舞蹈，表演共有"双龙戏珠""跳跃龙门""双龙出海""云游四海"等套路。夜幕中，只见两条香火龙上下翻飞，争奇斗艳，只见香火不见人。

六坊云龙舞流传广东省中山市古镇镇六坊村等村落，在古镇镇北帝庙前有一古石碑，碑文上记载："庙古已创建兰溪口，朱碑碣则自万历丙子岁迄道光在戊戌岁—龙堂之气象，人瞻桑而生恭。"碑文意为在明代开始当地建有北帝庙，居民手举桑枝迎候云龙前来巡游的场景，是一种由春节"游神"传统习俗发展而来的龙舞，传承至今已有三百多年历史。六坊村在每年春节过后的正月二十左右就会举行"游神"活动，村里会有近二百名青壮年男性合力从村中祠堂里请出云龙，入夜时分舞者会分别点燃蜡烛放入龙身，点亮云龙通体，然后由手持幡旗和灯笼者开路，舞龙珠者引领在前，同时在持鲤鱼、云彩等道具的舞者护持下，云龙从村中出发，沿着邻近的村庄连续巡游，一般巡游活动要持续表演三晚。六坊云龙舞动作套路多样，舞姿栩栩如生，云龙舞一般在晚上表演，舞龙者穿戴的服饰与龙身颜色互为同色系，黑夜中远远观看，只看到舞动翻腾的云龙，并看不到舞龙者，观赏效果很好。20世纪30年代和40年代六坊云龙舞曾分别到香港参加庆祝英皇银禧大典表演和庆祝抗日战争胜利演出，深受港澳同胞和海外华人欢迎。现在当地年轻人对传统六坊云龙舞技艺多数不感兴趣，已处于濒危、亟须保护的状态。

③龙舟类

龙舟歌在民间又称"唱龙舟"或简称"龙舟"，是广东珠江三角洲地区流行的一种曲艺形式，其形成于清代乾隆年间，相传是一名原籍顺德龙江的破落子弟发明。龙舟歌表演时一般为一人或二人自击小锣或小鼓，作间歇式伴奏吟唱，声腔较短促，高昂跌宕，诙谐有趣，富有宣泄效果。唱词以七言韵文为基本句式，四句为一组。腔调简朴流畅，颇有乡土气息。歌词宜于叙事抒情，节目内容丰富多彩，从时事新闻、民间故事到神话故事无所不有。历史上的龙舟歌多由艺人走街串巷演出，在各种喜庆场合或重大的民族节日常能看到他们的身影。龙舟歌由于民间艺人识字不多，只能口耳相传，能流传下来的并不多。龙舟歌中蕴含着大量的民俗文化，连粤剧都吸收其唱腔为演唱的重要曲牌，曲牌的名字就叫"龙舟歌"或"龙舟"。目前会唱者不到5人，已处于后继无人的局面。龙舟歌的核心流传地为顺德，且未有主动拜师学艺的青年人，急需采取有力可行的鼓励措施，才能让龙舟歌传承下去。

赛龙舟是富有东莞地方特色的传统体育竞技项目。东莞地处珠江口东岸，河流纵横，河乡泽国，水面辽阔，非常适合赛龙舟。自宋朝到现今，每年东莞人从农历四月初八起，便开始准备龙舟竞渡，一直持续到五月底。东莞人赛龙舟、洗龙舟水、趁龙舟景、食龙舟饭、吃龙舟饼、唱龙舟歌，活动会持续一个多月，美其名曰"龙舟月"。龙舟月的关键是竞渡活动，当地人称为"龙舟景"。活动内容包括：龙舟下水、抢青、设标、趁景、夺标、藁标等，是当地最热闹的景致。竞渡有两种比赛类型：一种是友谊赛，称为"趁景"，不需专门组织，不设奖品，只要在江面上有两条或两条以上的龙舟相遇，就可自发地进行竞渡，聚散自由；另一种是"赛龙夺锦"，亦称"放标""斗标""斗大景"，是有组织有奖品的。每年东莞龙舟竞渡都从万江开始，万江的父老乡亲非常重视龙舟竞赛，当作本乡本土的大事对待，赛前十数天，便选定村内最年轻力壮并有比赛经验的乡民，日夜进行竞渡训练。竞渡时一声令下，数十艘参赛的龙舟如离弦之箭，拼命前划，力争上游，水花飞溅。河流两岸观众呼声震天动地，是名副其实的"东莞龙舟第一景"。此后各镇、各村相互商定自村举办龙舟景的日子，当天，各镇、各村龙舟都会前往世交、世好、同姓的村庄"趁景"，以延续世代开创的村镇友谊，至今，龙舟景已发展成为一项群众踊跃参与的游艺竞技活动，传承效果较好。

广东省东莞市中堂镇是龙舟之乡，这里的龙舟制作已有一百多年的历史。中堂龙舟制作的工艺流程较为复杂，包括选底骨（龙骨，主要选笔直的大杉树做底骨）、起底（钉蝴蝶底，起蝴蝶底）、起水（拗弯龙骨，使之呈流线型）、打水平（中线定位，平衡蝴蝶底）、转水（安装挡水板）、做大旁、做横挡（排骨）、做坐板（划龙舟者座位）、安龙肠、加固中肠（用竹片加固座位与龙肠）、上桐油灰（板与板之间缝隙加固，防漏水）、刨光、涂清漆（使舟光滑）、制作安装龙头、安装尾舵等多个重要步骤。龙舟竞渡是我国端午节的传统民俗，因此龙舟制作技艺不仅具有工艺价值，还蕴藏着深厚的文化和民俗内涵。随着广东社会经济的高速发展，传统的乡土生活正逐渐淡出人们的视界，龙舟竞渡之类的活动已不常举办。加之龙舟制作工艺复杂，目前从事相关行业的人员日益减少，制作技艺濒临失传，急需保护。

④节庆类

广州番禺区、天河区、黄埔区一带把七夕乞巧节称为"七姐诞"，又叫"七娘诞""拜七娘""摆七娘"，是岭南古老乞巧民俗的存续。清代末期，广州形成了上九甫、下九甫、第十甫等专卖女子用品的乞巧街市。七夕之日，由社区组织"拜七娘"仪式，祭拜对象除了牛郎、织女二星，还有织女的6个姐妹。社区女性展示各种的手工艺制品，是"摆巧"活动的主要内容。以历史故事、民间传说人物为扎制玩偶对象，栩栩如生，其植物、器物造型活灵活现，尽展才艺、斗智斗巧。社区剧团还会演出牛郎织女故事。"七姐诞"乞巧习俗在澳门以及东南亚地区也很流行。传承保护这一遗产对于继承中华民族优秀传统、增强中华民族认同感和凝聚力具有重要意义，颇有民俗学研究价值。

瑶族盘王节源自农历十月十六日的盘王节歌会。每逢这天，瑶民便汇聚一起，载歌载舞纪念盘王，并逐渐发展为盘王节。过山瑶的"盘王节"又称"还盘王愿"，有单家独户进行的，也有全村人举行的。今天的盘王节已逐步发展为庆祝丰收的联谊会。瑶族青年男女则借此盛会以歌传情，寻觅佳偶。盘王节有三天三夜和七天七夜两种，其仪式主要分两大程序进行。第一程序是"请圣、排位、上光、招禾、还愿、谢圣"，整个仪式中全程伴奏唢呐乐队，师公跳《盘王舞》（《约标舞》《祭兵舞》《铜铃舞》《捉龟舞》《出兵收兵舞》等）；第二程序是请瑶族的祖先神和全族人前来"流乐"，瑶语中"流乐"的意思是玩乐，这是盘王节的主要部分，流乐仪式一般要举行一天一夜。恭请瑶族各路祖先神参加盘王节的各种文艺娱乐活动，吟唱内容表现了瑶族历史、神话、经济、社会生活、文化艺术等内容的历史长诗《盘王大歌》。盘王节仪式由4名正师公主持，各司其职，分工为还愿师、五谷师、赏兵师、祭兵师，每人1名助手，共8人，此外还有4名歌娘歌师、6名童男童女、1名长鼓艺人和唢呐乐队共同参与盘王节。其活动传承方式以师承和家传为主。盘王节作为历史悠久、分布广泛的大众节庆活动，集瑶族传统文化之大成，是一种维系民族团结、增强民族向心力的人文盛典。

⑤习俗类

广东省珠海市斗门区位于珠江三角洲西南端，是全国著名的侨乡、水乡。在斗门流行着一种独特的水上婚嫁习俗，至今已有几百年的历史，其中的一些民俗文化通过婚嫁习俗影响到中山、江门、佛山等珠江三角洲水乡地区。水上婚嫁形式繁复多样，讲究礼仪，有比较固定的程序和约定俗成的礼仪，主要内容包括"坐高堂""上头""叹家姐""花船迎亲""拜堂""回门"等。整个婚俗与当地居民生活的环境紧密联系在一起，其中的"花船迎亲"、向"船太公""海龙王"敬拜等内容均明显带有"水"的特征。在水上婚嫁习俗中，沙田民歌发挥着不可或缺的作用，成为整个婚俗的有机组成部分。斗门水上婚嫁显示出独特的水乡风情，它加深了当地民众的文化认同感，进而成为维系海外侨胞、港澳同胞乡情的精神纽带。目前由于受西式婚仪的冲击，斗门水上婚嫁正面临改变甚至消失的危险，亟待政府和民间力量抢救保护。

装泥鱼是广东珠海市斗门区乾务镇极富地方特色的一项传统技艺，斗门区乾务镇地处广东省珠海市西部，濒临南海，属滨海大沙田地区。最早起源于清乾隆三十年（1765年），至今已有二百五十多年的历史，在马山村、网山村、石狗村、荔山村、虎山村、大海环村尤为兴盛。这里气候温和、河网交错，盛产泥鱼、青蟹、沙虾等多种多样的水产品。它的西南面有一片咸淡水交界的黄茅海水域，海水盐度仅为3‰，是典型的低盐度地区，这里滩涂面积达三万多亩，生长着大量藻类植物，腐植质丰富，为泥鱼生长提供了独有的、必不可少的水质条件和食物来源，一直被称为珠江口西岸"鱼米之乡"的盛名。清同治十二年出版的《香山县志》（本衙藏版）卷十四中记载："弹流鱼即田流鱼，一名花鱼，一名七星鱼。色灰黑，长三四寸，身有花点，肉嫩，味清美，可作羹。"因为花鱼外皮与泥土相近，村民们习惯把它叫作泥鱼。装泥鱼技艺主要包含渔笼制作、渔篓制作、泥板制作、捕捉泥鱼四道主要程序，具有独创性、地域性、实用性和性别差异性的特点。这一装泥鱼技艺祖祖辈辈相传至今，家喻户晓，生动地记载了一个地域活态的传统技艺发展历史，急需给予它抢救性的保护和传承。

⑥信仰类

悦城龙母祖庙始建于秦汉时期，悦城龙母诞是在广东省德庆县悦城龙母祖庙定期举行的祭祀海神的传统民间信俗，每年农历五月初一至初八龙母生辰诞、农历八月初一至初八龙母得道诞两次节日，当地各界民众会举办隆重庙会求吉祈福，海内外信众络绎不绝。龙母诞主要内容有万民朝圣贺诞、龙母沐浴、龙母更衣、慈龙孝子祭母、圣迹瞻拜、济物放生教化等该项目，这对于继承中华民族优良传统，增强中华民族凝聚力具有重要意义，今已是国家级重点文物保护单位，亦有历史学、宗教学、民俗学的综合研究价值。

⑦灯舞类：

灯舞古已有之，清代就有以灯为道具舞出文字的"灯舞"的记载。每逢年节（尤其是元宵节）或祭祀、祈雨、乞求丰收等仪式，宫廷和民间往往都会进行灯舞表演。起初，灯舞主要以摆字为主，后逐渐发展成为以彩灯排列构造图案、创生意境的民间舞蹈类型，广传于全国各地。按灯彩外形区分，灯舞主要有三种：第一种是模拟动物的蚌灯舞、鱼灯舞、龙灯舞、百鸟灯舞、狮子灯舞、蝴蝶灯舞；第二种是模拟花卉的蜡花灯舞、菊花灯舞、荷花灯舞；第三种是云灯舞、车灯舞、船灯舞、绣球灯舞等其他形式。灯舞表演形式丰富多样，一般在夜晚以群舞方式演出，声势浩大。灯舞演员一边前进一边舞动，不断变化队形，舞蹈过程中还施放爆竹烟花，场面相当壮观。这种民间舞蹈样式多出现于汉族地区，同时也在一些少数民族地区流行。

沙头角鱼灯舞是一种以鱼造型灯为道具的男子广场群舞，流行于广东省深圳市沙头角镇及香港新界沙头角一带。它起源于清代康熙年间，至今已有三百多年的历史。清初沙头角沙栏吓村吴氏族人的祖先从广东博罗迁至海滨新安县（宝安县旧称，即今广东省深圳市）沙头角后，结合当地民间元宵张灯作乐的习俗和早期从事海上捕捞鱼虾的经验，创造出了独特的鱼灯舞。沙头角鱼灯舞中所用的鱼灯制作精巧，栩栩如生。灯舞中的鱼形各有不同的寓意，如黄鲤鱼象征任意欺压渔民的海盗，众鱼象征不畏强暴、团结抗争以获取幸福生活的广大渔民等。制作时先用竹篾扎成鱼的形状，然后在骨架上面糊纸并绘彩，后涂上桐油，再在鱼灯下面装上支撑的短棍。沙头角鱼灯舞表演一般在晚上进行，舞蹈场地不用添加灯光，舞者保持低马步，巧妙地将身体藏于鱼灯背后，举着鱼灯下的短棍俯身曲背穿梭起舞，同时以锣、钹、鼓、螺号、唢呐等从旁伴奏。整个表演主要突出鱼灯的形象，以集中体现各种鱼类的普遍习性和个性。沙头角鱼灯舞生动逼真，动作灵巧敏捷，具有较强的趣味性、观赏性和艺术性。作为传统的中国民间舞蹈，鱼灯舞多年来牵系着中华同胞的情怀。在岭南文化、海洋文化、民俗学及深港两地关系史的研究中，沙头角鱼灯舞具有重要的参考价值。目前，这一宝贵的民间艺术缺乏传承人，急待保护。

（2）广西壮族自治区河流文化相关国家级非物质文化遗产

根据河流文化的民族特点，广西壮族自治区有与河流文化相关的国家级非物质文化遗产13项，分别有民俗有7项、民间文学类2项、传统舞蹈类2项、曲艺类1项、传统技艺1项。具体内容如表3-2。

表3-2 广西壮族自治区河流文化相关国家级非物质文化遗产代表性项目名录

序号	遗产名称	公布时间	保护单位	类别
1	布洛陀	2006（第一批）	田阳县文化馆	民间文学
2	密洛陀	2011（第三批）	都安瑶族自治县文化馆	民间文学
3	铜鼓舞（田林瑶族铜鼓舞）	2008（第二批）	田林县文化馆	传统舞蹈
4	铜鼓舞（南丹勤泽格拉）	2014（第四批）	南丹县非物质文化遗产保护传承中心	传统舞蹈
5	桂林渔鼓	2014（第四批）	桂林市群众艺术馆	曲艺
6	侗族木构建筑营造技艺	2006（第一批）	柳州市群众艺术馆、三江侗族自治县非物质文化遗产保护与发展中心	传统技艺
7	瑶族盘王节	2006（第一批）	贺州市群众艺术馆	民俗
8	壮族蚂𧊅节	2006（第一批）	河池市非物质文化遗产保护中心	民俗
9	壮族歌圩	2006（第一批）	南宁市民族文化艺术研究院	民俗
10	三月三（壮族三月三）	2014（第四批）	南宁市武鸣区文化馆	民俗
11	农历二十四节气（壮族霜降节）	2014（第四批）	天等县文化馆	民俗
12	宾阳炮龙节	2008（第二批）	宾阳县文化馆	民俗
13	中元节（资源河灯节）	2014（第四批）	资源县文化馆	民俗

①民俗类

瑶族盘王节源自农历十月十六日的盘王节歌会。每逢这天，瑶民便汇聚一起，载歌载舞，纪念盘王，并逐渐发展为盘王节。今天的盘王节已逐步发展为庆祝丰收的联谊会。青年男女则借此机会以歌道情，寻觅佳偶。

过山瑶的"盘王节"，又称"还盘王愿"，有单家独户举行的，也有全村人举行的。盘王节的限期包括三天三夜和七天七夜两种，其仪式主要分两大部分进行。第一部分是"请圣、排位、上光、招禾、还愿、谢圣"，整个仪式中唢呐乐队全程伴奏，师公跳《盘王舞》（《铜铃舞》《约标舞》《祭兵舞》《捉龟舞》《出兵收兵舞》等）；第二部分是请瑶族的祖先神和全族人前来"流乐"，流乐的瑶语意思是玩乐。这是盘王节的主要部分，恭请瑶族各路祖先神参加盘王节的各种文艺娱乐活动，吟唱表现瑶族神话、历史、政治、经济、文化艺术、社会生活等内容的历史长诗《盘王大歌》。流乐仪式一般要举行一天一夜。

壮族蚂𧊅节主要流行于广西西北部红水河流域境内，因壮族把青蛙称"蚂𧊅"而得名。当地人认为掌管风雨的不是龙王，而是蚂𧊅女神。红水河沿岸壮族村寨通过祭祀蚂𧊅达到祈求风调雨顺、人畜兴旺、五谷丰登。所以，每当春节到来之时，这里的壮乡村寨族人便自发来到蚂𧊅亭（社亭）周围举行隆重热烈的蚂𧊅歌会。蚂𧊅节期一般从大年初一起至二月初二结束，节日期间人们以祭蚂𧊅为主要活动，敲锣打鼓，呼唤四方歌友。当天大家穿上节日盛装、歌声遍野、欢聚一堂。活动程序一般有找蚂𧊅、孝蚂𧊅和葬蚂𧊅三步骤，以唱蚂𧊅歌、跳蚂𧊅舞、形式相伴完成，以共庆农作丰收。蚂𧊅舞的舞姿多模拟青蛙而动，主要动作有双腿深蹲、抬踏颤点、碎步横行、撑棍仰身等，与青蛙生活形态很像，富有生活乡土气息，诙谐风趣。红水河两岸百余里的壮家村寨都盛行蚂𧊅节活动，历史上曾建成过二三百座的蚂𧊅亭。由于历史原因，20世纪六七十年代，蚂𧊅节活动很少举行，一些蚂𧊅亭在当时遭受破坏，现在遗留下来的已经很少了。改革开放以后，蚂𧊅节活动在各地又陆续得到恢复。目前，年轻人对传统民俗文化活动的态度日益淡漠，一些活动传承人因年事已高而退出舞台，有的已相继离世，导致其中一些技艺得不到传承。有关部门正采取措施对蚂𧊅节的相关民俗活动加以抢救和保护。

"歌圩"是壮族群众在特定时间、地点举行的节日性聚会歌唱活动形式，壮语称为"圩欢""窝坡""笼峒""圩逢"等。人口多的壮族聚居区都会举办歌圩，举办歌圩的时间主要在春秋两季。春季歌圩以三四月间为最盛，农历三月初三举办的次数最多；秋季歌圩集中于农历八九月，尤以中秋节为最佳日期。歌圩的举办地点各处不同，但每一聚落的歌圩一般都在一个相对固定的地方举行。歌圩源于氏族部落时代祭祀性的歌舞活动，随着社会的发展，这种原始仪式性的群体歌舞由"娱神"向"娱人"过渡，从"舞化"朝"歌化"发展，从而形成群体性歌唱的歌圩活动。具有特别的民族象征性和凝聚力，歌圩可直接影响壮族的每个成员、每个家庭的发展。歌圩以青年男女交情为主，即倚歌择配和赛歌赏歌为核心内容，同时还兼有曲艺、戏剧、体育等文化娱乐活动。它是壮族民歌文化的自然载体，对于壮族各类传统民歌的产生、传承与发展具有重要的作用。同时它又是壮族民间文学的宝库，对了解和研究壮族古代民族生活具有重要的价值。歌圩还为广大民众特别是青年提供了学习山歌和展示歌才的机会，满足了他们崇尚山歌、诗性思维的心理需求。随着现代化步伐的加快，民族民间传统文化受到严重冲击，歌圩活动也逐渐减少。不少歌圩因为老歌手退出后没有中青年歌手参与和接班而消亡。应迅速采取措施，对这一古老民族风俗进行抢救和保护。

炮龙节是融合了汉、壮民族文化特色的一项综合性民间节庆系列活动，流传于广西壮族自治区南宁市的宾阳县。宾阳炮龙节发端于宋元时代，清末民初趋于成熟，至今已有上千年的悠久历史。相传宋仁宗皇祐年间，狄青率大军赴广西征剿侬智高，在宾阳昆仑关屡攻不克。当时正值元宵节，狄青令兵士以稻草扎成龙形，放火烧竹，在竹子燃烧爆裂后发出的炮仗般响声中舞龙大闹元宵，以此麻痹敌方。侬智高果然放松了戒备，最终为狄青所克。当地人据此认定舞炮龙能带来吉祥好运，每年农历正月初十至十五都要舞龙，后来相沿成习，现舞龙活动固定在正月十一进行，逐渐形成独特的炮龙节。宾阳炮龙节活动由"游彩架""灯会""舞炮龙"三个部分组成，每部分各有特色。"游彩架"也叫"彩架游行"，游行队列由彩色台架、舞龙队、舞狮队等组成，长达半里甚至一里以上，中间彩架台上有数名孩童，分别坐立于特制的手指或伞、扇、剑、弓、刀之类的小道具上，装扮成特定情景下的形象造型，神气毕见，妙趣天成。"灯会"俗称"灯酒会"，包括乡饮、取灯等活动内容。乡饮以村屯和街巷为单位，由上一年生男丁的家长担任"头人"筹集"丁款"，每户派一名男性到祠堂或村社商讨当年的农业生产问题，聆听村规民约，然后会餐。取灯有"求嗣取丁"之意，灯会当日，"头人"引领生有三男两女的"抱花岳父"和擅长山歌的"抱花岳母"同众人一道从村社庙宇或祠堂出发，为取灯人家送去莲花灯。宾阳炮龙节是中华龙文化的重要组成部分，它可以满足民众祛灾祈福的心理需求，营造祥和的节日气氛，因而成为民俗学、文化学等学科研究的对象及和谐社会建设运动的有益借鉴。随着现代化进程的加速，外来文化对中国传统文化的冲击日趋严重，宾阳炮龙节也不可避免地受到一定影响。近年来，炮龙节活动得到恢复，"炮龙"数目有所增加，参加者愈来愈多，其中包括宾阳周边县市及国内外的游客。在此情势下，宾阳炮龙节正逐渐发展成为一个多民族文化交融的节庆盛典。

②文学类

布洛陀是壮族先民口头文学中的神话人物，是创世神、始祖神和道德神。《布洛陀》是壮族的长篇诗体创世神话，主要记述布洛陀开天辟地、创造人类的丰功伟绩，自古以来以口头方式在广西壮族自治区田阳县一带传承。大约从明代起，在口头传唱的同时，也以古壮字书写的形式保存下来，其中有一部分变成壮族民间麽教的经文。《布洛陀》的内容包括布洛陀创造天地、造人、造万物、造土皇帝、造文字历书和造伦理道德六个方面，反映了人类从茹毛饮血的蒙昧时代走向农耕时代的历史，以及壮族先民氏族部落社会的情况，在文学、音韵学、音乐学、宗教学、历史学、古文字学研究等方面有较高的学术价值。布洛陀口传诗体创世神话在内容上具有原生性特点，在漫长的口头传承过程中，经过一代代的不断加工和锤炼，艺术性也得到了完善和提高。它不仅可以帮助人们认识历史、满足人们的生活需求，还具有教化传播民族精神的作用。由于历史及其他各种原因，今天《布洛陀》已面临失传，需要采取普查、建档、研究、出版等手段，并通过建立布洛陀文化生态保护村、唱诵队、传习馆以及在相关学校开办传习班等方式加以保护，使其能在现代化社会条件下继续得到传承。

《密洛陀》是瑶族（布努瑶）的一部创世史诗。密洛陀是人类的母神，她用风和气流创造了宇宙万物——山、川、湖、海、平地、森林及生物。她派儿子们射杀对人们施加淫威的太阳、月亮，斩除肆虐残暴的危害人类的凶猪、魔虎、妖猴。她教给人们如何认识阴险毒辣的坏人和做人的道德，引导布努人从黑暗走向光明。史诗表达了布努征服和改造大自然的愿望和坚忍不拔的民族精神。史诗还描写了在异族侵袭下举行的民族迁徙，走向荒山、密林的悲剧历程，以及姓氏的出现、血缘婚的终结和母权让位给男权的社会历史画面。四十余万布努瑶生活在广西的山区。都安瑶族自治县是布努瑶聚居之地，也是《密洛陀》流传的中心地区之一。如今，这部史诗还在都安的瑶民中口头流传着。每年农历五月二十九日祝着节或婚嫁时，瑶民就聚集在一起，吟唱《密洛陀》，以示对始祖密洛陀的怀念和对祖先制定俗规的遵行，唱颂瑶族始祖密洛陀创造宇宙万物和创造人类及其民族文化的功绩，吟咏瑶族的悲壮历史。

③舞蹈类

田林瑶族铜鼓舞：铜鼓舞是我国壮族、瑶族、彝族民间流传最广、影响最大的古老舞种之一，它来源于文山壮、彝等族先民的自然崇拜和祖先崇拜活动。铜鼓舞表演时，鼓手有节奏地击鼓，通过鼓点节奏的变化引起舞蹈队形和动作的变化。铜鼓舞中的集体舞有多种队形，男女青年可以围成圆圈，也可以排列成纵队、一字形、半圆形、四方形、交叉对跳等。舞者情绪随舞蹈而起伏，舞姿粗犷灵活，舞法矫健有力，舞蹈场面欢快动人，显示出鲜明的民族和地域特色。瑶族铜鼓舞是瑶族人民创造的一种民间舞蹈形式，流传于广西壮族自治区田林县各地"木柄瑶""长发瑶"中的铜鼓舞至今已有两百多年的历史，深受当地瑶族群众喜爱。每年农历正月初二至正月三十或二月初二，各瑶寨都会跳起铜鼓舞，以纪念先人、欢庆节日、祈求健康长寿、六畜兴旺、五谷丰登。田林瑶族铜鼓舞在田林瑶族文化的认定中有着重要的意义，可以为民族学、艺术学等方面的研究提供参考。

④技艺类

侗族木构建筑营造技艺：侗族木构建筑营造技艺是广西三江县最出色的民族民间传统文化表现形式。三国时期，侗族先人"依树积木，以居其上，名曰干栏"，逐渐形成木构建筑营造技艺。三江侗族木质建筑以风雨桥、鼓楼为代表，不仅造型美观，而且工艺堪称一绝。整座建筑凿榫打眼、穿梁接拱、立柱连枋不用一颗铁钉，全以榫卯连接，结构牢固，接合缜密，有极高的工艺和艺术价值。

鼓楼又称"罗汉楼"，埋巨木为中心柱，建成塔形独角楼，矗于侗寨之中，立地顶天，成为侗家人的精神象征。风雨桥横卧江上，在侗族观念中是沟通阴阳两界的"生命之桥"和护寨纳财的"福桥"，因此不吝雕琢修饰，使其集亭、桥、廊、塔为一体，壮丽辉煌。侗族人是天生的艺术家，民间工匠的建筑才能十分高超。他们建造楼、桥和民居时不用一张图纸，整个结构烂熟于心，仅凭简单的竹签为标尺，靠独特的"墨师文"为设计标注，使用普通的木匠工具和木料就能制造出样式各异、造型美观的楼、桥，设计之精巧，造型之美观，均令人叹为观止。令人担忧的是，目前由于侗族建筑工匠后继乏人，木材来源匮乏，加之木构建筑防火能力极弱，易损毁而难再生，因此侗族木构建筑及相关技艺存在着延续的危机。只有加强抢救和保护工作，才能使绝妙的侗族木构建筑技艺世代传承下去。

（3）流域内贵州省河流文化相关国家级非物质文化遗产

根据民族河流文化的特点，贵州省在流域内的区域里共有与河流文化相关的国家级非物质文化遗产有4项，其中传统技艺类2项、传统体育、游艺与杂技类1项、民俗1项。具体内容如表3-3。

表3-3 流域内贵州省河流文化相关国家级非物质文化遗产代表性项目名录

序号	遗产名称	公布时间	保护单位	类别
1	赛龙舟	2011（第三批）	铜仁市碧江区体育事业发展中心、镇远县非物质文化遗产保护中心	传统体育、游艺与杂技
2	侗族木构建筑营造技艺	2008（第二批）	黎平县文化馆、从江县非物质文化遗产保护中心	传统技艺
3	苗寨吊脚楼营造技艺	2006（第一批）	雷山县非物质文化遗产保护中心	传统技艺
4	苗族独木龙舟节	2008（第二批）	台江县非物质文化遗产保护中心	民俗

①技艺类

西江千户苗寨位于贵州省雷山县东北部雷公山之麓、白水河畔的西江镇境内，包括平寨、东引、羊排、南贵4个行政村、10个自然寨。这里的居民建筑系木质结构，不用一钉一铆，房子框架由榫卯连接，依山势而成，建筑风格别具特色，形成独特的苗寨吊脚楼景观。

西江千户苗寨吊脚楼的营造技艺远承7000年前河姆渡文化中"南人巢居"的干栏式建筑，在历史发展中又结合居住环境的要求加以改进。吊脚楼具有简洁、稳固、防潮的优点，还能节省耕地和建材。西江千户苗寨吊脚楼连同相关营造习俗形成了苗族吊脚楼建筑文化，它对于西江苗族社会文明进程和建筑科学的研究具有极为珍贵的价值。随着社会的发展和人们居住理念的改变，西江当地的年轻人不再愿意居住吊脚楼，也无兴趣学习相关营造技艺，吊脚楼建造匠师后继乏人。吊脚楼营造对地质、木材有一定的要求，建成后防山体滑坡、防火的任务较重。因此，西江千户苗寨吊脚楼建筑技艺文化的延续和实物保护都面临着极其严峻的挑战，需要有关方面加以关注和支持。

②龙舟类

赛龙舟是铜仁多民族共同参与的传统游艺体育活动。铜仁是多民族聚居地区，居住着苗、土家、侗、仡佬、满等多个少数民族。铜仁因水而兴，地处武陵山脉中部，依锦江下洞庭、入长江。在古代，这里是走出大山的唯一通道，"舟楫往返，商贾云集"，素有"黔东门户"之称。自古以来，象征着团结精神与竞争意识的龙舟竞渡，是铜仁最具特色的民间传统习俗。每年四五月间，天气回暖，各村各寨的村民便将搁置了一年的龙船"油"上桐油，画上"龙纹"，安上龙头，下水操练。待到端午节，便早早聚集在城南双江汇流处——铜岩下等候比赛。是时，整个铜仁城万人空巷，各族男女老少齐聚锦江两岸，观看龙舟比赛。一只只木制龙舟在锦江河上穿梭争先，鞭炮声、呐喊声、加油声此起彼伏。水上岸上热闹非凡。呈现出这方热土以水为媒，人水交融、民族交融的欢乐景象。龙舟竞渡在铜仁不仅有着悠久的历史和广泛的群众基础，而且通过祭龙船、点龙睛、龙船下水、龙舟竞技、抢鸭子、垂钓等一系列传统习俗，形成了多民族共同造就的人文祥和与安宁的龙舟水文化。

台江苗族独木龙舟节是贵州苗族的一个传统节日，举办于每年农历的五月二十四至二十七，流行于贵州省台江县、施秉县清水江两岸和台江县巴拉河下游两岸。节日期间，苗族群众聚集在清水江中游施洞镇塘坝村河段举行为期三天的划龙舟大赛，比赛规模盛大，气氛热烈，赛事礼仪独具一格，闻名遐迩，每年都能吸引数万人前往观光。独木龙舟节反映了苗族多神的巫教信仰。苗族世代居住山区，信巫事神，造龙舟时选龙树、砍龙树都要挑吉日，祭拜天地山水诸神。节日期间，台江等地的苗族家家准备好鸡鸭鹅和几百斤米,盛情接待八方来客,表现出朴实善良、热情好客的风尚。苗族独木龙舟文化中的龙舟赛事及各项礼仪均显示了很强的地域民族风格,具有重要的研究价值。

(4)流域内湖南省河流文化相关国家级非物质文化遗产

根据民族河流文化的特点,湖南省在流域内的区域里共有与河流文化相关的国家级非物质文化遗产有3项,都是3项传统音乐。具体内容如表3-4。

表3-4 流域内湖南省河流文化相关国家级非物质文化遗产代表性项目名录

序号	遗产名称	公布时间	保护单位	类别
1	澧水船工号子	2006(第一批)	澧县文化馆	传统音乐
2	江河号子(酉水船工号子)	2008(第二批)	保靖县非物质文化遗产保护中心	传统音乐
3	渔歌(洞庭渔歌)	2014(第四批)	岳阳市岳阳楼区文化馆	传统音乐

澧县位于湖南北部、洞庭湖的西缘。这里是湘西北重镇,有"九澧门户"之称,明清时代成为重要的商埠码头,是整个湘西北物资进出的集散中心。由于特殊的地理环境,这里的长途运输只能靠水路船运,澧县境内的澧水、涔水、道河沿岸的劳动人民大多以行船运货为生,船舶近千,桅杆林立,船工不足一万也有八千,每只大型木船的纤夫不少于二十人。在逆水行船拉纤的过程中,为了集中力量,振奋精神,统一步调,自然而然出现了一种由地方小调转化成的独特的劳动号子,这就是澧水船工号子。澧水船工号子原随商船的产生而形成,又随商船的发展而发展,随木板商船的消失而濒危。改革开放以来,交通事业突飞猛进,汽车、火车运输取代了澧水流域的水上运输,百分之九十的船民早已改行,另谋生路,船工拉纤已成往事。老一辈的船工也因年事已高,相继离世,在此情形下,曾经名扬中外的古老的澧水船工号子正濒临着失传的危险。

江河号子是指长江、黄河及其支流上船工们所唱的各种号子,江河之中水急弯大、地貌复杂的航段,行船极为困难,只能靠船工拉纤前行。船工号子也就随之丰富起来。根据行船状态的不同,江河号子可以分成多个类型,其中既有轻松的"下水号",又有舒缓的"平水号",更有高度紧张、近于呼喊的"上水号"和"拼命号"。流经湘、鄂、渝、黔四省市边界的酉水是土家族的母亲河,在其流域范围内是中国土家族最大的聚集地区。旧时这里的土家族有很大一部分亦农亦船,在行船过程中逐渐形成了酉水船工号子的特殊歌唱形式,以协调船工动作,统一节奏,调节劳动情绪。代表性的曲目有《老司歌》《篙号子》《桨号子》《橹号子》《纤号子》《装卸号子》《大河涨水小河满》《龙船调》等。酉水船工号子与土家族船工的生产劳动密不可分，一直在当地民间流传不绝。目前，酉水流域已没有固定的船工，酉水船工号子的传唱范围相应缩小，正逐渐从当地社会生活中消失。如不及时保护抢救，这一富有民族特色的民间音乐形式将不再有生存之地。

2. 物质文化遗产：山水城合一

（1）左江花山岩画

20世纪50年代中期，左江花山岩画在广西宁明县明江和崇左、龙州等县的左江流域沿岸崖壁上被先后发现，这些岩画分布流域长度达200多千米，地点多数处于河流转弯或深潭岸旁的悬崖峭壁之上，作画位置常远离河面上数十米多的高度，最高处可达上百米，是世界上非常罕见的壁画群之一。

在2016年，广西"左江花山岩画文化景观"被列入"世界遗产名录"，是我国岩画类列入"世界遗产名录"的第一个项目。世界遗产委员会对其点评到："左江花山岩画文化景观以独特的景观形式与岩石艺术技艺，生动地展现了公元前5世纪至公元后2世纪期间，古骆越人在左江沿岸的社会与精神生活场景。"花山岩画将喀斯特地貌、河流、台地有机串联，形成"岩画—山—水"的大地文化景观，以绘画手法记录了壮族先民骆越族人生活与宗教仪式场景，让今人能通过岩画一眼洞悉中国南方古文化仪式原貌。制画者在万丈悬崖峭壁上进行有组织、有精神指向的画面制作，岩画赭红色的图案历经久远仍新艳如初，清晰可辨，制画位置奇险，难度之大可谓世界罕见，举世无双。

在学者覃圣敏等人著的《广西左江流域崖壁画考察与研究》中明确指出花山岩画有以下三个特点：第一，岩画地点位置大部分集中在河江两岸。据统计，在79个岩画地点中，就有70个处于河江两岸的临河崖壁上，比例占到了88%以上，沿河的地点指向性非常明显；第二，岩画的朝向基本朝南，小部分朝西或朝东，正北朝向的目前还没有发现。这样的朝向特定性跟珠江流域内居住选址朝向是相似的；第三，作画的崖壁绝大多数是临江面的崖壁，有的是崖壁底部直接伸入河水之中，有选择下方堆有崩落石块层叠区的崖壁，绘画高度多高出现常年水位20至40米，最高达到了120米高，在岩画的两侧或对岸多数都有一块平坦的河流阶地（如图3-16所示）。[①]

[①] 广西壮族自治区民族研究所编. 广西左江流域崖壁画考察与研究[M]. 南宁：广西民族出版社，1987：25.

图3-16　宁明县珠山第一、二地点崖壁画位置图[①]

　　花山岩画中出现最多的图形是蹲式人形，这些蹲式人形图形中正面人形约占70%的比例，剩下的30%为侧面蹲式人形，表现的应该是越人宗教祭祀场景中的祈祷者。这些基本蹲式人形图像有手持武器者、站在犬上者、敲打铜鼓者、头戴羽饰者，分别代表着不同的祭祀角色。正面人形在体量上要比侧面人形大，正面人像被侧面人像簇拥着，侧面人像的姿势俯首称臣。左江岩画早期制图只有蹲式人形图像，集中出现在左江流域中下游，绘画位置不高，在5至20米的高度范围内，整体人物图像构图简单，排列没有尊卑大小的区别。中期的岩画地点逐步向河边靠近，尤其是河流转弯处出现的频率增加，画面复杂度增加，主要的变化有：第一，正面蹲式人形图像有体量大小的变化；第二，图像上出现了头饰、手刀、佩剑，深化了人物身份尊卑的区别（见图3-17）。左江上游的岩画内容变化更大，人物组合更复杂，作画的地点变少，但每一处岩画的图像变密集，以大型组合岩画为主，侧身人像成群结队的排列在高大突出的正身人像周边，正身主角人物佩饰增多，常配有手刀、犬类、圆圈纹等，立在侧身人像群中，显示着他的高级级别。左江岩画中还有一个突出的特点是铜鼓图像众多，这证明当时的越人族群使用铜鼓已经非常普遍，广西铜鼓是秦汉至西汉时期由云南传入，广西是我国铜鼓中期发展最为鼎盛的河流流域，还衍生了广西特色附有卧蛙雕塑的大型直通型铜鼓。左江流域出现的动物图案中80%以上都为犬类，表现出强烈的"犬"崇拜。

---

① 广西壮族自治区民族研究所编.广西左江流域崖壁画考察与研究[M].南宁：广西民族出版社，1987：25.

图3-17 宁明县花山壁画局部图[①]

广西左江流域壮族上古先民朴素的世界宇宙观为"三界说",将宇宙分为三层——上界、中界和下界。这样的宇宙观直接反映在铜鼓的造型与纹饰上,鼓面代表"上界",鼓心是代表天空的太阳纹,还有简洁的云雷纹、鸟纹。铜鼓反弧形的束腰造型是中界,地小于天,装饰花纹以羽人纹、鹿纹、船纹、鱼纹、水波纹,反映的是壮族神话《布洛陀》内描述的中界景象。铜鼓的鼓足部分是"下界",多为素面,仅在突棱上有两道水波纹,表现的是水面之下的"下界"。无论是壮族神话还是铜鼓制作艺术都能很明显看出壮族先民的"世界三分"宇宙观。左江岩画山峦正是壮族上古先民的宇宙轴心,是一处既能上达神圣世界,下达地下世界的通道,宇宙中心是三界交汇之处,可连接天堂和地狱,被壮族视为诸神、生者和死者世界联系沟通的地方。左江壮族上古先民将左江两岸河湾处的山体为宇宙中心,有以下三个原因:第一,《山海经》地理观中认为四海之外有山,山的形象经常出现在表述天国和尘世联系的图式中,被认为山处于世界的中心,所以处于左江河湾处的山体最容易与地下和天界诸神沟通;第二,左江流域属于丘陵地貌,群山丘陵起伏蜿蜒,河网密集分布,雨量充沛带来了生物的多样性,为远古时期先人提供了非常优越的自然条件,先民临河而居,常将居住选址放在河流湾区或江河交汇处,可枕山朝水,还有开阔的河流冲积台地,鱼虾群集,土壤肥沃,食物获取便利,水运交通方便。其次,左江流域地处亚热带季风气候区,雨季洪涝多,旱季又缺水,其东、

---

① 覃圣敏,等.广西左江流域崖壁画考察与研究[M].南宁:广西民族出版社,1987:188.

西、南面都有大山包围，唯独北面没有，因而从北部湾吹来的强台风就在这个如同开口的"布袋"地形中来回肆虐，全年三分之二的雨量集中在6至8月，带来的暴雨会使河流水位上涨十余米，洪水泛滥，居民深受其害。左江地壳十分复杂，其河流呈X形弯曲前进，上游水流往往直接冲刷河流凹岸处，河道在弯曲处会形成一种特殊的弯道环流，又名螺旋流，形成原理为上游凸岸水面流到凹岸的汇聚水流，和从凹岸的河底相凸岸分散的水流，形成一个连续的上下螺旋状的水流，故凹岸暗壁受到上游强力集中的冲刷，带走岸边大沙石，沉积在凹岸底部，小沙石则堆积在凸岸，于是便有了凹岸陡壁、凸岸漫滩阶地的河流状况。长期发展后，这些河流弯曲处就成了行船的危险区域。[1]以上缘由都是左江流域壮族古先民将岩画选址在河流弯曲处悬崖峭壁的成因，在他们意识中，这样的地貌山体是宇宙的中心，这样的地形会为他们提供沟通神灵的机会，获取生命永生、生产繁衍力量的地方。

左江花山岩画是经历长时间发展而成的岩石艺术，其创作思想观念从"万物有灵"到生殖神、祖神信仰，再发展到"天人合一"的世界观，在不同时期的岩画展现中是有所体现的。岩画是先民为祭神拜神而作，周边的山川崖壁、流经的河流以及周边的自然景观组合成神秘的祭神空间，就如中国古代的"社"，是一处可祭拜天神、地怪和人鬼的神圣空间，对于信仰崇拜能无所不能、沟通神灵的社群所在。这种"社"从新石器时代初期起，一直发展到现代，起源两河流域，往南扩展到东南亚诸国，广西境内就保留了"社"的雏形。梁庭望先生分析过花山岩画选址的缘由：左江流域地处壮族腹地，浔江、郁江易受到楚国的威胁，红水河乃是滇桂交通水道，右江之西有古句町国，相比而言，左江流域更安全可靠。[2]唐代黄乾耀以左江流域为据点发起农民起义，宋代在此建立"南天国"，都是依附该处的天时地利条件，该处很少受到中央封建王朝势力的干预，选址以此为祭神"社"群，是颇有战略意义的。

花山岩画中"行舟"图像是传达对江河的敬畏，"蛙形人"图像是对青蛙多子的生殖崇拜，"饰羽人"以祈求获得神灵护佑以期盼稻作丰收（见图3-18）。这些图像元素与骆越社会的稻作文化有着紧密联系。左江流域是广西发现新石器时代遗址较多的区域之一，良好的自然条件使流域内很早便有了稻作农业生产，故遗址中出土用于稻作的大石铲很多，石铲是一种用于翻土、开沟、整地的木石复合型生产工具。早在20世纪4年代，学者已确定中国南方地区是世界水稻种植起源地之一，在9000年前广西就有了稻作生产。稻作生产中，水是种植不可缺少的条件，但南方

---

[1] 徐海鹏.广西左江流域崖壁画地区地貌条件初步分析[J].广西民族研究，1987(01)：30-38.
[2] 梁庭望.花山崖壁画——祭祀蛙神的圣地[J].中南民族学院学报，1986(04)：20-21.

多雨易成水患，因而水神崇拜成为稻作地区的普遍信仰之一，先民认为江河是水神的居住地，故会在稻作生产中，行舟于江河之上祭祀水神，祈祷风调雨顺、五谷丰登。在花山岩画中出现的行舟图像，应是壮族先民祭祀水神的一种场景再现，壮族先民认为河流富有未知的灵性，其地下世界无奇不有，可能存在不可控的生灵鬼怪，故选择绘制该图像在河湾处，与河流冲积平原上的田地两两相对，正是祈福河流无水患，期盼水神护佑稻作生产平安得以丰收的崇拜心理体现。

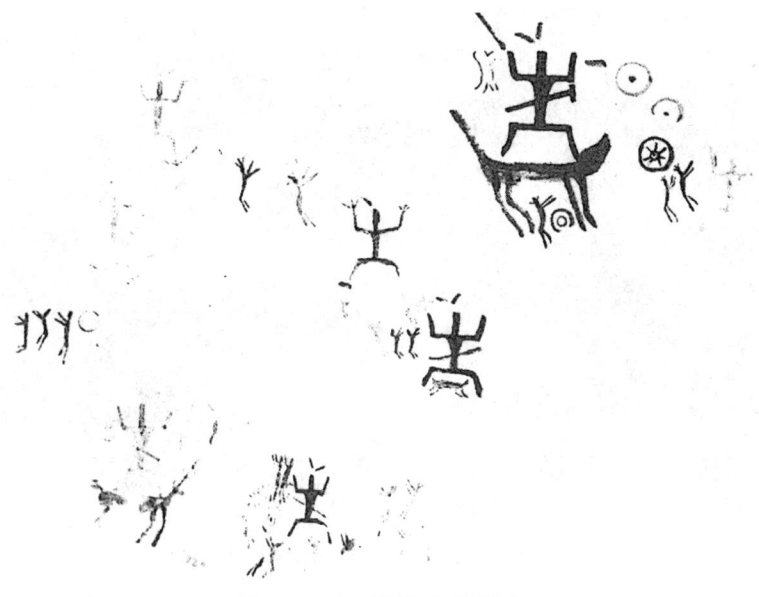

图3-18 宁明县花山壁画图

（2）南越国遗迹

广州古为西汉南越国都城所在地，公元前204年，龙川县令赵佗创建了南越国，自立为南越武王，其筑城修殿，建成了南越王宫，但王宫使用了五世王朝共九十三年，因丞相吕嘉造反，被汉武帝派兵灭国，毁坏于战火焚烧中。1975年南越国宫署遗址被考古发现，遗址位于广州市区核心地段，其文化堆积从现地表往下4至6米，共有秦、西汉、东汉、西晋、东晋、南朝、唐、宋、元、明、清以及民国十二个历史时期的历史遗存，是一部见证广州城建两千多年发展历程的史书。遗址地处珠江三角洲腹地，北、东、西面有江河交汇，背靠白云越秀两山，群山护卫，前临珠江，王宫正处于越秀山南面突起的平塬上，正是负阴抱阳、藏龙卧虎之地。珠江流域内河网交错，水运发达，番禺临海可沿珠江口出海，便可与东南亚诸国进行贸易往来。

南越国遗址主要是宫城部分，分为宫殿区和御苑区两部分，东西各一，最北外围为宫墙遗址，北区空间空旷，南部为廊道建筑，西侧为曲渠，南北向以廊道为中轴线，东西向走道与南北廊道呈"丁"字布局，形成了四通八达的交通路网（见图3-19）。宫殿区遗址出土了宫殿建筑构件黄釉陶鸱吻，构件高约1米，宽0.8米左右，重达35千克有余，该构建全身刻有鱼鳞纹，背部刻羽翼，龙爪凤尾，云气纹垫底。这是广东考古发现年代最久远的釉陶雕塑鸱吻。

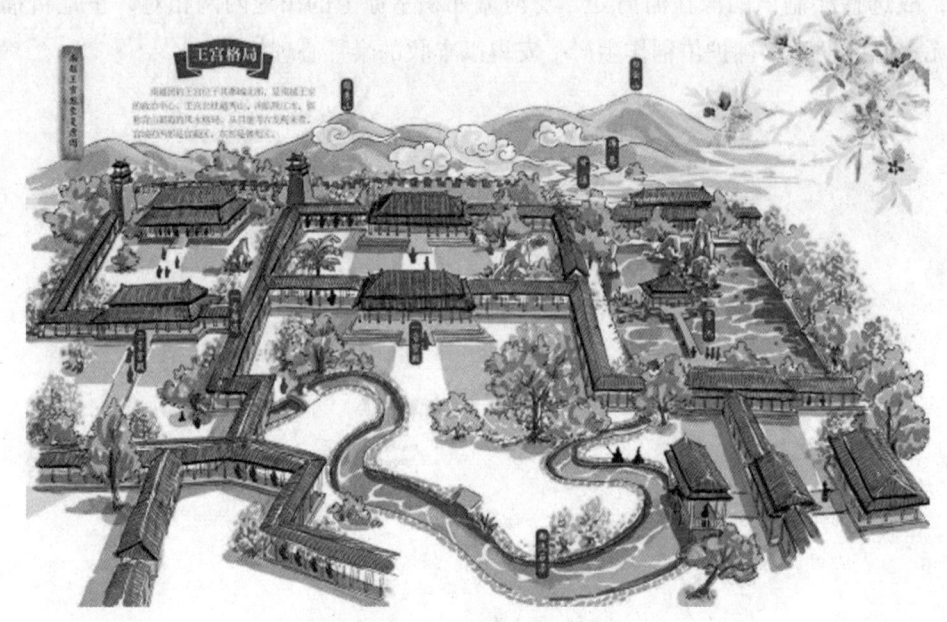

图3-19 南越王宫想象复原图

城南有水闸护卫城宫，位于珠江古道北河岸，坐北朝南，往北连接宫城内濠涌，再往外相连珠江，如同一个暗关护卫宫城。水闸长35米，宽5米，以"八"字分流流向宫内，两分流环抱的绿地提供游览水景的绿地区域。水闸以木桩材料为主构造，竖向打粗壮木桩固定，每边五根对称分立，木桩内是横向的护堤木板层层叠放。水闸出水口的两根竖向木桩柱上凿有凹槽，是用于插放水闸板，起到拦水的作用，如同一个现代的进水开关，宫内水满溢时开闸泄洪，宫内水不足关闸储水，同时还能阻隔外界潮水，保证宫内水渠水量、水质的稳定性。水闸构造虽已过两千多年，依然雄踞水渠岸边，向人诉说它当年的护卫功能，实为水利奇观！

御苑区内分布着颇具岭南水乡特色的蕃池与曲流石渠，蕃池池壁以石板冰裂纹饰铺砌，池南北长70米，东西向50米，池深约2.5米，面积可达3 500平方米，池中有象征蓬莱仙岛的叠石，还有叠石柱建筑一座坐落池中，池中遗址出土了一批木简，木简上记载该水池名为"番池"。曲流石渠长约150米，整体渠道弯曲迂回，以砂岩石筑壁，以砂岩壁为渠底，渠底上铺有一层灰黑色河卵石，其上还点缀有黄白色的大河卵石，以"之"字纹突显在黑石之上。石渠水东向流去后最终汇集到一处弯月形的水池中，最奇特的是水池遗址被发现了大量的龟鳖残骸、果核、树叶，可见当时池中养殖龟鳖净化池中水质的技艺已被掌握，同时池岸边植物造景层次与生物多样性非常丰富。石渠有暗水出槽口引水入渠，碧波随石渠地势高低而自动流淌，百米绿波清然叮咚流淌于御苑中。该御苑区经考古推断为南越宫署内的御花园，是目前考古发现最久远的人造园林水景遗迹之一（见图3-20）。

图3-20 曲流石渠遗址全貌

宫署遗址内还发现了500多口不同时期的水井，分别有土井、石井、砖井、木井、瓦片井、瓦圈井、陶圈井、竹圈井类型，其中南越国时期中的3口食水井和2口储水井颇具特色，食水井内水源现还能符合现代饮用水标准，食水井口径宽0.85至1.0米，井深可达9至13米，井形呈特制扇弧形，井壁以石砖错缝叠砌，井底用五块砂岩石板铺底，最中心那块偏方形，其余四块为半月形，石板上凿有圆孔一枚，石板底铺有一层细沙，过滤上涌的地下水。井圈与井坑之间以纯净隔水的山岗土夯实，确保周边污水无法渗入井中。

南越宫遗址历史文化跨度久远，构造遗存保留状况完整，是已经消失的越族文化的实物历史见证，不仅充分地展示了南越国宫城选址规划的先进理念，而且还为后人留下了珍贵的水利构造研究材料，是我国仅有、世界罕见的古代宫城规划、建筑设计、水景营造的经典实证案例。现南越国宫署遗址、南越王墓以及南越国水闸遗址已共同组成"南越国遗迹"，成为我国保存最完善的西汉初期王宫及御花园、王陵和水利工程，1996年，被列为全国重点文物保护单位，2006年"南越国遗迹"

已被国家文物局列入"中国世界文化遗产"预备名单。

（三）航运文化：因河兴航

珠江是中国的第三大河流，其承载着南疆内陆、中部地区与南方连接、我国南大门出口的主要航运线路，因而形成了独有的南航文化。南航文化有物流往来的漕运部分，还有人类理水治水的水利内容，因河而来，用河而成，与河友好相处是人类与河流自然资源和谐相处的典型特色方式。海上丝绸之路与西南丝绸之路的分布与运行是漕运文化的典型载体，兴安灵渠与桂柳古运河的形成、发展、兴盛是河流水利工程的闪耀代表。南航文化的形成可以说源于珠江流域内密集的河流分布特点，并且海相衔接的地理布局特点，也因而成就了珠江流域有别于长江、黄河的中原文化。河流航运自古有"水势使人合，山势使人离"的说法，珠江流域河流通航，首先将中原文化与岭南文化进行交融，历代每逢战乱，大量的中原人移民沿河南下避难，带来了汉文化与岭南本土文化的碰撞后，两文化逐步相互认同交融，使得南越文化的结构与面貌发生了较大的改变；其次对保证南疆国土稳定也有重要促进作用，历代多数依赖河流通航后的物流运输、信息传达而达到治理南疆的政治目的，较典型的如五岭南北交通通道——横浦道，上接梅岭，下连江西赣江后南下，是历代进军南下的必经之地。

1. 漕运文化：河流成就漕运

桂林市灵川县大圩古镇是广西古代"四大圩镇"之一，始建于公元200年，中兴于明清，鼎盛于民国，已有千年圩市历史。大圩古镇曾名长安市、芦田市，镇内有许多水陆码头，赶圩日能有超万人的赶圩人，停泊的船只多达两三百艘。大圩街道顺着河流方向延伸共有2千米长。明朝大才子解缙曾作诗赞美："大圩江上芦田寺，百尺深潭万竹围。柳店积薪晨爨后，僮人荷叶裹盐归。"

大圩古镇位于漓江东北岸，其南面为磨盘山，西北为父子岩，距离桂林约有23千米的水路。南北的山脉如同天然的关口维护着古镇，漓江在这两山脉之间向东北方向转了一个大弯，古镇正位于大水湾的北面。同时漓江在古镇的南面形成了数条分流的支流，并形成了数个岛州，岛州上是平坦肥沃的冲积带田地。在大圩古镇沿着漓江逆江往北上为桂林，沿着支流往东为潮田、大境，往南顺流而下是阳朔，可见大圩地理位置在陆运、水运上的便利。

古镇内共有13个码头，分别命名为寿隆寺、清真寺、更鼓楼、秦聚利、鼓楼、社公、石鸡、五福、渡船、卖米、狮子、塘坊、大码头。各码头功能不一。通过这些码头，逆水而行是桂林，顺流而下是广州。码头与古镇有小巷道相连，沿水岸坡道石阶而上，坡道高墙夹间，形成一线天，也是古镇的水环境特色景观之一。万寿桥是古镇一处历史美景，是游人必去的景点。万寿桥建于明朝，以石材建拱桥，为虹式单拱桥，桥长29.6米，高7.1米，桥两端各有二十多级石阶梯连接上下，栏杆为石材质栏杆，桥两端石柱上各立有两只威严雄壮的石狮子。桥横跨马河，东面为泗瀛洲，西接古镇青石板路。桥边为漓江，可站在桥上不仅可以观看漓江美景，还可欣赏到毛洲岛、磨盘山的秀丽。在民国时期，古镇共形成了八条大街，分别为老圩街、泗瀛街、塘坊街、地灵街、鼓楼街、隆安街、建设街、兴隆街。由街名可知大圩古镇昔日之繁华，道路材料分别有青石路、卵石路等。

大圩古镇因水兴圩，水运文化是其最具特色的地方。大圩古镇水运便利，利用圩集进行商品交易，再由码头搬运通过水上航线发散出去。大圩古镇上共有13个码头，每个码头都有具体特定的分工与交易规则。13个码头在历史岁月中都沉淀了许多历史文化。其中塘坊码头在1921年12月4日，临江搭设平台，正在北伐的孙中山先生在此发表演说，具有重要的历史意义。

2. 运河文化：远去的古运河兴衰史

人类的运河修建历史非常悠久，众多文明古国史就是一部古运河兴衰史。我国古运河资源非常丰富（见图3-21），一条古运河的兴衰往往牵动着沿途居民聚集地发展。

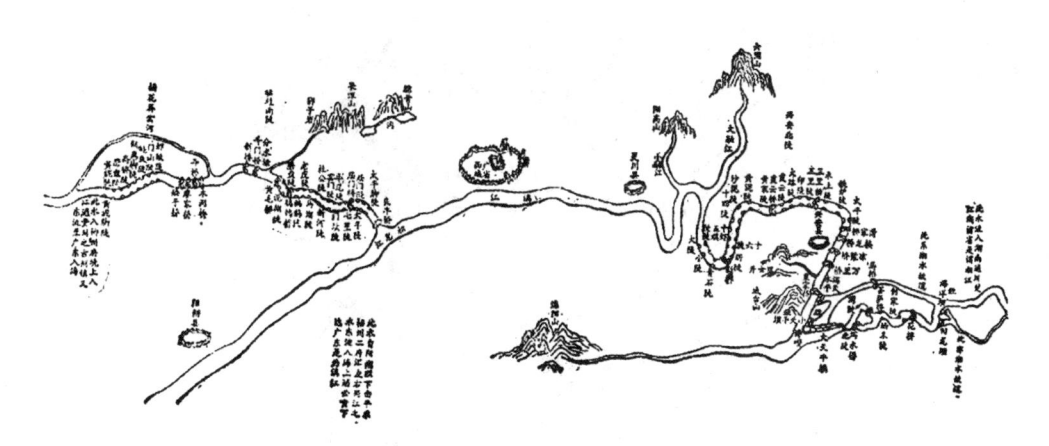

图3-21 （清）杨应琚《广西桂林府南北陡河图》

（1）兴安灵渠

灵渠，又名兴安运河，位于近广西壮族自治区兴安县境内。广西北有南岭横亘，古称岭南，成为广西、广东与中原往来的交通阻碍。灵渠的开凿将岭北的湘江和岭南的漓江沟通，穿越了南岭从而将北面长江水系与南面的珠江水系串联起来。岭南的船舶可通过灵渠北上上将后转京杭运河，与淮河、黄河和海河等水系合成连通的航运网，终于把岭南与国家中心水运相连，使今广西、广东地区从此成为国家的一个不可或缺的南部国土。可见，灵渠对于我国的政权统一、文化交流、经济贸易和边疆稳定有着历史不可取代性的意义。直到近代铁路的建成、现代高速公路的开通，灵渠的航运功能才被现代交通工具所取代，但是它的水利灌溉功能一直沿用至今，当下还衍生了旅游、文化遗产等功能。

兴安位于南北天然屏障南岭山脉的最低处，是珠江水系漓江与长江水系湘江两江分水岭的最低处。这里东面湘江东北流去，西面漓江西南流去，湘江上游海洋河与漓江支流始安水两河相距最近处只差1.7千米，是最理想的开凿渠道位置；但是始安水流量较少，运河开凿需以海阳河为水源才能满足航运的水量，可是海阳河河床高程远要低于始安水，想直接开凿沟渠获得水运通达是达不到目的的。于是在沿海阳河上溯2.3千米，即今日灵渠渠首的位置，进行拦河筑坝抬高海阳河水位，引水直注漓江支流始安水（见图3-22）。秦灭六国后发兵开往岭南，意统一政权，为输送军队和粮食于是开凿了灵渠，随后秦在岭南设立了桂林、象郡、南海三郡，是中央政府在这里设置性质机构的开始。

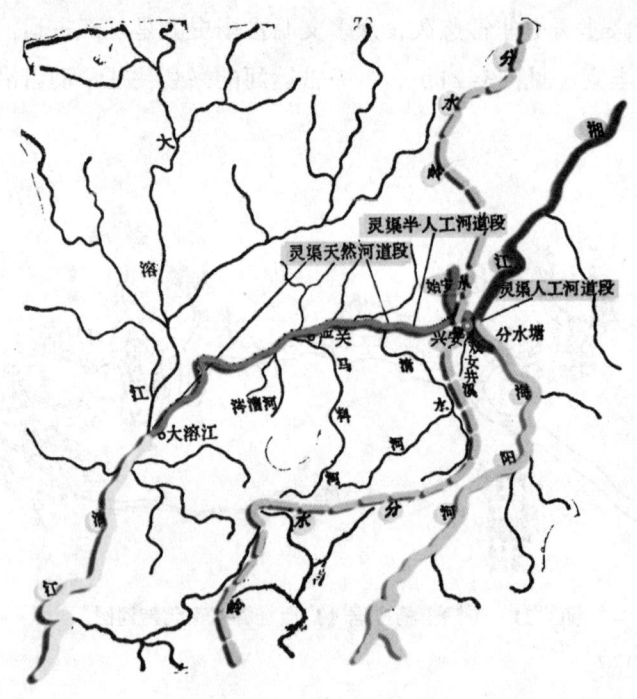

图3-22 灵渠开凿水系图

（1）桂柳古运河

桂柳古运河作为具有1320多年历史的"南渠"，曾承载着桂、柳两地的水运交通，因河运而生的陡夫村落沿河分布。桂柳古运河又名相思埭，公元692年开凿形成。在古代是广西府中与兴安灵渠相提名的两大运河，主要承载着省内东西两向的水运航线（见图3-23），是桂区与中原腹地航运往来的重要通道，连接起柳江与漓江。桂柳古运河分为东渠与西渠，水源发起于桂林会仙镇狮子岩，运河东渠以人工开凿河床为主，西渠是借原有的河床进行扩宽与疏通形成，处于航运稳定安全的需要，运河共设置了20多处陡门构件进行调节水位、推动行舟之用。同时运河流经村落众多，还分别建有庙门桥、良丰桥、石碑、古道、庙宇供往来乡民出行使用。桂柳古运河在历史上还有重要的军事战略意义，是朝廷中央联系西南少数民族的关键纽带，众多官运、军粮甚至军队都是通过该河南下，完成保卫南疆稳定的作用。桂柳古运河沿途流经之地多属于自然风景优美之地，山清水秀，清代学者朱依真道："别情何以，相思埭口，一江春水"，赞许运河常年如春的美景，这也是当下运河航运衰退后振兴的主要生态支撑，可作为湿地型绿地进行修复开发。

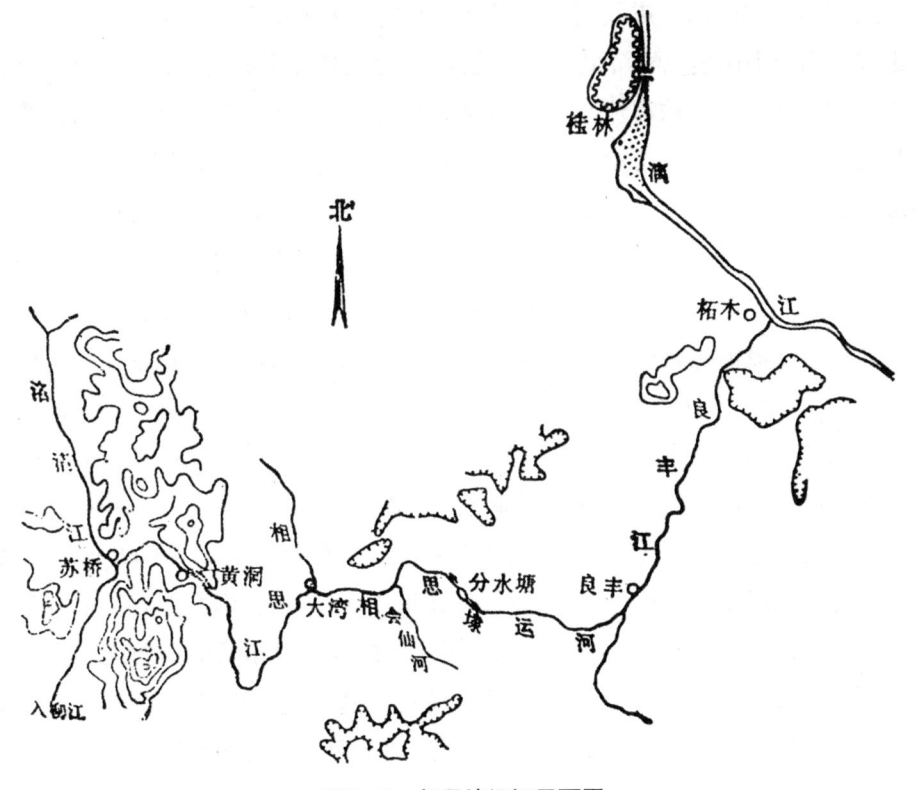

图3-23 相思埭运河平面图

桂柳古运河的河道并不宽敞，常年的水位差变化较大，为了保证水运航线的正常运行，在运河中凡是有陡门的地方都会设置有操作陡门的人，称为陡夫。陡夫守着陡门，当有船体经过陡门时，负责关陡门蓄水，等到水位线高到需要的位置时，将陡门打开，船只顺着水流通过，同时陡夫还要负责推船、撑船、稳船等行为操作。在航运旺季陡夫们需要长时间守在陡门边工作，尤其是过往船只非常多的季节，陡夫还要带上全家老小一起推船，因此陡夫临时的居住点就逐渐发展成了守陡的聚集居住地，可称为守陡村落。桂柳古运河陡夫身份主要有两种，一种是百姓守陡，一种是军队守陡，前者属于民间力量，后者属于官方管理，历史中两方人员相辅相成，根据陡门的战略地位与航运位置进行分工。一般主要的航运进出口由军队守陡，普通的陡门由百姓守陡，最后这些守陡群体及其后代留在了古运河陡门地段附近居住，形成了守陡村落。

（四）边域文化：保卫边疆河流而稳定边疆

珠江流域占据我国南疆边境，拥有着岭南风光特色的边域地理优势。南疆边境历史上一直与东南亚诸国有着丰富的文化交流，珠江分别以蕉门、虎门、洪奇门、横门、磨刀门、鸡啼门、虎跳门、崖门共"八门"入海的开放之势迎接他国经贸往来，形成了当今中国边境经济最为活跃之地[1]。靠北依托中原文化，以西江、北江、东江形成"三龙吐珠"的河流布局，面向南方东南亚，形成了以珠三角区域为主的世界型交流文化，无论在历史上，还是在未来都以边境优势，发挥着珠江经济文化不可取代的作用。北江中的南山水（又名古浈水）的水源地梅岭是江西赣江流入岭南的必经之地[2]，秦始皇曾设置梅浦关加强对岭南地区的控制，无论是秦皇开辟南岭还是汉武帝刘彻南下讨伐南越，都需越过梅岭山隘才能进入岭南，之后历代梅关都是南北经济交流的主要通道，可称为岭南第一关，由此可见其边域文化历史的深厚。

桂林古有"地连五岭，川束三江"之称，是中原通往岭南的第一站，地处湘桂走廊的南端，是可直接控制岭南西部的战略要地。唐初中央王朝以桂林为西南中心，逐步平定了南方，并设立官方机构在桂林，使桂林成为粤西的政治、军事中心。唐高祖武德四年（621年）至武后长寿元年（692年），南方多有"蛮寇""獠反"事件发生，对于国家统一极为不利，因此不断地通过出兵岭南镇压，出兵所需的军粮饷银大部分只能从江西、湖南等地转运。这时期虽然已有兴安灵渠运输抵达桂州（今桂林），但是难在如何从桂州抵达"南蛮""西原蛮"和南诏等少数民族聚居所在的桂西南、滇黔山区，先要从漓江下西江再逆流而上到柳江，运输中要通过水陆运输转换数次，耗时耗力，非常不利于战机筹划，于是，沟通柳江与漓江的桂柳运河应运而生。桂柳运河的修建沟通了漓江和柳江，使北面长江、湘江与南

---

[1] 司徒尚纪.珠江文化的地域特色[J].珠江水运，2011（09）：87-89.
[2] 黄纬宗.珠江文化的历史地位[J].学术研究，2004（07）：121-123.

面柳江、漓江、西面的黔江串联成一张沟通南北、连贯东西的河流水网，这是唐代后中央屡次修缮桂柳运河的原因之一。桂柳运河加强了中央对西南边疆的统治，其对南疆稳定与民族团结是有重要的历史价值的。清朝至民国时期，国家加强了对西南边疆的开发，屡次大修桂柳运河，使得长期处于落后的少数民族西南地区得以发展。桂柳运河和灵渠南北对应，在古代桂州构成了一北一南的运河交通网络，灵渠沟通了岭北的湘江和岭南的漓江，桂柳运河连通了漓江和柳江，进而使得长江流域的湘江水系与珠江流域的西江水系、沿海水系两大南北水系贯通。雍正、乾隆时期国家综合实力显著提升，为了稳定、开发西南边疆，政府非常重视西南地区的水利修缮工作。

（五）水景文化：因河成景

位于流域内的云南、贵州、广西、广东、江西五省区自古风景如画，沿河建筑群与园林景观是历代文人墨客往来如织的主要游玩休闲之地，描写河流风景的诗词数不胜数，以韩愈、柳宗元、李勃、刘禹锡、白居易等流寓人士为杰出代表。如白居易的《送客春游岭南二十韵》："牙墙迎海舶，铜鼓赛江神"，生动地描绘了珠江人在江河边生活的场景。珠江人巧妙利用河流修建风景园林，历代更替，无论是古代、近代遗留或消失的风景园林，还是当下的现代园林景观，几乎都包含了河流景观元素，因河而灵动，工匠们利用河流的手法层出不穷，如引河入园、临河修园、跨河建园等等，许多沿河水利工程不仅单纯作为治水之用，更演变成为人们争相前往的旅游佳地。例如广西兴安的灵渠，起初作为沟通长江与珠江水系的水利工程，后面逐步发展成为景色如画的滨水风景区。这些河流风景文化包含了流域内水利、建筑、园林、植物、旅游文化等部分，是珠江流域文化中可视、可触、可游的空间类型。

"谦和处下""智者乐水""以柔克刚"是传统水景设计的哲学观。从珠江源头马雄山，到八门入海的珠江三角洲，河网密集形成了多彩风情的珠江河流文化。珠江流域水文化浓厚，民族风情独特，河网密集的优势形成了各式水景，这些民族水景具有旺盛的生命力，是民族文化自身在历史发展中长期表现出来的一种文化自信，这些水景根据营造目的性质的不同可分为农业遗产水景、民居环境水景、水利工程水景、公共绿地水景四种。水是建筑与文化之间的媒介，建筑是水的载体，在珠江多元水文化的影响下，河流水景衍生出各类滨水景观建筑，根据建筑性质的不同可分为民用、公共、农业建筑三种。

（1）民族水景类型

①农业遗产水景

以满足农业生产为营造目的，建在山水之间，类型代表有梯田、水车（见图3-24）。在广西山区有大量的梯田，为了缓和梯田旱情，常使用了筒车、自动式翻车与引水水筧，抬高河水水位或是引流山泉，保障梯田的水量，供给水稻类农作物的生长。宋代军征到大理的刘秉忠曾作诗："鳞层竹屋倚岩阿，是岁秋成粳稻多。远障屏横开户牖，细泉磴引上坡陀。"可见当时在云贵地区梯田引山泉灌溉随处可见，也成为云贵地区农业稻作景观的一大特色。清雍正年间《古今图书集成·职方典》记载：当时广西境内水利工程以桂林府、南宁府、平乐府、思恩府、浔州府最多，境内53个州县就有井泉、渠圳、陂塘等水利工程987项。在桂林龙胜县的"龙脊梯田"占地面积达4平方千米，族人从元朝开始建设，清朝完成，梯田层层叠叠，如同大地艺术般盘旋在山地河谷之间，一年四季呈现出不同时节的农业景观，现已成为国内外热门的旅游胜地。明代广西已普遍使用水车引河流溪水进行灌溉，明代诗人龙瑄诗《平乐府》中有："车筒昼夜翻江水，刀具春秋种石田"，描绘了农民针对顽石多又干旱的山地田，使用水车可昼夜不停地调动江河湖水进行灌溉。直到现在在广西境内的民族山地村寨依旧可以看得到这些水车，虽然现代灌溉技术已很先进，但是这种传统生态的农业水车还是作为了一种农业遗产景观延续下来。北江水系流域内山区多，历来都有陂塘灌田的水利习惯，据嘉靖《广东通志·水利》中记载，粤北南雄、始兴等14个县该时期已拥有314项各类灌溉工程。清朝文人潘好骧在《龙台晚眺》中写到龙川佗城东江两岸的丰收景色："烟村断续桑麻雨，陇亩高低禾黍风"，其中"陇亩高低"生动地写出了陂塘灌溉高低梯田的农业景观场景。

图3-24 河边成排水车全景图

②民居环境水景

民居环境水景与人起居生活密切相关，不仅包含房前屋后的河流水景，而且位于村前村后的人居水景也属于该类型，典型的代表有饮水井、洗衣池、码头、水巷空间等，是居民改造河流水源为人类取水、用水而形成的水体景观。桂林城内外河网密集，修建了各式各样的桥梁，有廊桥、玻璃桥、拱桥、吊桥等，成为城中的美景，吸引了不少的文人墨客。明代桂林将宋代的一浮桥改建为由50艘木船连接的铁索浮桥，成为漓江上一大特色美景；同时还将小东江上的花桥改建成11孔石拱桥，据记载该桥能历经百年洪水冲刷而屹立不倒。梧州市的骑楼城，临河居住，因每年河水变化形成了"水上城市"的人水相处方式。肇庆市黎槎古村四面环水，村落如水中岛屿漂浮在清河之上，民居建筑按照八卦布局修建在"龟背型"丘陵地上，村中间高，四周低，水自动往四周环水排放。贺州昭平黄姚古镇水环境素有"三水十二古樟十一桥，六社九曲十三湾"之称，姚江与池塘古井环绕分布在古镇民居周边，可谓："门近接龙水流四方，桥横走马景足西南"的水景佳境。贵州肇兴侗寨内两溪汇合成河，穿寨而过，木构吊脚楼临河两边搭建，形成亲人的水巷空间，寨民在河边修有井亭、取水阶梯、洗衣码头等构造物，用水取水非常便利。

③水利工程水景

水利工程水景最典型的代表是运河景观。秦代有一项重大水利工程，标志着珠江水利文化的形成，是遗留至今仍在使用的广西兴安灵渠工程，2018年8月，灵渠入选为世界灌溉工程遗产名录，灵渠水利工程现保留完整，已变成全国闻名的灌溉遗产科普旅游胜地，灵渠水街沿河修建有桥亭、碑亭、戏台、廊架、水榭、水舫、石门、照壁、石塔、牌坊、城门、商铺等超过10种类型以上的水景建筑，水与建筑之间的搭配形式在这可称为淋漓尽致，游人可以通过游览灵渠水街，体验到"近水、远水、跨水、临水、浮水、亲水"等人水游览体验，灵渠水景影响着兴安古县城镇布局发展，兴安古县也因为灵渠而拥有"秦渠"水利工程独特的县域气质。桂柳古运河是唐代时期珠江流域内最大的一项水利工程，可惜如今景观建筑已经无处可寻，只遗存了运河水利大体构造风貌。水利工程水景还包含水库景观，人们在利用水库储水、泄洪的同时，也为当地形成了大面积的开阔水面。水库修筑的闸门、桥梁、观水台以及发电设备都与水形成了水利工程型水景。

④公共绿地水景

公共绿地中曲水流觞、涌泉、游湖、水街、临水广场等都是这一类型，如桂林市的两江四湖景区，其内部就分布有各类公共绿地水景，并与当地的旅游文化结合成一体。这类型水景以满足公共大众休闲游乐为设计目的，其空间尺度与开放性是四类型水景中相对较大的一种，同时其包容性不局限在其自我城市中，而是面向全国各地，甚至是全世界。公共绿地水景的功能性相对更综合，设计艺术复杂性要更高，常是文化、历史、民俗、乡土植物、建筑元素有机搭配的艺术成果。公共绿地水景设计类型随时代进步呈现多样化设计，现能借助电能、风能、光能使水景丰富化，同时新材料新工艺的加入，水景新样式出现频率更高。现阶段许多公园内的人工造河也属于公共绿地水景的一种，其造景目的也是为了满足大众需求、为公共服务。

（2）民族水景建筑类型

①民用建筑

流域内许多民族喜欢沿河而居，在融安县苗族聚居地，村寨内河边以干栏式吊脚木楼房建筑为主，以树皮或青瓦为屋顶，松杉木板为屋壁，民居底层用于存放家畜与杂物，楼上才是住人的空间。民族聚居地中供人取水的井亭，为洗衣村民遮风挡雨的洗衣亭，修建在人们起居环境中，与居民用水有密切关系，不仅方便人们用水，还保障取水人的安全。在广西合浦汉墓考古出土过带井亭的陶井，可见早在汉代该地区已有修亭护井便民的造景意识。这些井亭、洗衣亭建筑构造有传统木质干栏式、石质券拱式、青瓦砖混式等形式，屋顶类型以坡屋顶、歇山顶、四角顶、单檐、重檐等常见类型，亭内配置有供洗衣打水休息的座凳。西江水资源充沛，流域内居民多以近水而居，因而发展出一个特殊的族群，称为疍民，其水上居住特征尤其显著。疍家人以舟为家，陈序经在《疍民的研究》中将疍民住房分为屋、栅、簰、艇四种。"屋"跟传统字面上的陆地建筑相似，是建于陆地上的居住民居。"簰"和"艇"都是水上建筑的样式。"栅"指建造在水边的干栏式建筑，首先基础材料全部为杉木，利用摩擦力桩基原理插入河底淤泥流沙中，基础杉木高度一般高出河流的最高水位一尺左右，"栅"建筑临水而建，建筑后半部分紧靠河流驳岸，前中部分架水而起，如同漂浮建筑般空灵。栅棚材料不限制在杉木，其他杂木也会使用，地板用材厚度一般为5厘米厚左右，墙体内外两层，外层多用松树皮，内层为杉木板。屋面多用松树皮或白铁皮覆盖，也有使用青瓦材料的。栅棚空间总体呈长方体空间，近水端第一部分属于室外，可用围栏围合，配有上下交通的木梯，在枯水期、河水退潮时，可以上下河滩与栅棚。栅棚中部由客厅、卧房、厨房三部分组成。因为栅棚木制材料常用漆类表面保护剂涂抹，非常利于疍民清洁保养，其临河居住凉爽避暑，非常适合当地的气候。栅建筑成本并不像陆地硬质材料的房屋建筑那么高，小的栅棚可花费不到一千元即可搭成，非常受疍民的欢迎。还有一种"人"字形屋架的栅，称为"寮"，跟前面长方体空间的栅棚构造相比，要更粗犷简单些，更接近临时性棚架，"寮"的出现是疍民应对围垦开发而搭建的水边居住临水建筑。在《开平县志》中有关于"寮"的记载："立柱架板结屋于塘上曰塘寮，塘寮守鱼也。搭棚于田上而居曰禾寮，禾寮防禾稻也。枕山旁水搭葵结茅而曰茅寮，植椿于水上建平台周围以护栏干谓之后栏"。可见寮根据所处环境可以分为塘寮、禾寮、茅寮，这些类型的寮棚在珠江流域疍民聚集地是很常见的。

②公共建筑

河流水景常见的公共建筑有架设在河面上的风雨桥，河边的亭台水榭，可供往来行人停留赏景、游水嬉戏。侗族风雨桥民族河流特色建筑正是在宋代时期出现，常在聚落河流之上修建，不仅具有桥梁的功能，还兼具休憩点景的作用。风雨桥在苗族、侗族、壮族、瑶族村寨中很常见，有逢水搭桥一说。侗族风雨桥多为廊桥（见图3-25），配以亭廊，能遮风避雨。壮寨常将桥体绘满民俗彩画，又称其为花桥（见图3-26）。常见的风雨桥有拱桥型、简支梁型两种主要构造形式，常见材料有木质、石质、混凝土三种。风雨桥往往凌空于河谷清泉之上，广西龙胜洪门寨壮族风雨桥架在山谷之间，山泉瀑布从桥下而过，浑然天成的木质构造桥体与青山绿水融为一体。水榭无论在传统水景还是当下城市河流景观中都是很受欢迎的景观建筑形式，临水而建，配上亲水平台，绿树环绕，景石点缀，以赏荷观柳最为有情致。

图3-25　侗族风雨桥　　　　　图3-26　壮族花桥

③农业建筑

水车边的榨油坊、舂米屋，河边的晾禾架与谷仓，这些与居民农业生产密切相关的水景建筑是珠江农耕文化的一种体现。珠江民族沿河农作，取水灌溉农田，发明各类水车便于利用天然河流水能，进行打水、舂米、榨油等生产需求。这类农业建筑一般体量不大，以单层为主，常搭建于河边以便于利用河水，舂米屋、榨油坊往往较为封闭，便于生产功能的发挥。晾禾架常见于山地村寨，是一种用竹木搭设，用于晾晒糯禾的木架，古称其为"筓"，意为竹子成排搭建的架子。山地村落用地紧张，防火难度大，民居之间的空间日照远不如河边滩涂，故晾禾架常架设在河边，架上挂满稻谷穗，倒映在河水之中，显得格外原生态（见图3-27）。晾禾架可分为有顶和无顶两种，有顶晾禾架的屋顶常用杉木树皮或小青瓦作为主要材料。

谷仓是珠江流域农耕民族的标志之一，在广西两汉墓葬中出土过铜仓、陶仓模型，在南丹瑶族自治县内，保留有与宅居分离，独立而建的谷仓（见图3-28）。许多少数民族常将谷仓修建在离水不远的地方，主要目的是为了避免毁灭性的火灾，保证粮食的安全。水景农业建筑是少数民族长期农耕发展的一种遗产景观。

图3-27　河两边的晾禾架　　　　　　　　图3-28　屋后的谷仓

（3）水景建筑设计艺术分析

①水景与建筑刚柔相交融

水景是灵动婉转的柔性，建筑是方寸横竖间的硬朗，截然不同的两种造景元素通过人类艺术创造形成了水景游览的各式关系：如游走于河上的桥亭是"远水"；倚靠在水榭美人靠上为"临水"，蹲在码头边可直接"戏水"，停在水舫平台上可"亲水"。这些都是通过调整建筑与水之间的距离，产生不同空间尺度的人水体验空间，满足游人对于水景游览的不同需求。水景建筑可高可低，可扬可俯，可主可宾，以各种适宜的姿态与水交融，将无形的水通过建筑的有形塑造成为各式园林景观。

②游览与生产雅俗相契合

生产活动是民俗艺术的一种朴素体现，是劳动者通过自然界获取生活来源的过程，形成的农业遗产景观、水利灌溉工程、农耕聚落人居环境等水景类型，与自然契合度高，其艺术线条、构图、色彩、空间构成和谐度好。中国人长期的农业社会形成的"生态智慧"，是人们对于大自然的欣赏过程，日出而作，日落而息，春种夏锄，秋收冬藏，逐步积累成为民族天人合一的文化心理，使人通过生产、劳作产生审美感触与愉悦精神体验。珠江流域民族河流水景中将游览与生产雅俗相契合的案例随处可寻，小空间如民居环境的中庭水景，大空间如满山遍野的梯田山泉景观，而景观建筑点缀其中，有茅草杉木搭建的草庐，有树皮为顶、木为柱的山亭，还有通体石材的石灯笼等，为游人搭设休憩游览农业景观的停留空间，让人们在生产劳作中也让劳动者在生产中得到自然界赐予的天然美景。

③内向与外向开合相统一

空间是建筑的灵魂，空间意识是人们对于自然、艺术、生活空间的思维感触，水景建筑空间是人们对于水体环境体验的空间意识载体，将个人学识、情感、价值观等意识形态通过实体空间表达出来。水景空间可以是大尺度的广场开放空间，也可以是民居环境私密空间的小泉眼。水景建筑可以围合形成内向空间，也可以敞开通过借景、引景扩展成无限空间。明代计成《园冶》中"兴造论"中有"借者：园虽别内外，得景则无拘远近，晴峦耸秀，绀宇凌空；极目所至，俗则屏之，嘉则收之，不分町疃，尽为烟景，斯所谓'巧而得体'者也"。可见河流水景与景观建筑都可以成为内向与外向的统一体，开合之间相互形成对比，而能统一相融其中。

（六）商业文化：因河聚商

珠江流域"八门"入海、"三江吐珠"的地理格局为其开放式经济商业格局定下了独特区域优势，当今珠江三角洲经济国内最为活跃，广州、深圳作为改革开发的先导城市是珠江的商业文化的名片，侨资、港资、台资的注入与国内的资本合作形成了一轮经久不衰的经济热潮。粤港澳大湾区发展规划的出台，将香港、澳门两个特别行政区与珠三角九个城市，总面积达到5.6万平方千米的区域凝结在一起，成为国家经济发展的战略性重要区域，区位商业文化浓厚，经济实力雄厚，具有沿海开放的区位优势，其集聚创新要素，商业转化能力强，领先的国际化水平有利于内外商业合作发展。珠三角地区在历史中是"一带一路"的重要商业节点，在当下更是21世纪海上丝绸之路的重要支撑区域。良好的商业文化还形成了宜居、宜业、宜游的美丽湾区生活圈，对于珠江流域内生态保护、绿色发展、文化繁荣有着强大的促进作用。粤港澳大湾区在珠江流域内发挥龙头作用，构成珠江-西江经济带为商业发展腹地，带动流域内东江、北江民族内陆地区发展，架起珠江流域内与东南亚诸国的商业文化交流桥梁。

会馆组织首建于明代，到清朝得到鼎盛的发展高潮，是明清时期社会政治、经济、文化发展的特定产物，它作为明清时期易籍人士在客乡设立的，以满足寓居一地的同籍人士汇聚交流为目的，复制家乡乡井氛围的社会组织。会馆是商品经济的产物，又可反作用于工商业的发展。首先，会馆可以统一货价、规范标准衡器、维持交易公平进行，不同身份的同业或同籍人可以聚集在会馆进行商业信息交流与反馈；其次，会馆通过同业或同籍商人的联合团结，能起到行业内相互保护和扶持的促进作用，而且在面对恶性竞争时，抵制能力会增强；最后，会馆还有招商引资的作用，将外省大量的资金注入省内，并引入先进的经营理念和生产方式，加速省内的经济发展。

根据广西清朝后期行政区划与河流分布状况，四川大学侯宣杰博士曾将广西会馆情况划分为湘江-桂江流域（含平乐府、桂林府）、浔江-郁江流域（含南宁府、浔州府、郁林州、梧州府）、红水河-黔江流域（含柳州府、思恩府、庆远府）以及左右江流域（含镇安府、太平府、泗城府）四大区域进行清代以来广西城镇会馆情况进行分析，如表3-4。

表3-4 广西清代以来城镇会馆信息表[①]

流域划分区域名称	城镇名称	会馆信息
湘江-桂江流域	桂林	江西、广东、湖南、江南、浙江会馆 四川、福建、两湖、云贵会馆 八旗、陕西、新安会馆
	六塘镇	湖南、江西、广东、十洋、灵川会馆
	大圩镇	广东、江西、湖南会馆
	灵渠兴安	湖广、湖南、江西会馆
	资源县	湖南会馆
	全州县	江南、灵川、灌阳会馆 湖南、江西会馆
	灌阳	江西、湖南会馆
	永福县	粤东会馆
	龙胜县	楚南、粤东、湖南会馆
	阳朔县	粤东、湖南、江西会馆
	平乐县	湖南、湖广、江西、福建、四川会馆 云南、浙江、粤东、湖南、福建会馆
	恭城	广东、湖南、福建、江西会馆
	富川	广肇会馆
	蒙山	粤东、湖南会馆
	贺县	湖南、广东、粤东会馆 同州书院、要明、南海、开建乡祠

---

① 侯宣杰.清代以来广西城镇会馆分布考析[J].中国地方志,2005(07)：43-53.

续表

流域划分区域名称	城镇名称	会馆信息
浔江-郁江流域	梧州	粤东、两浙、湖南、湖广会馆
	玉林	粤东会馆
	北流	粤东会馆
	桂平县（今桂平市）	粤东会馆
	平南县	粤东会馆、天后宫
	武宣县	粤东会馆
	南宁	江西、安徽、二邑、粤东、玉林五属、豫章、钦灵会馆 梅江、三楚、秦晋、新城、要明、福建、顺德、新会书院
	隆安县	粤东会馆
	横县	粤东会馆、天后宫
红水河-黔江流域	柳州	湖广、福建、广东、庐陵、粤东、江西会馆
	象州	粤东会馆
	金秀	粤东、湖南会馆
	三江县	粤东、江西、湖南会馆 粤、桂、黔、湘、闽五省会馆
	雒容县	广东、江西会馆
	运江镇	粤东会馆
	罗城县	粤东、湖南、福建会馆
	融县	粤东、福建、江西、湖南会馆
	庆远府	粤东、广东、福建、江西、湖南、贵州会馆
	河池	湖南、江西会馆
	南丹县	粤东、江西、湖南、贵州会馆
	宾州	粤东会馆
	武鸣县（今武鸣区）	玉林、粤东
	百色	云南、两湖、江西、福建、灵洲、五属会馆
左右江流域	凭祥	粤东会馆
	崇左太平	粤东会馆
	龙津	粤东、湖广会馆
	镇安	粤东会馆
	泗城	粤东会馆
	定安	云南、广东会馆
	旧州	广东、广肇会馆

根据表3-4我们可知：第一，湘江-桂江流域（下文称湘桂流域）因为明清桂林城市不仅是广西政治中心，还是岭南地区重要交通枢纽，使得湘桂流域内的桂东北地区是广西开发程度最高、发展时间最早的地区，桂林人才集聚，地理位置作为贸易物流中转站的优势，吸引了众多全国各地的商贾，各同乡商人共建家乡会馆，成为同乡商人聚会商议的场所。湘桂流域明清后手工制作业成为经济发展主要方式，湖南会馆手工业从事者多，故湘桂流域内会馆数量以湖南会馆为首。第二，浔江-郁江流域内实力与数量上居于会馆榜首的是粤东会馆，明清时期广东到梧州经商者众多，活跃在广西的广东商帮主要以米、茶、糖、丝等商品的收购、运输、销售批发活动为主。广东商帮用西江航运进行"西米东盐"商业批发流通活动，是浔江-郁江流域内广西谷米运销业最为发达的主要原因。第三，红水河-黔江流域内出产大量木材、粘土矿、铁矿等自然资源，吸引了周边南方省份的移民前来落户，该区域的商业贸易以开矿、运矿、买卖矿产等类型为主，还有林木资源开发商贸，如柳州的木材产出量就非常有名。

广西因交通运输落后的原因使得水运成为明清时期的主要运输方式。"广西河流，皆发源于四周山地，而向台地之中部汇流。又因整个地势之关系，故大抵由西北两方向东南贯注，而以西江为其总汇。故西江为整个广西河流之主干。至其支流之最大者，则为郁、黔、桂三江。黔江源最远，郁江次之，桂林又次之。"[①]故西江作为黄金水道其沿途及其支流郁江、桂江、黔江沿途分布着广西重要的商埠，河流地形的走向影响着商业城镇地理位置的布局与空间组成。最典型的代表是"水汇三江，地处两粤"的梧州，作为广西水道的咽喉，梧州沿西江往上走可达南宁、柳州、桂林，可到达云南、贵州、湖南，往下游走可通往广州、香港、澳门，是广西在西江水道上的关键贸易枢纽。而位于郁江上游的南宁，往郁江上游走通左、右江，往下走可达粤港澳。历史记载，贵州、云南以及桂西少数民族山区的农产品就是用水路沿左、右江运到南宁再转往梧州，南下广州，一些加工产品如百货类又反向从广州经梧州抵达南宁，在沿郁江转运到云南、贵州以及桂西少数民族山区。同时还有邕江中游商埠贵县，左右江上游商业重镇龙州与百色，都是因为与河流位置紧密而称为区域内历史有名的商业城镇。

广州一直是我国岭南重要的对外贸易港口，乾隆二十二年（1757年）政府对广州实施了一口通商的政策，使得广州商业地位急剧上升，吸引了全国各地商人前来从事海内外的进出口贸易，从而出现了许多商业会馆。据《粤海关十年报告1891—

---

① 张先辰.广西经济地理[M].桂林：桂林文化供应社，1941：6.

1901》记载广州有23家会馆，1919年出版的《广州指南》登记有地缘性会馆有24所，分别为：濠畔街上的浙绍会馆、江苏会馆、湖南会馆、金陵会馆、山陕会馆、安徽会馆、新安会馆；清水濠的两湖会馆、四川会馆；东堤的八旗会馆、惠州会馆；长堤仁济街口的八邑会馆、卖麻街的江西会馆、三府街的福建会馆、浆栏街的宁波会馆、黄沙的八和会馆、东关二马路的钦廉会馆、南关大马路的肇庆会馆、晏公街的漳州会馆、下九甫的湄洲会馆、新丰街的广西会馆、无锡巷的云南会馆、五仙门外的嘉属会馆。[①]

《全国都会商埠旅行指南》中记载广州有25所会馆，分别是：奉直、山陕、江西、江苏、福建、四川、云贵、云南、云南、广西、湖北、湖南、安徽、杭嘉湖、浙绍、宁波、金陵、漳州、湄洲、新安、肇庆、八邑、嘉属、惠州、钦廉、西湖会馆。[②]

1934年《广州指南》一书中列出会馆有18所，出现了上面没有的云浮、增城会馆。根据这些明清广州会馆数量与名称数据，我们可知建在濠畔街的会馆相对更多，那是广州当时最繁华的街道。广州东、西、南都有水道航运，这样的水利交通便利使其成为中国南部最大的商业都会之一。民国时期这些外省在广州的会馆组织还积极主动地为同乡大众服务，为广州的城市发展作了不少贡献。

（七）温泉文化：有温度的河流

温泉资源在《旅游资源分类、调查与评价》（GB/T 18972—2003）中属于水域风光（B主类）及泉（BD亚类）双重之下的两个基本类型：BDA冷泉、BDB地热与温泉。可见温泉文化是一种带有"温度"的河流文化。温泉水属于地热资源的一种，其可为洗浴者提供多种微量，尤其是硫化物。早在东汉时期我国就已经将温泉洗浴列入医用保健活动项目中。温泉文化是人们在开发、利用和保护温泉资源过程中形成的文学、艺术、历史、旅游、经济等人文综合体，包含有旅游学的温泉休闲文化、宗教学的温泉宗教文化、风景园林学的温泉景观文化、民族学的温泉民族风情文化、医学的温泉康体保健文化等。

温泉的形成与地壳深部热能息息相关，其属于由大气降水补给为主的地下水，通过依靠地壳深处热能循环加热，并与流经区域的围岩发生"水-岩反应"，以地壳热能"热载体"与"矿物质载体"形式，沿热通道上升到有利的地形地貌部位或在有利的地质构造和水文地质条件下初露地表而形成，其含有与普通地下水不同的特

---

① 《广州指南》，上海新华书局，民国8年11月版。
② 王日根.会馆史话[M].北京：社会科学文献出版社，2015.

殊矿物质成分、气体成分、放射性元素等。[①]根据不同的温泉特性，我们可以将温泉种类进行以下划分（如表3-5）。

表3-5 温泉类别划分表格

序号	划分依据	主要类别
1	温泉喷涌频率与观赏性不同	常年喷涌喷泉型温泉
		间歇喷泉型温泉
2	温泉的酸碱值（pH值）不同	酸性温泉（pH值<3）
		弱酸性温泉（3<pH值<6）
		中性温泉（6<pH值<7.5）
		弱碱性温泉（7.5<pH值<8.5）
		碱性温泉（pH值>8.5）
3	温泉所处的地质环境不同	火山区温泉
		深成岩区温泉
		变质岩区温泉
		沉积岩区温泉
4	温泉的化学组成不同	氯化物温泉
		碳酸氢盐温泉
		硫酸岩温泉
		混合型物质温泉
5	温泉水温温度不同	低温温泉（大于或等于25℃，小于40℃）
		中温温泉（大于或等于40℃，小于60℃）
		中高温温泉（大于或等于60℃，小于80℃）
		高温温泉（大于或等于80℃，小于100℃）
		沸泉（大于或等于100℃）

中国温泉文化历史悠久深厚，最早可追溯到秦始皇用于养伤保健的"骊山汤"、唐朝唐太宗的"温泉宫"、西安的华清池，白居易曾写有："春寒赐浴华清池，温泉水滑洗凝脂。侍儿扶起娇无力，始是新承恩泽时。"明清时代岭南地区从化温泉成为文人雅士隐居聚会之地，民国时期掀起温泉资源开发旅游热潮，新中国成立后，从20世纪50年代起，中央政府及各部委在北方工业基地地区建立了近百所工人温泉疗养院。改革开放后，香港资本率先注入广东珠江三角洲地区温泉资源的开发中，掀起了温泉旅游产业的蓬勃发展。下面介绍珠江流域几处代表性的温泉。

---

① 葛剑雄.水文化与河流文明[J].社会科学战线，2018（01）：108.

1. 广西龙胜温泉：山水间的温度河流

龙胜温泉位于广西壮族自治区龙胜县城东北，温泉来源于地下1200米深处岩层，温泉泉温在45至58℃，属于中温深成岩区温泉，温泉含有锂、铁、锶、锌、铜、硫等十多种益于人体的微量元素。龙胜温泉水经国家地矿部、原国家卫生部、轻工部专家鉴定为"超低钠矿化度的偏硅酸重碳酸钙镁型天然饮用矿泉水"，现为国家4A级景区，在1996年龙胜温泉被评为国家级森林公园，周边森林覆盖率高，是古老寒武系地质，泉水从白崖岭至天鹅界的断裂带中流出，温泉景区内有数条清泉河流流淌于山石之间，还有岩门峡漂流景点。温泉山谷间有一名为螃蟹沟的景点，位于密林山谷之间，山中小泉以瀑布的形式流淌于绿树古藤中，游人可沿着泉溪游走于密林之中（见图3-29、3-30），领略山岩古老寒武系地质奇观，见识龙胜森林公园的奇花异草。龙胜温泉周边有数十家温泉酒店与民宿，建在温泉流域内，借助温泉泉眼修建温泉汤池与温泉水景，为游人服务，温泉汤池有规则式游泳池、自然式汤池，室内室外汤池都有，还有温泉汤池与儿童游乐设施相结合修建的，为孩童提供多方面的娱乐服务。

图3-29 山泉河流　　图3-30 温泉河流

2. 深圳石岩湖温泉：湖与村的温度河流

石岩湖温泉位于深圳市中心西北40千米的石岩湖畔，因其天然玉律温泉而闻名，玉律温泉属于碳酸氢盐泉，已有近千年的历史，现已建成石岩湖温泉度假村，石岩湖温泉泉温常年在67.3℃，泉水含有锂、碘、硼等微量元素。石岩湖温泉度假村借助温泉发展了水上快艇、游泳池、溜冰等室外水上活动项目，该温泉依山旁湖，绿树环绕，鸟语花香。石岩湖中有"情人岛"，岛三面环水，岛上建筑为悉尼歌剧院风格，配有一座洁白的情人桥，非常适合情人牵手休闲游玩。石岩湖温泉度假村每天可供2000人次沐浴，湖边的跑马场上，还可以骑马纵情于湖光草原之间。

3. 湖南郴州莽山森林温泉：森林中的温度河流

莽山森林温泉位于湖南省郴州市莽山国家森林公园内，其温泉水源于地下600米左右，经过四层地质带，出水温度可达55℃，每日出水量多达3000吨，水内包含有氟、钾、钙、镁等益于人体健康的微量元素与偏硅酸矿物质，莽山森林温泉是湖广地区海拔最高的温泉，周边高山环绕，是一个富含负离子的大氧吧。温泉由广东佛山东方恒力集团耗5亿元巨资打造成为集养生、观光、文化、旅游、度假、会务等功能于一体的白金五星级度假型温泉酒店。依托大莽山优质的自然生态环境，融入瑶族药浴文化，绿林与温泉相依，为莽山森林温泉蒙上一层文化深厚的气息。莽山森林温泉旅游度假村内将酒店、温泉生态区、生态农业庄园、"诺亚方舟"SPA、室内水疗融合成一体，汇聚中国国学文化，加入时代高新科技，形成了综合型的文化温泉。

二月二龙抬头，农耕顺，五谷丰。
三月三上巳节，站河岸，男女歌。
四月八红饭节，戏河水，敬水牛。
五月五端午节，赛龙舟，河边祭。
六月六半年节，水龙游，水泼龙。
七月七七夕节，午河浴，挑水归。
七月半河灯节，游灯龙，放河灯。
拜龙母，敬妈祖，祭雷神。
崇真武，信马援，三界神。
盘王庆祭，瑶族渡海，
梦回布洛陀，追忆南越国。

第四章
民族河流文化特色

珠江流域内河流贯穿连接着我国地理版图的南、西、东三面，汇集了不同地域河流文化于一体，如土著的百越文化民族个性鲜明，而粤地区的广府文化、福佬文化、客家文化具有较强的随河流迁移的历史更替。珠江流域民族河流文化特色总体而言，是多元而又融合统一的，具有交汇性，又形成独特的南疆开放性。具体的文化特色分析如下。

（一）神秘敬河的河流神话故事特色

神话故事往往源于历史，而改编于人们对美好生活的向往。珠江流域民族生存历史源远流长，神话故事资源更是各民族百花齐放，比如直接影响广信文化发源的珠玑巷传说。珠玑巷传说中的胡妃从南宋小国出逃，与岭南富商黄贮万一见钟情后，不远千里到南雄珠玑巷生活，后因黄家家奴泄密告发，引来杀身之祸，危急时刻，当时珠玑巷三十三姓南下迁移躲避，发展成了遍布当今华南的广府人的传说故事。珠江流域中的西江地区非常盛行盘古开天地的传说，桂林有盘古祠，肇庆有盘古祖庙。传说中河流是盘古用巨斧开辟天地后，用其血液变成，如今盘古庙宇香火依旧旺盛，可见人们对于盘古神话的信仰坚定。无论是历史改编，还是通过神话故事情节的演绎而获取、还原历史时代背景，珠江流域传说故事都有着开放性的移民迁徙文化，正如河流水网般的网络特性展示着流域内河流的放射型文化。

1. 盘王庆祭祈求风调雨顺

瑶族信奉盘瓠为祖先，盘王节是盘瑶支系的民族传统节日。因地域与文化上的差异，各地瑶族庆祝盘王节的日期上并不完全相同，经过1984年来自七省市的瑶族干部、学术代表讨论，将盘王节定为农历十月十六日。[①]瑶家村寨内几乎都建有盘古庙，为庆贺盘古王的生辰，各寨会聚集到庙堂合宗共议一年一度的"庆盘王"头人。部分庙堂拥有自己的庙田，常用其田的收获作为节日当天的费用。一些没有庙田的村寨，头人可通过到各家各户筹集节日的费用开支。每年正月初二，头人聚拢起来趁着到各家各户拜年的同时，收集盘王节所需的香灯、白米、礼酒、豆子等。正月十五元宵节，头人将道公请来，各家各户带上香烛、纸钱，跟随道公与头人前往盘王庙敬贺盘王。农历三月初三不仅是上皇盘古的生日，也是瑶族驱妖治怪的真武祖师的诞辰，这头人准备香烛祭酒，请来道公一人进行第二次祭祀，祈求盘王与真武祖师保佑村寨人丁兴旺、五谷丰登，出入平安。六月初六是中皇盘古的生日，这时正值玉米开花、禾苗出穗的时节，是农作物能否丰收的节骨眼，族人都渴望神

[①] 莫凤欣.广西节日文化[M].香港：香港天马图书有限公司，2003：97.

明能保佑农作物获得丰收，故这一天的庙祭要比前两次要隆重些，头人先准备三只活鸡、数斤猪肉、一个肘子、数条活鱼、一坛酒、一灶豆腐，统称为三牲酒礼。同时道公的数量也要增到三到四人，香烛纸钱仍不可少，每家出一人随头人与师公前往庙里共同庆祭盘王，这一天村寨还会敬奉土地山神、天宫地母以及五谷大仙。到了农历十月十六日为三皇盘古的生日，这个时节农作已收获入仓，各家各户会把一年的丰收喜悦通过庆祭感激神明的保佑。头人需准备一头肉猪，三十六只鸡鸭，数缸粮食米酒以及大量的鱼、肉、豆腐。这一天村寨里当年新增了男娃的家庭，会拿出一只大公鸡，两缸米酒，送到庙堂交给头人，作为感激盘王保佑人丁兴旺之意。头人在用此大公鸡庆祭盘王后，会砍下一对特大的鸡腿，用红纸包裹，送回男娃家里，以表示祝福男娃平安长大。一年中这些盘王庆祭活动场面盛大，氛围充满民族团结一致、乐观生活的精神面貌，其包含的民族文化已不仅仅在浅层的祖先祭祀上，还上升到了民族发展、积极进取的深层意义。

2. 瑶族渡海祈求水上平安

流域内瑶族为迁移民族，有着敬奉神犬盘瓠始祖的信仰，有关盘瓠的叙事有上文介绍过的盘瓠神话，还有一个是"渡海"（飘洋过海）神话传说。"渡海"神话故事核心部分为瑶人迁徙、遇风浪获盘王相助。故事内容为十二姓瑶人先祖因遭遇三年大旱与常年征战，族人无处安身，无粮可食，为了生存，族人选择迁徙求活，在迁徙漂洋过海途中，水上突起风浪，船舶如同一叶渺小的扁舟在水上漂了七天七夜，无法靠岸停歇，瑶族族人无计可施，只能跪在船头跪求始祖盘王护佑，愿用日后建庙祭祀盘王来求生，果然很快盘王显灵，让水面风平浪静，不出三天，族人便行舟靠岸，安然度过了这场"水劫"。于是自此后，瑶族为感恩盘王"渡海"的恩情，有了还盘王愿的传统，还愿分为集体还愿与家庭还愿两种，还分十年大祭，三五年小祭，因这"渡海"神话还衍生出了唱盘王、跳盘王为主要内容的盛大盘王节。[①]

广西师范大学文学院冯智明老师通过实地深入调研广西桂林市临桂区宛田瑶族乡庙坪村，获取了瑶族"渡海"神话的珍贵资料。庙坪村位于南岭民族走廊五岭之一的越城岭腹地，村落周边高山环抱，形成河谷，村境内溪谷交错，遍布梯田，作为临桂干流义江上游的庙坪河穿村而过。庙坪村内瑶民根据手抄本《盘王历史》记载，其赵姓族人是清初由广东韶州府乐昌县经粤西、桂北迁入临桂，在清代顺治年间迁入庙坪村。村内虽然没有盘王庙，但是村中普遍遗存"还盘王愿"的习俗，在

---

① 冯智明. 神话叙事与庆典仪式的互文——以桂北瑶族"渡海"神话和禁风节为中心[J]. 民族文学研究, 2018（03）：40.

村中新建宅屋、举行婚礼仪式上常传唱《过山歌》，歌词中就有明确的"渡海"神话内容：

> 寅卯二年天大旱，芭蕉起火人怕完。大旱三年难耕种，江河无水海也干。
> ……
> 盘王调官不愿做，离开南海去逃荒。六男六女十二姓，漂洋过海各顾各。
> 牛角锯做十二节，手拿牛角泪汪汪。离开南海各分散，七天七夜不安乐。
> 船也难得来拢岸，又怕狂风吹海落。就在船中许下愿，保佑儿孙来渡船。
> 五旗兵马来保佑，三天三夜好行船。船到海边人上岸，男男女女喜连天。
> 来到广东韶州府，罗昌县内是家乡。广东立起盘王庙，三庙灵神有庙王。
> 七月十三来还愿，子子孙孙要记全。[①]

另外常唱的《盘瑶历史歌》中也有"漂洋过海"的歌词内容：

> 世乱人间难安住，立志移山逃难行；兄弟分开十二姓，会稽离别泪双淋。
> 行往途中沧海阻，海水滔滔无路寻；使钱共渡十二姓，行船进了海中心。
> 船到海中波浪涌，狂风吹起总不停；七天七夜海中困，上下阻挠无计行。
> 船头共许盘王愿，五旗兵马降来临，许愿果然得应验，四海狂风也得停。
> 船过南海飘飘转，风停浪静水波平；十二姓瑶多欢喜，全靠盘王显圣灵。
> 船行南海得登岸，儿孙靠福谢天星；自此瑶家还良愿，立有成规到如今。
> ……
> 连州起庙为耕种，立庙安神求太平；修起伏江行平庙，又立一庙叫伏灵。[②]

根据这些师公记载下来的"渡海"神话歌词，瑶族对于盘王神助祖先挺过水难的传说是非常相似的，也是非常肯定的。

（二）形式多样的河流节庆特色

珠江流域内少数民族的节庆资源数不胜数，众多的民族单体都常是"百节之族"，一年四季中以稻作文化为主的节日庆典常依托于二十四气节的农耕文化。节庆中对于自然万物生生不息的崇敬部分非常多，与河流相关的节庆常与其相交融在一起，如水神节、泼水节、敬牛节、龙舟节等。比如侗族的"吃新节"就是一个典型的稻作文化与河流文化相交融的节日代表，节日的寓意是对农作物成熟为族人带来温饱因而感谢自然赐予，而河流水源在农业生产中占据关键的地位，在该节日中常有族人手举丰收农作物游走于河边的庆祝环节，寓意着对河流水源赐予的感恩。

---
① 《过山歌》，手抄本，赵明才保存——笔者注
② 《盘瑶历史歌·漂洋过海》，手抄本，赵明才保存——笔者注

在梧州白云山脚下临江修建的龙母庙，是龙母文化的主要发祥地，每年都有大批祈求风调雨顺的粤港澳游客前来祈福。故珠江流域中民族节庆蕴含的河流文化与农业发展息息相关，同时跟随时代脚步而更新。由早期的农耕文化到当下的生态文明，从原始的水源需求到如今的水资源生态格局规划，都表现出人类生存发展与河流关系的时代变迁。

二十四气节以一年四季气候变化、时节更替指导着珠江民族农耕活动，在河流节庆特色这一部分，我们以时间为脉络来展开研究。

1. 二月二龙抬头，农耕顺，五谷丰。

农历二月二俗称"龙抬头"，龙是祥瑞神兽，主宰世间风雨布施，而龙的长线弯曲身形正是河流的形象比喻。农历二月二正值雷声已动，春水丰盈，万物复苏的时节，生命力告别了寒冷的冬季，正在慢慢地萌发生长，如同蛰伏的长龙闻雷声而动、登天布雨，可见"龙抬头"节日名称来源正是对时节的生动概括。农历二月二在珠江流域内最常见的节庆活动是舞龙，各民族制龙选用的材料不同会呈现不同的龙的形态，如布龙、草龙、香烛龙、纸龙等，虽然材料不同，但是在造型上都有一个共同点就是如同河流般长线条的龙身造型。舞龙在民族心中是一种敬龙祈雨的行为，是农耕时节期盼风调雨顺、五谷丰登的愿望体现。

2. 三月三上巳节，站河岸，男女歌。

农历三月三在珠江民族节庆中占据着举足轻重的位置，流域内大多数民族都会在当天举行隆重的节庆活动。首先它的时间节点在春季，正是春暖花开时节，非常适合踏春，在农历三月三不仅可以泛舟湖上，还可以跨桥远望，都是一种无比愉悦的踏春活动。农历"三月三"在我国历法上称为"上巳"，指农历三月第一个"巳"日，该节日最早记载于西周，到了汉代正式被列为节日。《后汉书·礼仪志上》中有："是月上巳，官民皆絜于东流水上，曰洗濯祓除，去宿垢疢，为大絜。"其意思为在农历三月三这一天，无论官员富贵人家，还是平常百姓人家，都会到河边水上进行沐浴，去除身上的污垢，以这种斋戒沐浴的方式进行除灾求福。可见农历三月三与河流的人水关系早已在汉代就已经存在了。农历三月三不单单属于一个单体民族节庆，在珠江流域内，分别有广西的壮族、贵州的侗族、湖南的苗族等参与到节日中。2014年"壮族三月三"申遗成功，广西人民每逢该节日都常会放假2至3天。节日当天青年男女往往会在河边、桥上、船上进行对唱山歌联络感情，抛掷绣球传达爱意。在广西那如画的山水之间，波光粼粼，渔舟轻泛，美人如花，山歌绕耳，是多么美丽的一幅自然风情画卷，这水是画中最宁静的背景，缺少了它，便失去了灵气，山歌也会少了一种韵味，故而壮民们才会专门挑选在河边或者水上进行对歌，利用水的灵动，让山歌更入心。广西百色在农历三月三这天会举办布洛陀民族文化节庆，百色壮族民众通过抢花炮、唱山歌等活动传承先祖的文化。2004年在右江河谷考古中发掘了"百色石斧"，证实了远在83万年前就已经有先民生活在右江河谷，并掌握了双面打磨石斧的技术。人们在农历三月三举办布洛陀民族文化节庆，如同祖先的文脉穿越万年向我们走来。

3. 四月八红饭节，戏河水，敬水牛。

农历四月初八对于苗族、布依族、仡佬族、侗族都是个重要的传统节日。节日当天，族人都要着盛装，带着五色糯米饭，到有河流、水池的地方，进行戏水、对歌、跳舞、舞龙、赛马等活动，还同时作为亲朋好友们聚会串门的日子。广西三江侗族、贵州炉山苗族在这天会采摘枫香树的叶子，将其捣碎成汁液，汁液呈黑紫色，然后将糯米放入该枫香汁液中浸泡染色一夜后蒸煮，便成了黑色糯米饭，族人常称它为"乌饭"。节日当天，不仅族人会食用乌饭，他们还会喂食给家中的水牛，也将该节称为"敬牛节"。

4. 五月五端午节，赛龙舟，河边祭。

农历五月初五在珠江流域中民族河流节庆文化中最显著的代表，水上赛龙舟是最普遍、最隆重的节日活动。流域内纵横交错的河网也便成了最便利的龙舟竞技场地，当天，各民族青年男女盛装打扮，佩戴上特制熏虫的香包，孩童们常手拎粽子和红线鸡蛋，聚集到水边观看赛龙舟。

在西江流域的长洲岛上，有祭祀屈原河神的习俗，日子定在农历五月初五。这种信仰来源于两个原因：第一是明清时期南下的湖南移民将屈原尊为湖南大人，是对祖籍的一种回归认同；第二是将历史人物神化而来，屈原投江葬身于水中，很容易被民众神化为水中神。旧时，节日当天村民会以"抬神像游河"的形式进行祭拜，具体过程是以一艘船舶停靠在地方码头，在船头上挂九只红色灯笼与一面黄旗，并摆设方桌，放置上煮熟的鸡、猪肉以及新鲜果品。下午由当地的龙船队员抬请江神屈原的小神像放入船内，道士与神婆随船开始游河。道士负责鸣锣开道，神婆与其他神职人员沿途将村民上供的粽子、黄豆、水饭撒入河中，并大声吆喝"九子连灯出子了"，一路鞭炮锣鼓声不断，前往观看的村民热闹非凡。到了傍晚时分，各家各户会在村中约定的码头地点放上自家的祭包，祭包内装有蜡烛一对、香三支、纸钱若干、一个红包利是与鸡毛火炭，放置时村民会口中念诵"头痛肚痛龙船鼓送、有灾有难远远送"。村中组织方会在天黑前前往这约定的码头将祭包统一收走，在晚上10点后，将村中全部祭包放入事先扎好的纸船，选一处河滩码头统一烧掉，以祈福全村一年平安，送走灾难病害。

5. 六月六半年节，水龙游，水泼龙。

六月气温炎热，正是莺歌燕舞的时节，有正值一年中旬，称为"半年节"。在贵州平塘，农历六月初六会进行水龙狂欢巡游节庆。节日当天平塘布依族群众会挥舞着水龙走上街头，一路迎接街民泼水祈福欢庆。2019年，"布依族水龙节"成为贵州省第五批非物质文化遗产。布依族水龙节起源于明朝洪武年间，已有超过600年的历史积淀。节日当天的水龙在制作上选用了龙须草作为特别的装饰材料，远看过去，水龙浑身绿草，格外的接地气。整个水龙队伍编排，常选用"9"为吉祥数字，如9条水龙、9位龙女与护龙队，其称呼还格外的富含河流文化，分别称为：龙女、船女、渔翁、罗汉、虾兵蟹将、金童玉女。表演过程包含请龙、迎龙、献宝、点睛、龙起、泼水、游街、谢龙等环节。点睛由年长或有威望的人完成，泼水与游街是整个活动的高潮部分，民众会纷纷参与，手持盆桶，将水泼往龙身，舞龙手往往赤裸上半身，头系红带，下穿草裙，在炎热的六月，以泼水的形式进行节庆，是一项非常应景的"水中体育"。

6. 七月七七夕节，午河浴，挑水归。

在西江流域下游，农历七月初七有一个特殊的习俗，名为"七夕泡水"。在七夕这一天中午12点到下午1点之间，梧州西江河段两岸的人们几乎全家出动，无论男女老少，哪怕一些外地工作的儿女们都会回到家乡，共同到河中沐浴，称为"洗七月七水"。这个时间段，河流里人头攒动，人们畅游在河中泡水，泡水期间还可在两岸聚会游玩，甚至还有直接将麻将桌搬到河中，一边搓麻将一边泡水。泡水活动可以持续数个小时。当地人认为七月七中午的河水，可解暑治皮肤病，还坚信这时的水可以存放长时间而不臭不腐，故在泡完水后常会用塑料瓶打上几瓶带回家中保存。妇女们这天在午时时分还会到水井、河里挑"七月七水"回家存储药用、饮用。

7. 七月半河灯节，游灯龙，放河灯。

农历七月十五在珠江流域农业生产上是夏收完成并且家家粮仓有新粮的农闲空隙。

广东蕉岭县新铺镇近年掀起了"新铺七月半"民俗文化节，举办地点选在了镇上的滨水公园，临河线形展开。新铺镇建镇历史已有近千年，称得上"千年古镇"，而"新铺七月半"的节庆历史就有400多年历史，在过去，新铺七月半活动多以祭祀祖先、仙人出巡表演为主，而在当下，其文化节已逐步发展成为孝亲敬友、感恩亲情、欢庆丰收的时代新风貌节庆。节日当天镇上各家迎来亲朋好友往来相聚，各家准备了家乡美食款待亲朋。

广西贺州黄姚每年农历七月十五都会以放柚子灯的形式祭祀河神与祖先。当地该习俗源于两个传说：第一姚江春夏多雨季节江水上涨会洪涝成灾，常会出现人畜溺水，村民认为通过给河神放点柚子灯，柚子本身在广西有"大吉大利"的寓意，可以为家人祈福，避免其在河水中遭遇不测。第二姚江历史上淹死不少人，尤其是一些上游漂流下来无法寻得家人认领的溺亡者，民间认为这些亡魂死后无法进入轮回，游散于河流周边害人，当地便选在农历七月十四、十五两个夜晚放柚子灯，用河灯带领这些亡魂找到回家或者轮回的路。柚子河灯的制作在农历七月十四早上，家人早起选好柚子，削去柚子的顶部的果蒂，将香烛插入柚子内即完成灯的制作。夜幕降临，村民不约而同将柚子灯拿到河边，通过专人制作的河灯头与河灯尾将村民的柚子灯串联成一条"灯龙"，放入河中，河流两岸燃放烟花鞭炮，灯火通明。河面上会有锣鼓乐队乘坐竹筏吹着民乐沿河表演，舞狮队竹筏紧随其后，同时村中安排有水性熟练的水手沿河推动柚子河灯，河灯、锣鼓队、舞狮队三者沿河而下，村民守在河岸两边烧香点烛，灯龙近眼前时再鸣放自家鞭炮，以驱赶邪祟、祈福来年平安。

广西资源县每年七月十五的河灯歌节也是一个与河流资源密切关系的节日。资江是连通湖南与桂北的交通干道，历史上其水路非常繁忙，且经常有翻船溺水事故发生。故每逢农历七月十五中元节，资源县人民便以漂放河灯的形式悼念亡魂，为其祈福，助其早日往生。当天在资江两岸，民众携带各式各样的河灯聚集在风雨桥旁，将灯点燃沿河漂放，以怀念亲人的同时也是祈福寄托情思的一种方式。夜色下，数不清的河灯漂浮在河面上，场面颇为浪漫与壮观，有民谣云："古来滔滔资江水，月半歌节放河灯；山歌阵阵表心迹，河灯盏盏祈太平。"过去河灯常为"莲花灯""敬神灯""粽子灯"，当下河灯的形式已跟随时代的发展千变万化，不仅仅表达的是河灯本身的祈福功能，还增加了河灯的设计文化。

（三）河神化身的图腾崇拜特色

1. 龙母崇拜——河运需求

珠江流域民族河流文化中的图腾崇拜颇具地域特色，总体表现出对"风调雨顺"的期盼。珠江流域河网纵横，一年内雨季长，降雨量大，不可避免地出现水患危害，在历史中流域内因水患迫使居民流离失所、家破人亡的事件并不少，直到当今，每年雨季依旧会有局部的洪涝灾害，故龙母崇拜在流域内非常常见，许多位于河流汇集点的城市乡镇常修建有龙母庙，以供民众祈求风调雨顺、国泰民安。例如梧州，地处西江、桂江、浔江三江交汇口，在三江交汇的万秀区中，依靠白云山面向桂江处修建了龙母庙,每年会举办"龙母节""端午节"等祈福活动,是河流文化的具体呈现形式之一。水有五德,因为它长流不息,能普及一切生物。这句古语用在河流文化的图腾特色上最能体现人们对于河流水源的敬畏之心。具体的龙母节日有正月初四"龙母开金印"、正月二十二"龙母开金库"、五月初八"龙母诞"、七月十五(八月初一)为"龙母水灯节"、八月初一至初八为"龙母得道诞"、十一月初一的"五龙朝母节"。在珠江流域中较有名的龙母庙有梧州龙母庙、肇庆市白沙龙母庙、德庆悦城龙母祖庙等。

2. 妈祖崇拜——海运需求

珠江流域内临海的城市不少,靠海而生,常年外出打鱼,面对瞬息万变的海上出行风险,人们对海洋有着崇敬又恐惧的心理,尤其在过去航海技术水平低下的时代,渔民对于海上作业风险的把控能力较弱时,都非常渴望能有一个神灵护卫他们出海,而"妈祖"应运而生,成了临海区域祈福的典型代表。正是这样的"水性"让这里的人民有着与海洋共生的冒险与包容精神。

3. 雷神崇拜——风调雨顺

雷神崇拜是人类最早的原始自然崇拜神灵之一,源于远古人类不能科学解释雷电发生时带来的火电与降雨现象,人们虽然恐惧它闪电雷鸣的惊心动魄,但是在远古时期,雷电可以为人们提供火源与缓解干旱的雨水,人们害怕中还有了膜拜和依赖的心理,形成了多元化的雷神崇拜。珠江流域山地民族先祖多过着刀耕火种的传统生活,对于自然气候条件的依赖度很高,是生产方式低下、粮食产量较低的靠天吃饭时期。先祖认为降雨依靠雷电产生,故将雷神崇拜为司雨避旱的天神,寄托了先祖渴望丰收的情感。《山海经·第十三·海内东经》中记载有:"雷泽有雷神,龙身而人头,鼓其腹。"[1]徐山在《雷神崇拜》书中讨论过雷神的初始形象,指出甲骨文中"雷""电""龙"的字体造型相似,都为闪电的弯曲状[2],可见原始先民对于雷神的造型偏向于龙的外形,是一种动物性形象。在王明丽等学者的"从汉画看古代雷神形象的演变"中通过考究了汉画各种类型的雷神画像,明确指出龙蛇造型是雷神的最初形象[3]。到了战国时期,人们对于雷神的形象开始有了"人"的造型。战国时期楚国诗人屈原在《楚辞·远游》中写道:"左雨师使径侍兮,右雷公以为卫",是雷神以"雷公"一词出现的最早文献记载。东汉王充在《论衡·雷虚篇》写道:"图画之工,图雷之状,累累如连鼓之形。又图一人,若力士之容,谓之雷

---

[1] 袁珂.山海经校注海经新释·卷八[M].台北:里仁书局,1982:330.
[2] 徐山.雷神崇拜——中国文化源头探索[M].上海:上海三联书店,1992:3.
[3] 王明丽,牛天伟.从汉画看古代雷神形象的演变[J].中原文物,2002:56.

公，使之左手引连鼓，右手推椎，若击之状。"该形象具体人化的描述直接影响了后世雷神人物的造型。广西金秀大瑶山瑶民地区又称雷神为"雷王""雷公"，族民在无法科学解释雷电现象的时代，认为雷电是雷公打火石，下雨是雷公在取了河水后吐出成雨。民间还有"天上雷公大，地上舅爷大"的习俗。

道教在雷神人格化发展进程中加入了"主天之灾福，持物之权衡，掌物掌人，司生司杀，检押启闭，管龠生成，上自天皇，下自地帝，非雷霆无以行其令；大而生死，小而荣枯，非雷霆无以主其政。雷霆政令，其所隶焉"①的新社会职能，从此北宋后，雷神人物的形象随着道教信仰传承和发展，兴盛于后世，直到今天雷神的形象也与其相差不远。邓元帅，又名邓伯温，是道教武神，民间常称他为"元帅"，宋代将用雷法而策役的神灵专称为"元帅"。邓元帅不仅司雨，还能伸张正义、惩治恶人。邓元帅青面红发，脸上有三只眼睛，肩有羽翼，鸟嘴凤爪，利爪坚硬如钢，左手拿杵，右手持槌，形象十分威风。

4. 真武大帝——防洪防灾

真武大帝，又名北帝、玄武大帝。真武崇拜源于先秦时期的玄武七宿信仰。玄武方位属北，北方在五行中属水，故让人们觉得它具有水神的属性。宋朝以后，玄武改成为"真武"，列入国家祀典，并形象具化为"被发黑衣、仗剑、蹈龟蛇"。明代后，真武神被赋予主管风雨、驱除水火之患的神职，广为饱受洪涝旱灾的地区民众所崇拜。珠江河网交错的河流特色与真武大帝的水德十分吻合，因此在珠江流域中广泛流行。到了明清时期，仅广东地区的真武神庙就多达50座以上，这时期真武大帝还逐步发展出防洪防灾的新职能。

佛山真武大帝始建于北宋，又称北帝祖庙。明景泰年间，北帝祖庙被正式列入官祠，成为"国朝祭典"，上升为官祀之庙，到清代发展成为具有地方特色且体系完整的群体庙宇。佛山地区北帝崇拜的民俗活动常见有以下几种：第一是农历三月三北帝诞，又称"真武会"，是北帝庆祭活动中最隆重的一日，庆贺仪式主要有祭拜庙神、烧大炮、北帝巡游、演戏酬神等。第二是行祖庙，属于常规节庆，每月农历初一、十五前往祖庙祭拜北帝。第三是春秋谕祭，北帝从明代起进入国家祀典。在明清时期，每年进行春秋两次祭祀，春季庆祭为每年农历二月十五日，各宗族事先准备好精心装扮过的孩童，然后前往北帝庙列队迎接北帝神像安放在各宗族的祠堂内，设案点香，族人祭拜。秋祭日为每年农历八月十五，庆祭程序与内容大体与春祭相同，只是在时节上一个是春耕万物萌发，一个是农作秋收。

---

① 参见《九天应元雷声普化天尊玉枢宝经集注》——笔者注

5. 马援崇拜——护航水神

马援为东汉著名军事家,由朝廷派出南征平定岭南,他非常注重水利工程的修筑工作,保障了岭南地区民众的安居乐业,因而被岭南人民推崇为护航水神,主管商贸航运。马援的文治武功广受岭南民众感念,故建将军庙或伏波庙以纪念马援。如今伏波庙在广西南部沿海与左右江流域、湖南沅水流域、广东武水流域广泛分布,这些区域正是马援南征的区域。广西横州(今横县)乌蛮滩的伏波庙是桂南地区纪念马援规模最大的庙宇。清代李调元《南越笔记》中记载:"以候治乌蛮大滩也。滩在横州东百余里,为西南湍险之最……候庙在其北麓。凡上下滩者必问候,候许,乃敢放舟。每岁候必封滩十余日,绝舟往来。新舟必碟一白犬以祭。有大风雨,候辄驾铜船出滩,橹声喧豗,人不敢开蓬。窃视晴霁,有铜篙铁桨浮出,则横水渡船必破覆,须祭禳之乃已。此皆候之神灵所为云。"①伏波庙每年农历四月十四为神诞日,民众会在此期间(农历四月十三到十五)摆筵设席,与亲朋好友汇聚一堂。马援作为水神受到民众崇拜的原因分析如下:第一马援修治河道有功,是最主要的崇拜原因;第二民众信服马援的军功神勇能制服鬼神;第三西江民众面对恶劣的航线条件而心中渴望守护神护佑。

6. 三界神崇拜——护航防患

三界神最早可追溯到两宋之交的冯姓始祖冯三界,名克利,明代贵县人,曾跟随王守仁征战大藤峡,相传其战后隐居于贵县北山时遇神仙指点而得道,修成高深医术,为民造福,后羽化成仙。从冯克利在明代弘治年间被封为"游天得道三界真人"后,三界神的崇拜与延续呈规范化,并从广西南宁、梧州平乐、浔州、郁林等五府向广西各地传播扩散,后传入广东,成为两广壮族、毛南族、仡佬族、瑶族等族人的崇拜神灵。明人桑悦的《记僮俗六首》记载有:"三界有灵焉助虐,诸冯非祀肯相容。"②宣统重修《东莞县志》卷18《建置略三》记载:"三界庙在县东北水南村,明嘉靖三十四年(1555年)建,天启七年(1627年)重修,邑人袁崇焕题有'诚不可掩'额,并有重建三界庙疏碑。"③到了清代,三界神还有"敷佑昭显灵感伯"的封号,可见从明清始,三界神就已在珠江流域中成为地方性的护航神,为多民族族人所信奉。

---

① (清)李调元. 南越笔记·卷四[M]. 北京:中华书局,1985.
② 王俊,杨奔. 柳州诗存(上)[M]. 南宁:广西人民出版社,2009:87.
③ (清)陈伯陶等修. 东莞县志. 宣统[M]. 广州:广东东莞卖蔴街养和书局印本,民国十六年(1927年)版.

（四）生存摸索的历史传奇特色

珠江流域人类活动历史最早可追溯到距今约170万年的云南开远县元谋人，据人类学研究显示，我国最早的人类落脚点是珠江流域中的西江水系。珠江从曲靖马雄山源头到南海，流经之地在岁月洗礼下诞生了独特的南岭河流历史传奇。首先是舜帝南巡，将珠江流域纳入中国版图，让国家有了完整的区域。在《尚书·舜典》中记录有舜帝划州，开河通航，任命州牧管理的历史事件。舜帝崩于苍梧，而其二妃（尧帝的两位女儿，分别为娥皇、女英）追随他的故去投湘江而死，使珠江流域这片土地布满了千古绝唱的爱情浪漫色彩。其次是创造了红水河文化的骆越与西欧文化，其史诗《布洛陀》开启了珠江流域人文研究史。珠江水系中广西西江段，称为红水河，流域面积可达3.3万平方千米；最后是岭南文化中最底色的历史来源——百越文化，南越王赵佗自称蛮夷大长，定都番禺，将中原文化融入岭南管理之中，让南越国远离战乱，祥和民安。苏秉琦教授对珠江流域岭南地区的考古工作曾说，岭南考古是个大题目，可以越做越大。[①]可见流域内历史文化沉淀的深厚，而占据历史文化中重要部分的河流文化正是以其优越的自然环境特色影响着流域历史文化的形成发展，是流域内人类创造物质与非物质文化的基础。

1. 布洛陀传奇

"布洛陀"为壮语的译音，在壮族民间手抄本《麽经布洛陀》中将其写为："公甫碌途""布渌托""公甫洛图"，而"布洛陀"名称的普遍采用是20世纪80年代初学术界收集整理并公开出版的资料中。布洛陀在壮语中有几种解释：第一，他是地位崇高且通晓法术并善于施法的祖神；第二，他是无所不知、无所不能的创世祖公；第三，他是孤儿的祖公，神话传说中，布洛陀是从石蛋里蹦出来的，没有父母，是世间的第一个孤儿。布洛陀最初是以民间故事传说走入学术研究中，1958年，《壮族文学史》收集了"陆陀公公"这个民间故事人物。1982年由覃建才收集的神话《保洛陀》被收入农冠品、曹廷伟编著的《壮族民间故事选》（第一集），之后广西民间文学研究会编印的《广西民间文学丛刊》（第五集）刊登了20世纪80年代民间收集的《布碌陀》神话，云南山文山壮族苗族自治州编的《文山壮族苗族自治州民间故事集》（第一集）也刊登了乡土民间神话传说《布洛陀的传说》，可见布洛陀的名称演变过程也是一个挖掘深入的研究过程。1986年广西少数民族古籍整理出版规划领导小组办公室成立，《布洛陀经诗》成为少数民族古籍整理重点项

---

① 苏秉琦. 岭南考古开题——杨式挺（岭南文物考古论集）序[M]//杨式挺. 岭南文物考古论集. 广州：广东省地图出版社，1998.

目。2000年,《壮族麽经布洛陀影印释注》经多学科专家努力,收录了不同民族地区29个版本的手抄本《麽经布洛陀》并出版,为世人了解布洛陀打开了一扇大门。学术界普遍认为,布洛陀很有可能是壮族先民在远古时期的一位部落首领,其个人对族群发展有创造性的贡献,故被壮族先民崇敬并神化成为壮族创世性的人文始祖。目前研究表明,布洛陀神话主要流传于珠江中上游流域,其中主要在红水河及其上游南、北盘江流域、左江流域、右江及其上游驮娘江、西洋江流域、红河上游盘龙江和普梅河流域。以行政区域划分,则主要分布在今广西百色市、河池市、崇左市、南宁市,贵州省黔西南布依族苗族自治州、云南省文山壮族苗族自治州、黔南布依族苗族自治州;而在国外,越南北部地区、泰国和老挝也有类似布洛陀神话传说。

布洛陀神话的主要内容为:古时候将天地分成三界,天上面叫上界,上界由雷王管理;地面上叫中界,中界由布洛陀管理;地下面叫下界,下界由龙王管理。中界的布洛陀很睿智,是一个无所不知,无所不能的英雄,族人都敬佩他并信服他,称他为"通天晓",推举他为族群部落的头人。他一生做了许许多多改变族人生活的事情:(1)制定万物法则。天地间原来的花鸟虫鱼,人畜鸟兽,无名无姓,也没有自我生命延续的方法,布洛陀就给大家安名定姓,并制定了动植物的生长规律,让自然界丰富并得以延续。(2)获得火源。大榕树被天雷劈中而起火,布洛陀将火种引回,利用筑灶的方法将火源保留下来。(3)开红水河。大地被洪水淹没,布洛陀制作了一条赶山鞭赶山,又用神牛拉神犁,犁出了红水河后,开河引水入海,将大地洪水逼退。(4)取谷种。洪水将族中的谷种冲走,只有案州这地方还有谷种,布洛陀派山鸡、斑鸠飞往案州去取,也派老鼠游海去取,可是它们到案州后将谷种吃光了也不归返。于是,布洛陀亲自骑着蛟龙去案州命令山鸡、斑鸠和老鼠将谷种吐出,他取回七八颗谷种并成功培育,获得了颗颗像柚子般大的谷种后,将谷种敲碎撒播各地,于是有了各地的谷物种植。(5)造牛。布洛陀用黄泥捏黄牛身,用黑泥捏水牛身,弯木作牛头,千层树皮作牛角,葵叶作牛耳,用枫木作牛脚,奶果作牛乳房,红泥作牛肉,苏木泡水作牛血,蕉叶秆作牛肠,风化石作牛肝。做成牛整体后,他用嫩草来喂养,泥牛变成了活牛,便有了犁耙的家畜。(6)驯养家禽。布洛陀召唤族人从树上捉来野鸡,从水里捉来野鸭后,关起来养,鸡鸭生蛋,孵蛋有了小鸡小鸭,并有了鸡鸭作为家禽饲养。(7)造屋。族人住在岩洞里,到平坝种田要走很远的路,布洛陀用木头在树杈间支架横条,上盖树叶茅草为顶,便成了干栏式房屋。除了这些传说以外,还有大量不同内容的布洛陀神话传说分布在不同的少数民族地区,如广西西林县有布洛陀发明了铜鼓的传说。云南省文山壮族苗族自治州有布洛陀制伏太阳、豹子、天兵而保护族人的神话传说。[①]

2. 南越国传奇

2000多年前,秦始皇派遣任嚣、赵佗率军征讨岭南,在公元前214年,击败越族西瓯人,平定了岭南。南海郡尉任嚣在广州东濠涌至仓边路之间的地区,修建了一座城池,施行南海郡治,番禺建城由此开始。任嚣一直有"偏霸岭南"的心思,政管中实行保境安民,可惜还没等到他动手已身患重病,弥留之际,嘱咐龙川县令赵佗:"秦政无道,中原扰乱,番禺,负山险,阻南海,东西数千里,颇有中国人相辅,此亦一州之主,可以立国。"(司马迁《史记》)根据任嚣的遗言,可知他已看出番禺的地势优越,灵气汇聚。之后赵佗放弃龙川营地,迁军驻到了番禺,以任嚣城为中心向外辐射兴建南越国公署,将范围扩展到了"周回十里"。甘溪是番禺北面最大的河流,作为甘溪主流的文溪,南北贯穿番禺,可作为南越国宫城的生命线,于是城东将东文溪纳入宫城中作为穿城而过的河流,城西以西文溪为护城河,文溪水面宽阔,水深可行船,由此形成了背枕越秀山、白云山、马鞍山等诸山,前有大江环抱,烟波万顷,左右东西两面各有天然护城河围护的"金城环抱"的南越国格局。

作为南越国的创建者,赵佗从公元前219年作为平定岭南的副帅直到去世,共参与或主持治理岭南81年。秦始皇病逝后,秦二世继位,因其残暴统治,四方诸侯、豪杰雄起反抗,中原陷入一片战乱状态。秦二世二年(公元前208年),任嚣病重临死前,以向赵佗颁布代行南海郡尉的职位任命文书,赵佗在任嚣病亡后,下令南岭各关口的军队:"盗兵且至,急绝道聚兵自守。"汉高祖元年(公元前206年),赵佗起兵兼并占领了桂林郡和象郡,建立了以番禺为王都,占地岭南千里的南越国,自称"南越武王"。南越国北与长沙,东与闽越,西与夜郎国交界,南面前临南海。

汉高祖十一年(公元前196年),汉高祖刘邦派遣大夫陆贾出使南越国,游说赵佗归顺汉王朝,陆贾成功说服赵佗,接受了汉高祖赐予的南越王印绶,将南越国变为汉朝的一个藩属国,从此汉朝与南越国相互通市,互出使者,中原汉文化开始融合南越国民族文化。汉高祖十二年(公元前195年),汉高祖驾崩后,吕后临朝,汉朝与南越国关系一度紧张,吕后多次派出大将带兵攻打赵佗,由于南越气候炎热潮湿,汉朝出征将兵都没有越过南越便得病,于是赵佗宣布脱离汉朝政权,称自为"南越武帝"。吕后崩逝后,赵佗成功抗击汉朝,扬威于岭南一带,自此以"南越

[①] 覃乃昌. 布洛陀文化体系述系[J]. 文西民族研究, 2003(03): 65-67.

武帝"的皇帝身份发号施令，与汉朝政权对立起来。汉文帝元年（公元前179年），汉文帝刘恒即位，以重修、祭祀赵佗先人墓地与赐官赵佗兄弟等方式示好，同时派遣多次出使南越的陆贾再次游说赵佗归顺汉朝，赵佗再次去除帝号归顺汉朝，一直持续到汉景帝时代，赵佗都向汉朝称臣，但是在南越国内，赵佗仍用皇帝名号管理内部政事。汉武帝建元四年（公元前137年）赵佗崩逝，葬于番禺，继赵佗后，其后代继任南越王四代，到元鼎五年（公元前112年），南越国被汉朝所灭。

第二代南越王为南越武帝赵佗的孙子赵眜，公元前137年即位，号称"南越文帝"。他派太子赵婴齐前往汉朝宫廷当宿卫，承认南越国是汉朝藩属国，赵眜当政期间，听从赵佗遗训不前往汉朝京城，一直以生病为借口没有前往汉朝拜见汉武帝。公元前122年，赵眜病重，太子赵婴齐请求汉武帝批准其回南越国，赵眜崩逝后，赵婴齐即位。赵眜在位总共16年，身体长期患病，政绩上没有什么建树，其将儿子赵婴齐送往汉武帝身边长达12年，为南越国日后的内部之乱埋下了隐患。赵眜陵墓建在南越国都城番禺的西北面，即当今广州解放北路的象岗山上，于1983年在新建楼宇时被发现，被称为"南越王墓"，1988年在其陵墓原址上建成"西汉南越王墓博物馆"。

南越王墓东耳室出土的船纹铜提筒上有着著名的西汉"船行"纹样。纹样以船队航行场景描述为内容，共有四组，以船只为载体，船尾的船橹上都绘有一只昂首的龟。根据动物学专家识别该龟纹样的龟爪造型为淡水龟，可见画面中的船行出现在淡水河流中的可能性更大。纹饰中在船头及周围绘制了鹢鸟，南朝历史学家萧子显《南征曲》中记载"棹歌来扬女，操舟惊越人。图蛟怯水伯，照鹢竦江神"，古越人有船头放置鹢鸟以恐吓水神，保证航行安稳的习俗。《太平御览》《越绝书》《淮南子》等古文献称长江以南的百越民族为越人，描述其生活区域河网交织，水道交错，船舟是越人主要的交通工具。在百越之地内出土过带有船纹的文物很多，分别有铜鼓、铜缶、铜钺、铜提筒等器皿品种。目前考古发现最早的越人行舟纹是浙江鄞县出土的一件年代约为春秋至战国时期的"行舟纹"铜钺。在西汉前称船为舟，西汉后，才有"船"字的称谓。该铜钺（见图4-1）下部刻有四个头戴羽冠的行舟越人，双手划桨，行舟面向前方，上部刻有两只相对的单足夔龙。龙是越人非常敬畏的神兽，在《汉书·地理志》中记载有越人以文身躲避河海行舟时遇到的蛟龙之害。当时科学知识缺乏，面对阴晴不定、波涛汹涌的水面，越人认为水患是由水下的蛟龙翻滚引起，为了保证行舟的顺利，将龙纹、鱼纹文到身上，让自身仿佛成为与鱼龙相似的水中鲛人，渴望获取驾驭水中航行能力的一种心理暗示。

第四章 民族河流文化特色

图4-1 浙江鄞县出土的行舟纹铜钺

珠江流域内汉墓中出土的越人行舟纹不少，在广西西林县普驮汉墓出土有装饰多组船纹的铜鼓，其每组船上有9至11人（见图4-2），头上佩有羽冠装饰，人物动作分别有坐式划舟、指挥与站式指挥三种，舟身单层。在广西罗泊湾出土过一件绘有6组越人行舟的铜鼓，每组舟上共有6个头戴羽冠的越人（见下图4-2），舟身出现夹层中空纹样，越人以坐式划舟姿势为主。而南越王墓中出土的船纹铜提筒，其船纹相较于广西出土的船纹要复杂得多，船上具备船舱夹层、船橹、配有高台的甲板细部刻画（见图4-3），花纹中的越人动作种类很多，有划舟者、有力持武器炫耀者、有手持武器准备处置战俘者，有欢舞者，整体气势雄壮。根据这三组流域内出土的船形纹文物，我们可知西汉时期百越民族的生活与舟的关系已经非常紧密了，涉及了生活、交通、战争方面。①

图4-2 广西西林县普驮汉墓铜鼓上的船行纹

---

① 霍雨丰. 西汉南越王博物馆研究丛书·南越物语[M]. 广州：岭南美术出版社，2019：117-119.

图4-3 广西罗泊湾汉墓MI铜鼓上的船行纹

南越王墓中发现的淡水河水产食物种类不少，有河蚬、水鱼、黄鱼、河虾、鲤鱼、广东鲂等，广东鲂作为主要分布在珠江水系及海南岛区域的特有淡水鱼种，至今仍是珠江流域人民餐桌上的名贵食用鱼品种。由此可见远在西汉，南越国"靠河吃河"的食物来源方式已经非常成熟。

公元前122年在赵眜去世后，赵婴齐从汉朝回到南越即位，其先将曾祖父赵佗、父亲赵眜称帝时使用的印玺藏起来，同样也用称病的理由不朝，派遣儿子赵次公到长安当侍卫。元鼎四年（公元前113年），赵婴齐崩逝，谥号明王，太子赵兴继位，为南越哀王。继位的赵兴并不是赵婴齐的长子，而是次子，其舍长立幼的举动让长子赵建德和次子赵兴在他去世后，展开权力之争，最终导致了南越国的覆灭。赵婴齐死后将墓地设在了南越国的都城番禺。《太平寰宇记》记载有赵婴齐陵墓已被吴国皇帝孙权派遣的吕瑜盗掘。

南越哀王赵兴继承南越国王位时年纪很小，当时南越国政权被位为三朝丞相的吕嘉把持着，其母樛太后与吕嘉丞相之间存在很激励的权力斗争，在元鼎五年（公元前112年）汉武帝派遣韩千秋和樛太后弟弟樛乐带领2000兵力前往南越，吕嘉在众人进入南越后发动了叛乱，将赵兴、樛太后和汉朝的使者残忍杀害，拥立赵婴齐长子赵建德为新德南越王，并将汉朝出使的2000兵力全部杀害。汉武帝听闻后十分震怒，便派10万大军兵分五路进攻南越王，最终将赵建德和吕嘉抓获，于公元前111年灭亡了南越国。

第五章
民族河流文化特色价值

本章以珠江流域河流文化为研究对象，通过定性手法认定河流文化的整体性价值，用定量法创建文化价值评估指标体系，针对文化的环境价值与遗产价值进行价值等级评估，而经济价值尝试以货币作为衡量工具，用条件评估法进行尝试评估，最后综合以上价值评估初步结果，为珠江流域河流文化的传承提供有力的依据与支撑。

（一）文化价值体系框架

笔者对于珠江流域河流文化的价值判断，建立在河流文化构成内容的认知基础上，分别以文化定性与定量价值双向进行探讨，编制河流文化的内在价值、可利用价值、经济价值三大评估框架，尝试为未来河流文化评估工作提供一份借鉴参考。下图5-1是珠江流域民族河流文化体系元素构成图。

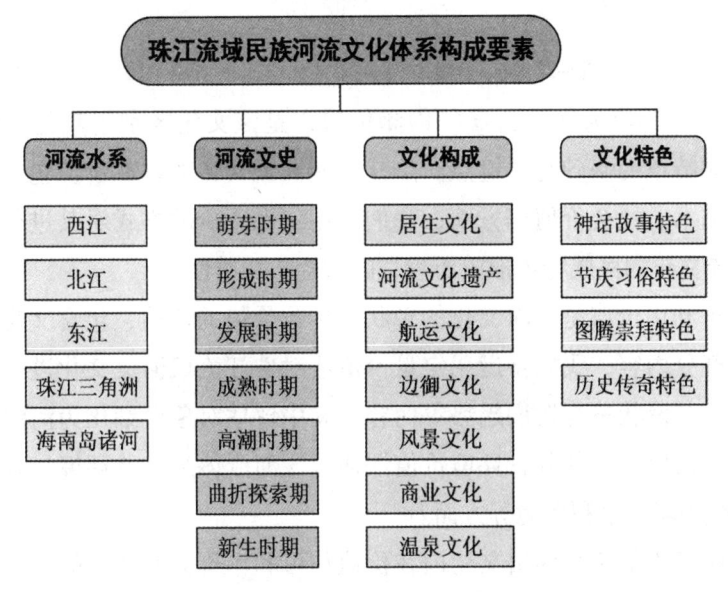

图5-1 珠江流域民族河流文化体系元素构成

珠江流域河流文化体系是一个多元而复杂的文化遗存，包含了民族艺术、水利工程、风景园林等内容，下面将根据其价值构成特点，将河流文化价值分为内在价值、可利用价值、经济价值三部分展开指标分析与评定。

珠江流域民族河流文化价值评估框架如下图5-2所示。

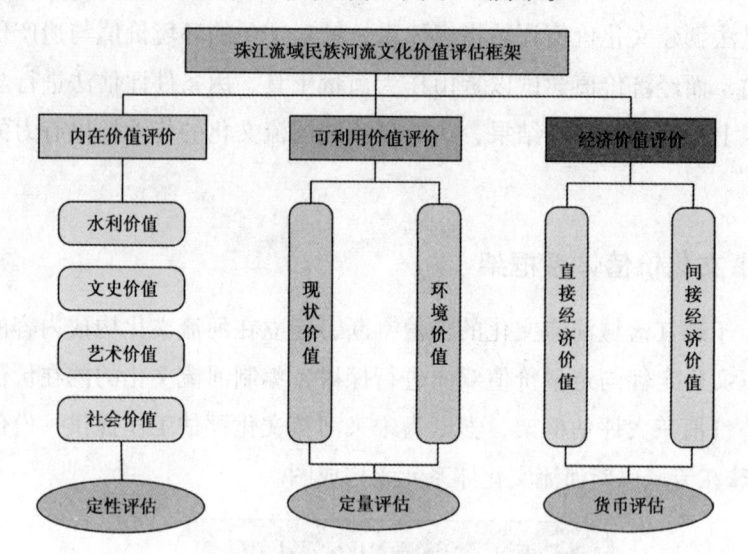

图5-2 珠江流域民族河流文化价值评估框架图

首先，内在价值为文化自身的内涵价值，是该文化区别于其他类型的价值，是研究该文化特色的基础与关键点。珠江流域河流文化的内在价值包括其环境、水利、文史、艺术、社会价值等方面，我们将用定性评价的方式对其进行价值评估，主要关注河流文化的民族特色形成历程、区域性与特质性。

其次，可利用价值是针对文化的现状与传承价值的评估，包含文化现状价值和环境价值两部分内容，我们将运用定量价值法对珠江流域河流文化进行评估，侧重于文化现状、开发状态与发展趋势等内容。其中评估对象可细化为河流本体、河流附属类、河流衍生类三部分；环境价值评估包含河流体系自然环境、人文环境、经济环境、社会环境、水利环境等方面。

最后，经济价值研究为由文化内在价值与可利用价值所产生的经济收益。珠江流域民族河流文化经济价值评估包含直接经济价值与间接经济价值两方面，我们将用货币作为衡量单位进行经济价值评估。

（二）珠江流域民族河流文化内在价值评估

内在价值的评估是对文化价值的具体诠释，是对文化保护与传承工作开展的基础与前提。对于珠江流域民族河流文化体系的内在价值，将从水利价值、文史价值、艺术价值、社会价值四方面展开具体分析。

第一，水利价值。珠江流域河流文化体系内拥有着南方历史上著名水利工程，如世界古代水利建筑明珠——灵渠，包含着流域内最先进的水系规划设计思想、防洪抗旱技术以及工程修建水平。流域内的水利工程包含了各类陡门、铧嘴、大小天平、堰坝等构件的修建技艺、施工工艺等，这些水利遗产对于流域内河流文化研究是有重要的科学价值和研究意义。

第二，文史价值。珠江流域民族河流文化历史包含了流域内社会、政治、军事、经济史事，民族河流文化体系包含居住文化、文化遗产、航运文化、边域文化、风景文化、商业文化、温泉文化8类，涵盖了民族节庆、特色神话、图腾崇拜、历史传奇的特色价值，珠江流域民族河流文化见证了南方少数民族与中原地区之间方方面面的交流往来。

第三，艺术价值。山水风景自古便让人流连忘返，有小河道的婉转弯曲，有大河道的宏伟大气。河流与自然山峦、起伏丘陵结合会形成自然风景风光，河流艺术包含有河道线条、河平面构图、河与周边要素的搭配、河流植物配置等，无论过去还是当下，河流文化景观都是具有巨大艺术价值。

第四，社会价值。河流是人类生存的环境基础，是人类生活与生产的重要水源。历史长河中，因河而兴国、因河而强城、因河而富民的案例屡见不鲜；同时因使用、管理、维护、保卫河流而形成了各类社会关系和组织机构，各历史阶段的社会组织在演变中体现了重要的社会价值。流域内民族河流文化的保护工作，可以较大地促进民众对河流环境的关注度，提高民众对河流的认知与了解，进而增强大家对河流保护的热衷度，从而推动河流文化保护工作的顺利开展，完整健康的河流环境能成就流域内的经济稳定、快速发展。

（三）珠江流域民族河流文化可利用价值评估

河流文化可利用价值包含现状价值和环境价值两方面内容。笔者根据珠江流域民族河流文化特点将现状价值、环境价值进行分因素、分层次进行定性评估尝试。

1. 现状价值

根据珠江流域民族河流文化的构成特点，笔者把河流文化的现状价值评价因子分为久远度、基本特点、水利特点、非物质文化遗产、保存现状等五方面。具体评价因子指标构成如表5-1所示。评价标准根据各评价因子与指标的特点展开，形成选项式标准评定，评估时可以根据流域内每条评估河流的特点对号入座进行选择和归纳。

表5-1 珠江流域河流文化现状价值评估标准表

对象	评价因子	评估指标	评价标准
珠江流域河流文化现状价值评估标准	久远度	修建时间	A：秦汉至六朝；B：隋唐五代；C：隋唐五代；D：宋元；E：明清；F：近现代
		重修时间	A：秦汉至六朝；B：隋唐五代；C：隋唐五代；D：宋元；E：明清；F：近现代
	基本特点	地形类型	A：山地型；B：平原型；C：盆地型；D：沼泽型
		河流线条	A：直线型；B：曲线型；C：九曲弯型
		河流深度	A：0至2米；B：2至5米；C：5至10米；D：10米以上
	水利特点	水利工程材料	A：竹木；B：石材；C：钢筋混凝土；D：砖陶
		水利稳定度	A：非常坚固；B：比较坚固；C：比较脆弱；D：一般脆弱
	非物质文化遗产	表演技艺	A：完整保存；B：片段保存；C：零星保存；D：没有
		神话传说	A：完整保存；B：片段保存；C：零星保存；D：没有
		文学艺术	A：完整保存；B：片段保存；C：零星保存；D：没有
		民俗节庆	A：完整保存；B：片段保存；C：零星保存；D：没有
		图腾崇拜	A：完整保存；B：片段保存；C：零星保存；D：没有
	保存现状	破坏程度	A：保存完好；B：保存一般；C破坏严重；D：基本无存
		遗迹情况	A：保存完好；B：保存一般；C破坏严重；D：基本无存
		破坏因素	A：风雨侵蚀；B：植物破坏；C地质灾害；D：人为拆毁
			E：旅游破坏
		当前用途	A：纯水利设施；B：纯景区；C：私有化
			D：兼顾水利设施与景区使用

2. 环境价值

河流周边环境可以直接影响到文化的特质型，因此价值评估必须包含环境部分，需要完成对河流周边环境的详细调研、记录、研究、规划保护区和制定管理条例。笔者将流域内民族河流文化体系环境价值要素具体构成如图5-3所示。环境价值评估包含文化周边环境的自然、人文、经济、社会、水利等多方面因素，表5-2中选取自然环境部分的价值评估指标展开，分别在大气环境、水文环境、地质地貌、物种条件等四方面细化，每一方面都会设定评价因子与指标，便于详尽地评定环境的每一部分价值。

第五章 民族河流文化特色价值

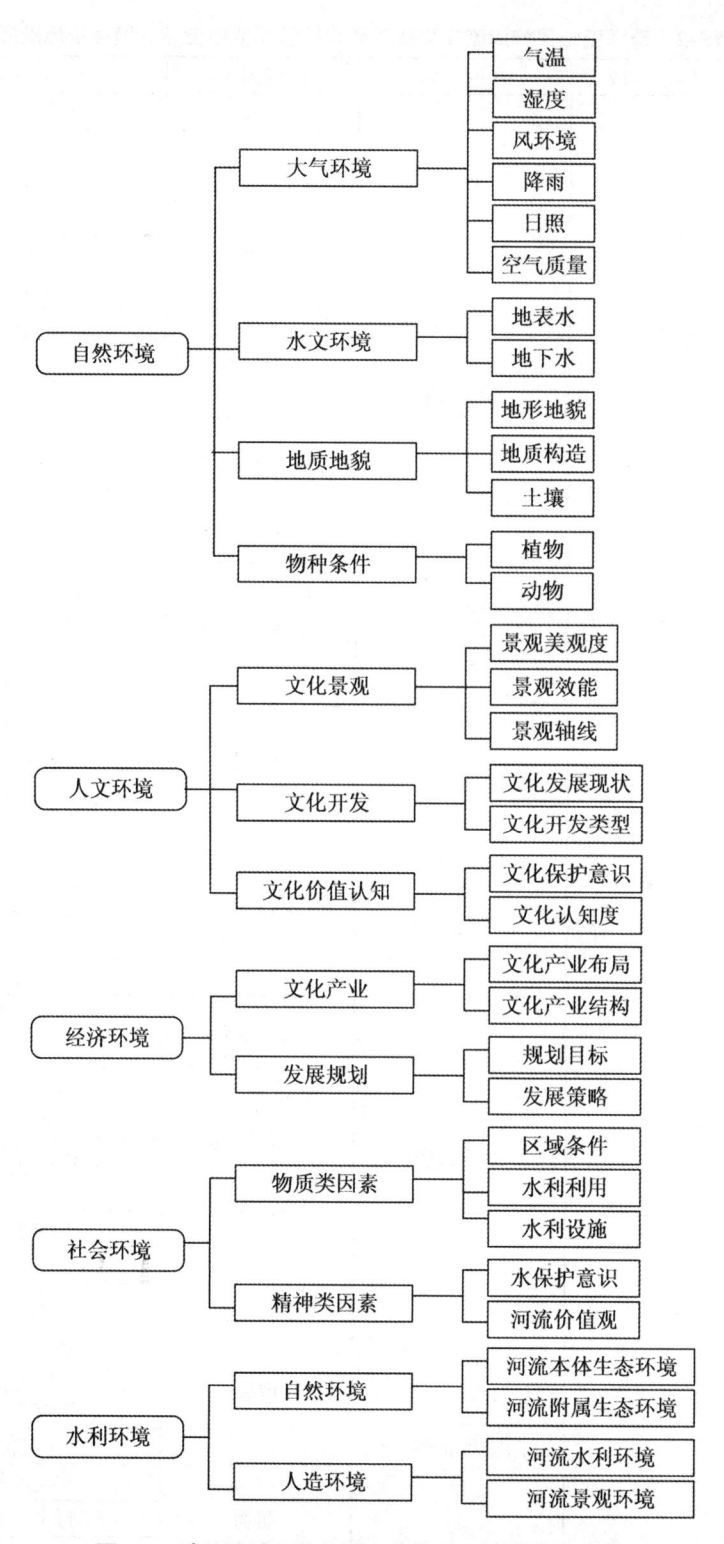

自然环境
- 大气环境
  - 气温
  - 湿度
  - 风环境
  - 降雨
  - 日照
  - 空气质量
- 水文环境
  - 地表水
  - 地下水
- 地质地貌
  - 地形地貌
  - 地质构造
  - 土壤
- 物种条件
  - 植物
  - 动物

人文环境
- 文化景观
  - 景观美观度
  - 景观效能
  - 景观轴线
- 文化开发
  - 文化发展现状
  - 文化开发类型
- 文化价值认知
  - 文化保护意识
  - 文化认知度

经济环境
- 文化产业
  - 文化产业布局
  - 文化产业结构
- 发展规划
  - 规划目标
  - 发展策略

社会环境
- 物质类因素
  - 区域条件
  - 水利利用
  - 水利设施
- 精神类因素
  - 水保护意识
  - 河流价值观

水利环境
- 自然环境
  - 河流本体生态环境
  - 河流附属生态环境
- 人造环境
  - 河流水利环境
  - 河流景观环境

图5-3 珠江流域民族河流文化体系环境价值构成图

125

表5-2 珠江流域民族河流文化体系环境价值评估中自然环境评价标准表

名称内容	体系构成	评价要素	评价因子	评估指标
珠江流域民族河流文化体系环境价值评估	自然环境	大气环境	气温	全年最高气温
				全年最低气温
				全年平均气温
			湿度	全年最高湿度
				全年最低湿度
				全年平均湿度
			风环境	全年主导风向
				全年最大风速
				全年平均风速
			降雨	全年最大降雨量
				全年平均降雨量
			日照	全年最高日照量
				全年平均日照量
			空气质量	大气污染类型
				主要污染物
				污染源
				污染程度
		水文环境	地表水	水域功能
				水体保护目标
				水质
			地下水	水资源量
				水流深度
				水体保护目标
				水质
				水资源量
		地质地貌	地形地貌	地貌类型
				地貌分布特点
			地质构造	地质构造类型
				地质分区
				矿产储备类型
				地质承载强度
			土壤	土壤应用功能
				土壤保护目标
				土壤污染程度
		物种条件	植物	植被用途
				植被种类
				植物生长态势
				对文化影响
			动物	常见动物种类
				野生动物种类
				动物对文化的影响

（四）珠江流域民族河流文化的经济价值评估

河流文化价值评估不仅需要对它的水利、艺术、科学和社会价值，而且还需要对这些价值可能带来的经济效益进行预测与评估。河流文化是一种具有巨大开发利用价值的资源，可与当下社会重视文化发扬的消费倾向配合发展，河流文化经济因素效能认定和评估现暂没有统一的标准，但随着国家鼓励发展文化产业促进"文化自信"，现人们在文化上的消费也在不断的增多，文化自然也变成了一种经济来源。本次河流文化的经济价值评估以使用价值和非使用价值两部分。珠江流域河流文化体系作为旅游资源而收到的直接受益，如门票、文创产品销售属于使用价值，而因河流文化带来的商品销售收入、地方旅游收入、文化娱乐收入属于间接使用价值，可以用RUM随机效用法（即Random utility method）、HPM享乐定价法（即Hedonic Pricing Method）、TCM旅行成本法（即Travel Cost Method）三种方法进行市场价值评估尝试。具体如图5-4所示。

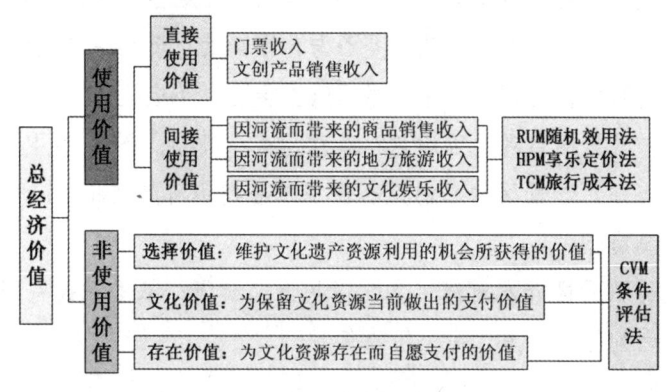

图5-4　珠江流域河流文化体系经济价值评估方法总结

珠江流域民族河流文化还包含选择价值、文化价值、存在价值等多方面间接经济价值，属于非使用价值，这一部分本文根据当下经济价值评估常用的指标为CVM条件价值评估法（即Contingent Value Method）进行虚拟价值评估分析，是评估维护文化遗产资源利用的机会所获得的价值、为保留文化资源当前做出的支付价值、为文化资源存在而自愿支付的价值。笔者对这部分非使用价值的CVM条件评估法使用问卷调查的形式展开。下文是珠江流域河流文化经济价值进行调查问卷的展示。问卷分为三部分内容，第一部分为受访者个人基本信息；第二部分为受访者到珠江流域内河流类旅游景区的参观信息；这些可作为流域内经济价值调查问卷的基本内容与后期分析的分析指标；第三部分为问卷主要内容，了解受访者对河流文化、河流类景区的认知与关注，其中包含了对河流类景区参观时购买的门票、乘舟个人费用的直接货币价值衡量调研。

珠江流域河流文化体系经济价值调查问卷

1. 个人基本信息

（1）性别：男□；女□。

（2）年龄：18岁以下□；18至25岁□；26至35岁□；36至45岁□；
46至55岁□；56至60岁□；60岁以上□。

（3）婚姻状况：未婚□；已婚□；离婚□；丧偶□。

（4）年收入：5万元以下□；5万至10万元□；10万至15万元□；15万元以上□。

（5）文化程度：初中及以下□；中专□；高中□；大专□；本科□；硕士□；博士□。

（6）籍贯：广西□；广东□；湖南□；贵州□；江西□；其他□。

2. 旅游信息

（1）您去过河流类旅游景区吗？如漓江、西江、红水河一类的：是□；否□。

（2）您在该河流类旅游景区旅游是否与你预期的环境一致呢？是□；否□。

（3）如果有可能，您还会再来该景区吗？会□；不会□。

（4）您对该景区的参观是否满意？满意□；一般□；不满意□。

（5）您觉得通过该景区的旅游是否让您体会到了河流文化？一般□；非常深刻□；没有□。

（6）您觉得该景区开发对河流文化保护情况如何？基本保存完好□；一般，有不足之处□；很差，完全没有保护□。

3. 文化认知

（1）您了解过河流文化吗？没有了解□；部分了解□；比较了解□。

（2）您觉得河流文化需要保护吗？不需要□；一般需要□；非常需要□。

（3）您是否愿意为进入河流类景区支付门票费用，用以维护景区呢？
愿意□；不愿意□。

（4）当您乘舟游览河流时，您愿意支付多少乘舟费用（个人）以维持河流环境保护呢？
15至30元□；30至45元□；45至60元□；60至75元□；75至100元□。

（5）您希望的子孙后代也能看到这些河流景区吗？能□；不能□。

我们分别在桂林象鼻山景区、漓江景区阳朔河段和周边大学发放了该调查问卷，经统计分析得出以下调研结果：共发出368张问卷，收回问卷365张，经逐一检查，365张问卷都为有效答卷。统计后的数据分析如下。

①您了解过河流文化吗？没有了解27票、占7.4%；部分了解278票、76.2%；比较了解60票、占16.4%。

②您觉得河流文化需要保护吗？不需要0票、占0%；一般需要310票、占84.9%；非常需要55票、占15.1%。

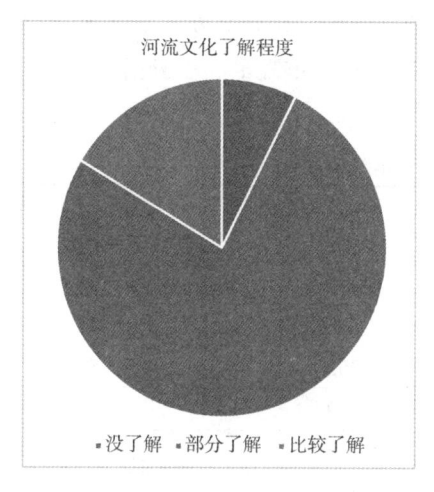

图5-5 了解河流文化问卷结果图 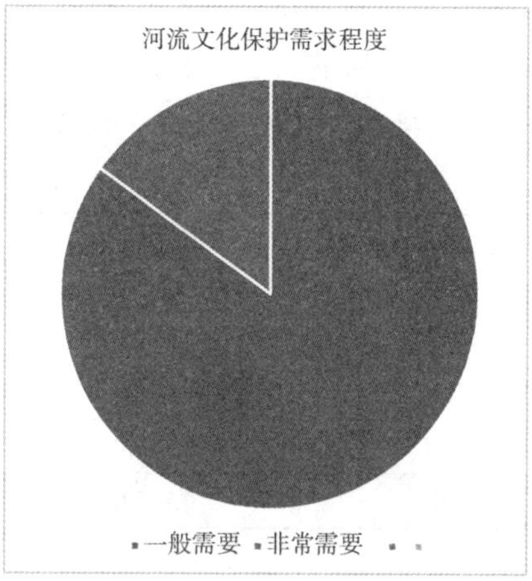　　**图5-6 河流文化保护需求问卷结果图**

③您是否愿意为进入河流类景区支付门票费用，用以维护景区呢？愿意361票、98.9%；不愿意4票、1.1%。

④当您乘舟游览河流时，您愿意支付多少乘舟费用（个人）以维持河流环境保护呢？（15至30元□）146票、占40%；（30至45元□）151票、占41.4%；（45至60元□）51票、占14%；（60至75元□）15票、占4.1%；（75至100元□）2票、占0.5%。

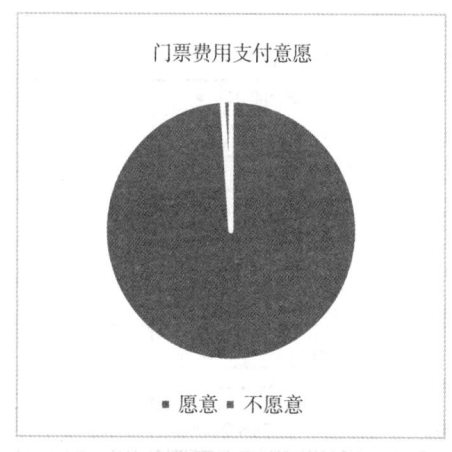

图5-7 门票费用支付问卷结果图 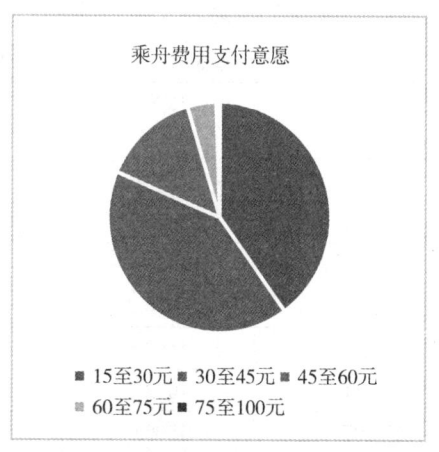　　**图5-8 乘舟费用支付问卷结果图**

⑤您希望的子孙后代也能看到这些河流景区吗？能365票、占100%；不能0票、占0%。

（五）珠江流域内河流数据分析

1. 水资源数据分析

降水量、水资源量是水资源数据分析的重要指标，下文收集近十年的数据进行分析。降水量包含与前年比较、与多年平均比较两项分指标；水资源量包含水资源总量、地表水资源量、地下水资源量、地表与地下水不重复量四项分指标。

下表5-3是珠江流域近十年的降水量数据。

表5-3 珠江流域近十年降水量

年 份	降水量（毫米）	与前年比较（%）	与多年平均比较（%）
2010年	1511.8	24.6	2.5
2011年	1137.4	−24.8	−22.9
2012年	1548.8	36.2	5.0
2013年	1565.0	1.0	6.1
2014年			
2015年	1749.4	16.2	18.6
2016年	1669.9	−4.5	13.2
2017年	1606.2	−3.8	8.9
2018年	1513.2	−5.8	2.6
2019年	1586.3	4.8	7.6
2020年	1547.4	−2.5	4.9

（注：2014年水资源水报数据没有官方公布，故使用2010年数据分析。）

下表5-4是珠江流域近十年的水资源总量。

表5-4 珠江流域近十年水资源量（亿立方米）

年 份	水资源总量	地表水资源量	地下水资源量	地表与地下水不重复量
2011年	2350.3	2346.1	564.0	4.2
2012年	3542.3	3538.3	951.9	3.97
2013年	3436.3	3432.2	836.2	4.1
2014年	3434.2	3430.1	749.1	4.1
2015年	4100.5	4096.2	869.5	4.3
2016年	4042.5	4038.0	945.6	4.5
2017年	3800.0	3795.8	796.2	4.1
2018年	3358.6	3354.4	820.0	4.2
2019年	3772.6	3768.0	867.8	4.5
2020年	3625.7	3621.3	795.4	4.3

由以上两表中数据可知，珠江流域近十年降水量并不稳定，有2011年的降水旱年，也有2015年的降水丰年，降水量直接影响到水资源总量，正是从2010年到2015年呈上涨趋势，导致了水资源总量的变化也是上升变化。水资源总量、地表、地下水资源总量从2010年到2015年是总体呈上升趋势的，水资源总量与地表水资源量在2015年到达了一个顶峰后开始下降，地下水资源量与地表与地下不重复量在2016年到了最高值后开始变少可见降雨量直接影响到珠江流域的水资源总量、地表水资源量、地下水资源量（见图5-9，图5-10）。

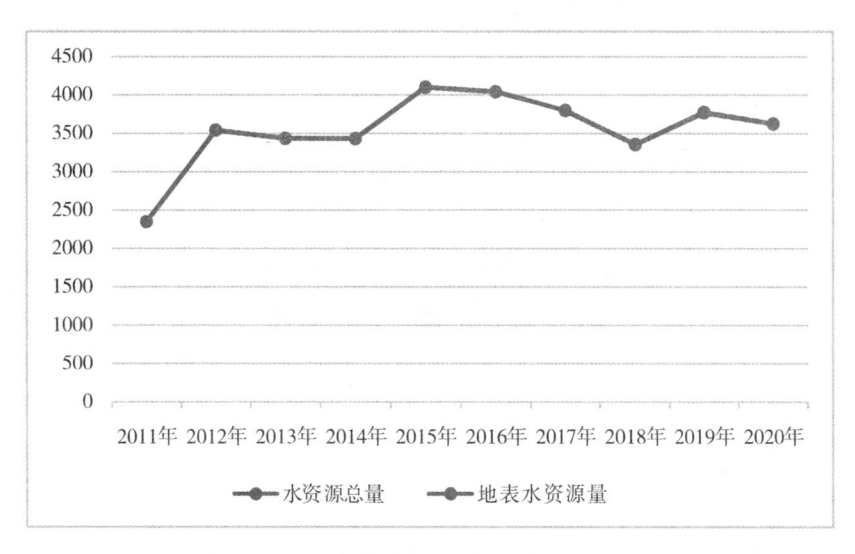

图5-9　珠江流域近十年水资源总量与地表水资源量数据分布图

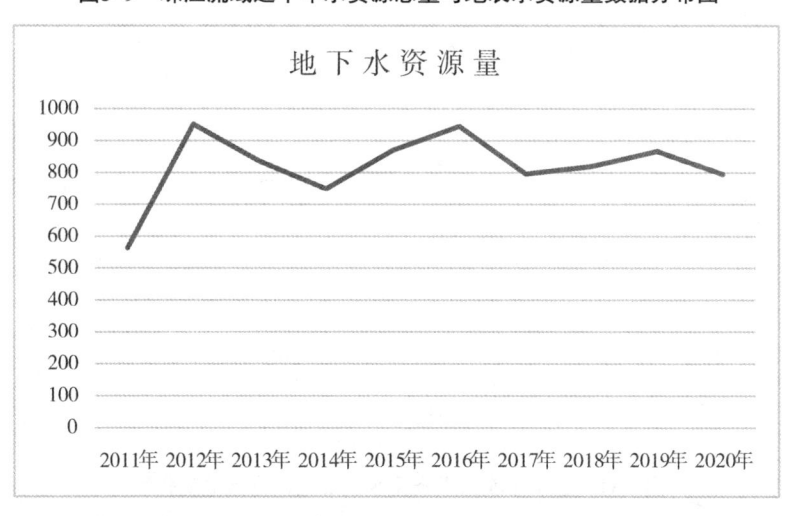

图5-10　珠江流域近十年地下水资源量数据分布图

2. 水资源利用数据分析

水资源利用数据是呈现产业结构、城镇居民对水资源利用的衡量指标。用水量数据包含农田灌溉用水、林牧渔用水、工业用水、城镇公共用水、民居生活用水、生态环境用水六项分指标。水资源利用指标包含人均水资源量、亩均灌溉用水、人均城镇生活用水量、农村人均生活用量、国内生产总值单位用量、工业增加综合用水量、开发利用率七项分指标。

下表5-5是珠江流域用水量数据。

表5-5 珠江流域用水量表（单位：亿立方米）

年 份	农田灌溉用水	林牧渔用水	工业用水	城镇公共用水	居民生活用水	生态环境用水	总用水
2011年	270.8	52.6	182.1	28.0	78.1	12.1	623.7
2012年	274.4	56.0	166.8	35.2	73.5	8.9	614.8
2013年	275.9	52.0	168.6	33.2	74.9	7.7	612.3
2014年	278.7	49.9	165.4	34.3	76.5	7.0	611.8
2015年	277.6	48.6	157.9	35.7	77.2	7.2	604.3
2016年	273.9	45.5	149.9	36.0	77.6	7.7	590.7
2017年	274.6	43.4	145.2	37.4	78.3	7.9	586.7
2018年	275.5	41.3	140.4	38.7	79.7	8.2	583.8
2019年	270.8	38.8	309.6	39.9	80.6	8.7	577.2
2020年	260.0	43.0	111.7	36.6	82.1	9.3	542.8

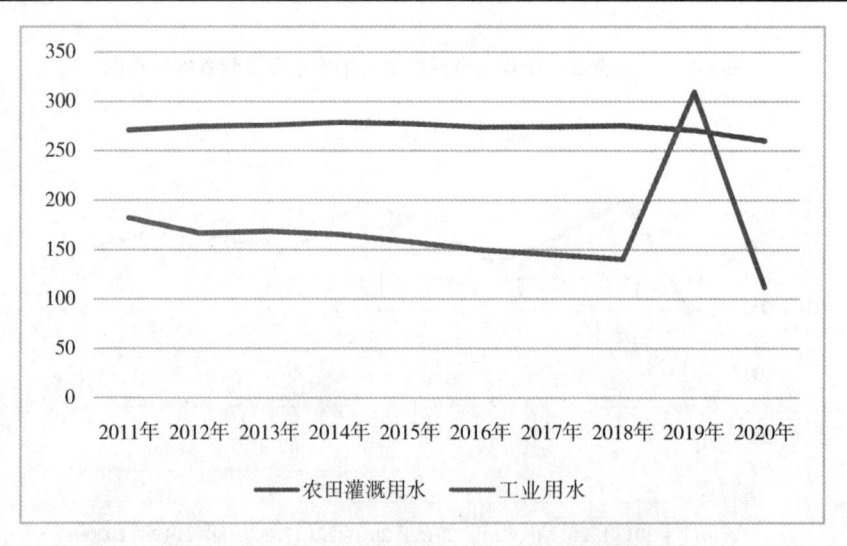

图5-11 近十年农田灌溉用水、工业用水数据变化图

由上图5-11数据变化趋势可知，农田灌溉用水相对稳定，变化幅度都在10亿平方米以内，而工业用水在2010年到2018年的9年间呈现出缓步下降的趋势，到了2019年出现了一个突然的上升。

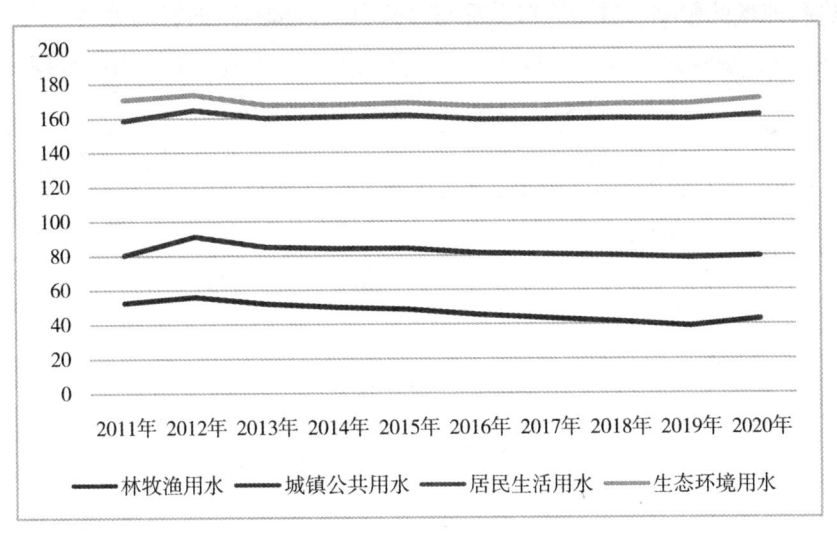

图5-12 近十年农林牧渔、城镇公共、居民生活、生态环境用水数据变化图

由上图5-12数据变化可知，居民生活用水变化幅度相对稳定，集中在70亿至80亿平方米之间，只在2012年有个略微的下降。林牧渔用水整体趋势呈下降形式，只在2012年有个小幅度的上涨。城镇公共用水数据呈现整体上升趋势，上升幅度稳定而缓和。生态环境用水变化幅度很小，在2011年到2015年之间呈缓慢下降趋势，在2016年开始转折逐步上升。

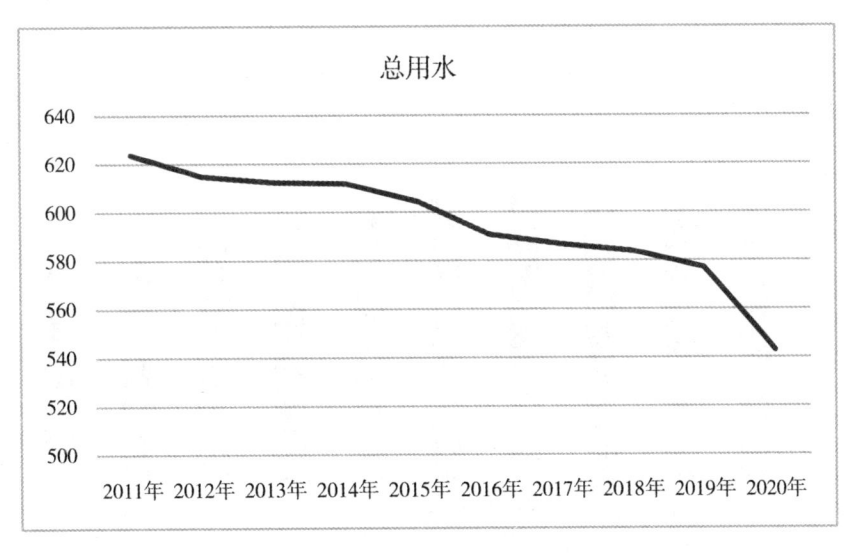

图5-13 近十年总用水数据变化图

总用水变化总体呈下降趋势，可见近十年节水策略的实施取得的成效十分显著（见图5-13）。它的组成元素之间各自变化不同，主要是受社会经济、环境、政策文件等因素变化而改变。城镇公用用水与居民生活用水两项指标的上升原因离不开

城镇化进程速度的影响，城镇人口上涨与这两项用水量有正向影响关系。

下表5-5，图5-14、5-15、5-16是珠江流域近十年水资源利用指标数据。

表5-5 珠江流域水资源利用指标表

年份	人均水资源量（立方米/人）	亩均灌溉用水量（立方米/亩）	人均城镇生活用水量（升/人·天）	农村人均生活用量（升/人·天）	国内生产总值单位用量（立方米/万元）	工业增加综合用水量（立方米/万元）	开发利用率（%）
2011	494	722	202	126	103	64	26.5
2012	483	727	196	109	93	59	17.4
2013	478	701	190	114	83	55	17.8
2014	478	713	190	119	77	48	17.8
2015	465	698	310	115	70	46	14.7
2016	449	681	307	114	63	41	14.6
2017	437	675	301	114	56	36	15.4
2018	431	665	302	116	53	35	缺
2019	420	657	302	114	49	34	15.3
2020	361	650	261	115	44.3	27.5	缺

图5-14 珠江流域近十年人均水资源量数据分布图

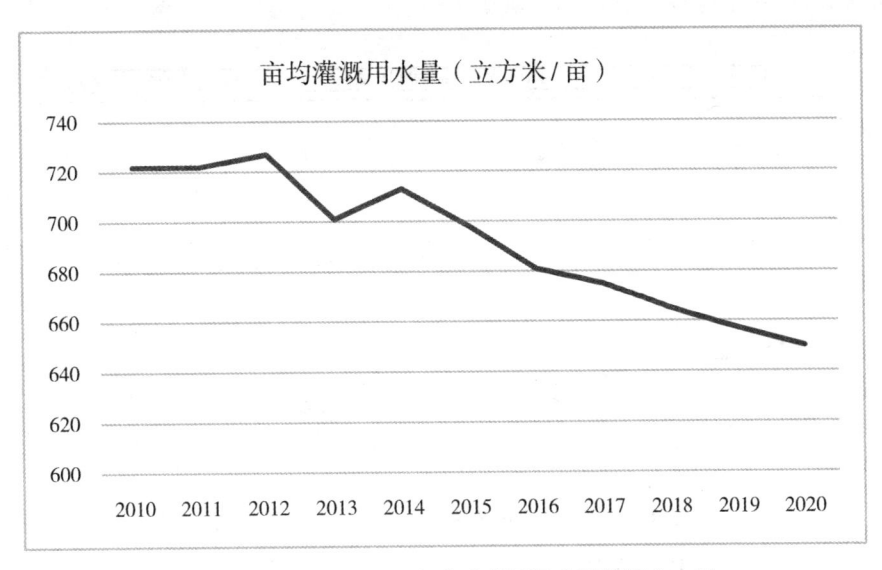

图5-15 珠江流域近十年亩均灌溉用水量数据分布图

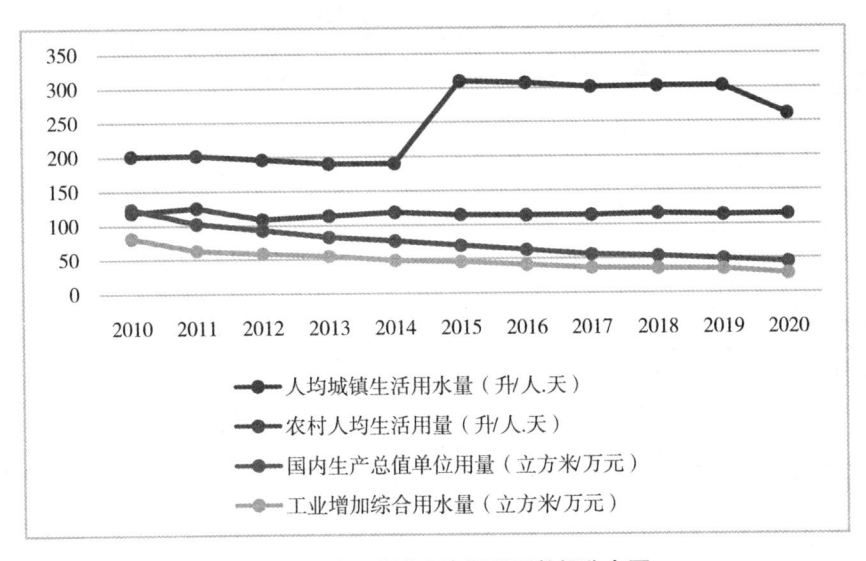

图5-16 珠江流域水资源利用数据分布图

据2006年以来珠江片主要用水指标数据统计，珠江片用水效率有所提高，万元地区生产总值用水量和万元工业增加值用水量呈显著下降趋势，人均综合用水量和农田灌溉亩均用水量呈缓慢下降趋势。2006~2020年珠江片用水指标变化情况见下图5-17。[1]

---

[1] 数据来源：2020年水资源公报—水利部珠江水利委员会

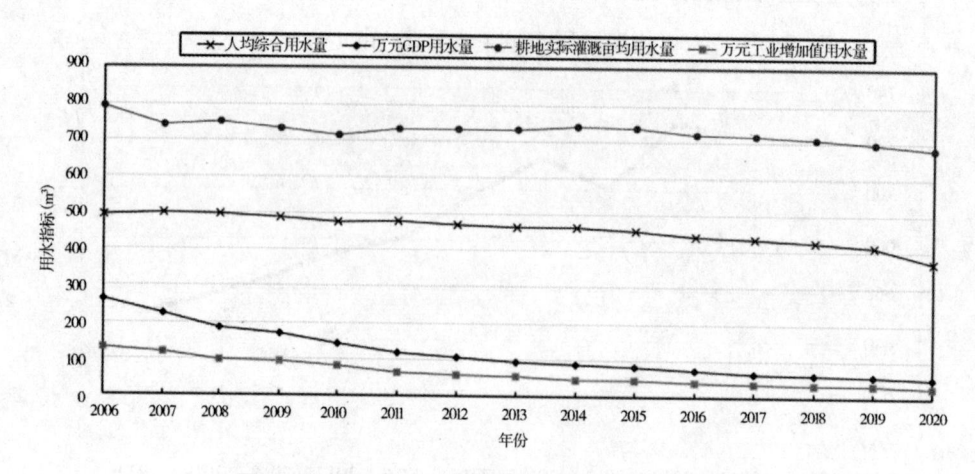

图5-17　2006—2019年珠江片主要用水指标变化图

下面表5-6，图5-18是珠江流域近十年的废污水年排放量统计。

表5-6　珠江流域近十年的废污水年排放量统计表

年　份	城镇居民生活	第二产业	第三产业	合　计
2009年	39.22	87.48	13.67	140.37
2010年	40.98	93.33	14.26	148.57
2011年	41.5	89.8	15.2	146.5
2012年	40.3	81.9	20.1	142.4
2013年	42.1	75.6	20.1	137.8
2014年	42.9	75.9	20.7	139.5
2015年	43.9	72.5	21.7	138.1
2016年	43.8	66.3	21.8	131.9
2017年	45.3	65.2	23.6	134.1
2018年	46.6	62.2	24.4	133.2

（注：表5-6只分析水利部珠江水利委员会官网公开的年度数据）

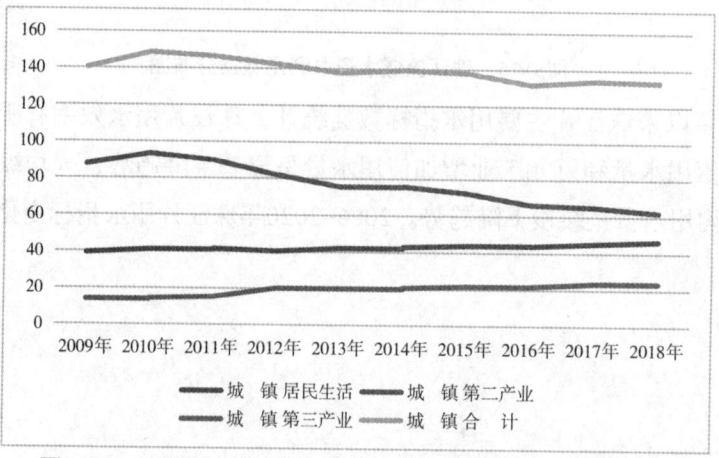

图5-18　2009—2018年珠江流域十年的废污水年排放量变化图

城镇第二产业废污水年排放量近十年呈逐步下降趋势,城镇居民生活与城镇第三产业废污水排放量呈缓慢上涨的趋势,上升幅度很微小。

3. 河流资源类景区数据分析

下文通过选取流域内部分城市河流资源类景区的客流排名、游玩时长、景区热点指数来尝试分析河流资源与景区开发、运营的关联。因为从2020年1月23号上午10点起武汉正式封城,由此新冠性肺炎疫情直接影响了全国旅游业的发展,故本文采取疫情发生前的最后一个年份2019年数据研究较为科学。

表5-7是广州2019年节假日水景类市政公园客流排名。

表5-7 广州2019年节假日水景类市政公园客流排名

水景类公园名称	元旦	春节	清明	五一	端午	中秋	十一
越秀公园	1	1	1	1	1	1	1
荔湾湖公园	2	2	4	3	2	3	3
东山湖公园	3	4	6	6	4	4	5
海珠湖公园	4	3	2	2	3	2	2
流花湖公园	6	6	4	7	7	6	6
大夫山公园	7	7	3	4	5	5	4
天河公园	9	9			10	10	10
白云湖公园			5	5	6	7	9
花都湖公园		8					

(注:空格为该假日该市政公园未进入前10排名。)

根据客流排名我们可以发现:越秀公园在广州市全年节假日中客流排名稳稳地居于全年的榜首,荔湾湖、东山湖、海珠湖、流花湖、大夫山公园都能在全年节假日中进入市政公园客流排名的前十位,而天河、白云湖、花都湖公园在全年中都有超过一个以上的节假日客流进入市政公园客流排名的前十位。越秀公园是广州规模最大的综合性公园,园内山水相依,早在秦汉时期,越秀山就已是广州的风景名胜区。越秀公园是以湖泊和混交林为主的自然生态系统。荔湾湖公园总面积62%为湖面,湖由小翠湖、玉翠湖、如意湖、五秀湖四湖组成。东山湖公园面积为31.7公顷,水体面积为19.7公顷,水面占总面积一半以上,全园以湖堤和桥将五个半岛和一个湖心岛相连。海珠湖公园是海珠区首个水利与生态相结合的大型公园,总面积2248.3亩,其中湖心区1422.6亩,水面面积为795亩,海珠湖公园兼具调洪蓄涝、污水治理的城市生态功能。流花湖公园总面积54.43公顷，其中湖面面积占60%，是著名晋代芝兰湖的原址。天河公园总面积为70.7公顷，水体面积占10公顷，园中有超过10000平方米的水中森林。白云湖公园中的白云湖是广州最大的人工湖，是广州市北部水系建设珠江航道引水首期工程，白云湖湖区总规划面积为2964.15亩，其中水域面积达到1597.17亩，白云湖公园是一个集聚水安全、水生态、水文化、水景观于一体的综合性水利工程。花都湖为广州"六湖"亮点工程之一，园中滨水绿道融合了生态保护与环境教育于一体。根据上文的分析，我们可以发现这些客流排名靠前的公园都是富含水景特色的公园绿地，园中河湖元素直接影响到公园的客流大小。[①]

表5-8是广州2019年节假日水游玩项目景区日平均游玩时长数据分析。

表5-8 广州2019年节假日水游玩项目景区日平均游玩时长数据分析

节日名称	碧水湾温泉度假村		长隆旅游度假区	
	景区平均游玩时长（小时）	排名	景区平均游玩时长（小时）	排名
元旦	6.03	1	5.66	1
春节	6.57	1	6.23	2
清明节	3.07	2	6.11	1
五一	6.01	1	5.96	2
端午	6.23	1	6.07	2
中秋	6.73	1	6.03	2
十一	7.01	1	6.25	2

由上表数据可知，碧水湾温泉度假村7个节假日平均游玩时长平均值能达到5.95小时，属于全天游览的范围。长隆旅游度假区7个节假日平均游玩时长平均值达到6.04，超过碧水湾温泉度假村游玩时间，也属于全天游览类型。碧水湾温泉度假村位于广州从化流溪河畔，是一家按五星级标准建造的温泉主体度假村。长隆旅游度假区为国家AAAAA级景区，是全国著名、世界知名的水上乐园，园内的水上游乐项目的数量与质量在全国乃至全球排名靠前。碧水湾温泉度假村以温泉水资源为主，长隆旅游度假区以水上游乐项目为特色。

---

① 本段公园面积数据来源：百度百科——笔者注

下表5-9是广西2019年1月到10月份旅游景区热度指数排行数据。

表5-9　广西2019年1-10月份旅游景区热度指数排行

序号	景区名称	2019年									
		1月	2月	3月	4月	5月	6月	7月	8月	9月	10月
1	涠洲岛	3.48	3.69	3.28	3.93	3.28	3.18	3.90	3.89	6.35	3.43
2	漓江景区	4.76	4.70	4.62	3.52	3.67	3.20	3.64	3.63	2.56	3.56
3	龙胜龙脊梯田景区	1.36	1.12	1.36	2.05	2.40	2.18	2.93	2.34	2.24	2.63
4	青秀山风景区	1.36	1.29	1.02	1.46	1.70	1.23	2.89	1.25	1.71	3.14
5	德天瀑布景区	1.62	1.47	1.78	2.49	2.50	1.93	1.83	1.98	1.17	2.47
6	桂林世外桃源旅游区	2.01	2.31	2.19	2.58	2.69	2.60	1.51	2.49	1.69	2.09
7	象山景区	2.21	2.02	2.55	3.33	2.57	2.23	1.43	2.25	1.38	2.11
8	银滩	1.28	1.29	1.03	1.76	1.47	1.51	1.24	1.19	1.12	1.71
9	十万大山国家森林公园	1.14	1.03	1.06	*	*	*	1.01	1.52	1.03	1.8
10	黄姚古镇	*	1.07	1.14	1.39	1.27	1.13	1.00	1.41	0.79	1.17
11	独秀峰王城	*	*	*	*	*	1.10	*	*	*	*
12	兴安灵渠	1.04	*	*	*	1.34	*	*	*	*	*
13	两江四湖	*	*	*	1.59	*	*	*	*	*	*

（注：*为低于1.00的热度指数。）

根据广西2019年前10月的旅游景区热度数据显示：以海景为主的涠洲岛热度整体呈现榜首的位置，以漓江河流景观为主的漓江景区居于第二，在第三到第十二的排名中，以河流水景为主要旅游项目的分别有排名第五的德天瀑布景区、第七的象山景区（喀斯特地貌山水）、第八的银滩（海水）、排名第十的黄姚古镇（山水古镇）、第十二的兴安灵渠、第十三的两江四湖。以上7个旅游景区内河流元素占据着主导或背景位置，首先漓江、兴安灵渠、德天瀑布、两江四湖四个景区中河流是主要的旅游元素，而涠洲岛、银滩两个景区中海水景观是主体，象山景区与黄姚古镇两者中河流是景区的背景，为主要观赏元素作为烘托。

第六章
民族河流文化景观环境规划设计

本章是笔者带着本科毕业生实地调研河流场地，根据场地现状问题，以课题结合毕业设计的形式开展的河流文化设计。笔者选择的两个场地一个是桂柳古运河，一个是龙胜各族自治县广南村。桂柳古运河历史已经非常悠久，但是河流文化保存得并不完整。广南村村内河流穿村而过，村民对河流非常敬畏。笔者带着学生徒步走完这两个场地，发现了很多值得思考的问题，如古运河陡门为什么消失了？社公石雕被转运到了哪里？广南村是否因敬畏河流而获得了世代的农耕遗产？广南村民族舞蹈中的拱形竹制道具是不是源于河流上的桥梁元素？一个个奇怪的问题萦绕于心。于是，笔者将学生毕业设计选题放到了这两块场地，跟学生共同研究寻求问题的答案。这两个场地在河流文化挖掘上并不容易，因为学生是环境设计专业，对于文史类的积累还远不够，笔者一边挖掘探索一边引导他们展开设计，为他们答疑解惑，经过两年才形成了这一设计成果。这成果并不是真实的设计项目，而是我们根据场域河流文化问题而虚拟开展的一个成果设计，偏向理论研究，也是笔者和学生心中想象的"桃花源"，实践可行性多有不足。

（一）桂柳古运河河流文化环境景观设计

桂柳古运河作为具有1320多年历史的"南渠"，曾承载着桂、柳两地的水运交通，因航运而生的河流文化村落沿河分布，随着古运河的休运，河流历史文化逐渐被人淡忘。随着桂柳古运河修复项目的启动，该运河文化开始回到人们视野，而当下运河古村落建设开发中，却遗失了自身的历史文化源头。笔者通过寻求和尝试还原古运河古村落历史文化景观，为其在未来建设中理清自身的文脉，也为古运河修复项目启动辐射村落建设带来实践性文化价值参考。

党的十九大为国家现代化建设提出了"美丽"的目标设想，同时乡村振兴也是国家未来阶段发展的重要任务之一。2016年3月，雁山区评为广西特色旅游名县，同年11月又入选第二批国家全域旅游示范区创建单位，同年桂柳古运河生态修复与综合利用项目纳入国家项目重点库，沿河分布的守陡古村落迎来了发展的新机遇。2018年中央一号文件（即《中共中央国务院关于实施乡村振兴战略的意见》）指出，发展乡村旅游与绿色休闲农业是乡村振兴的参考策略之一。当下守陡古村落随着古运河的休航、陡门的破败，面临着历史文化遗失的困境，而桂柳古运河具有与灵渠同等地位的历史价值，对当地的发展具有重要的战略意义。守陡古村群体是该段历史的承载见证者，故研究守陡人古村落的文化价值对于古村振兴、古运河修复以及区域未来发展都有重要的意义。当下桂阳公路改扩建工程已完工，为古运河守陡村落的振兴提供了经济发展机遇，桂阳公路与雁山中心环线与桂柳古运河区域形成了交叉环抱布局形式，是振兴发展的良好地理优势。

1. 古运河河流文化基本概况

桂柳古运河又名相思埭，公元692年开凿完成，距今已有1320多年历史。在古代是广西省府中与兴安灵渠相提名的两大运河，主要承载着省内东西两向的水运航线（见图6-1），是桂区与中原腹地航运往来的重要通道，连接柳江与漓江。桂柳古运河分为东渠与西渠，水源发起于桂林会仙镇狮子岩，运河东渠以人工开凿河床为主，西渠是借原有的河床进行扩宽与疏通形成，处于航运稳定安全的需要，运河共设置了20多处陡门构件进行调节水位、推动行舟之用。同时运河流经村落众多，还分别建有庙门桥、良丰桥、石碑、古道、庙宇供往来乡民出行使用。桂柳古运河在历史上还有重要的军事战略意义，是朝廷中央联系西南少数民族的关键纽带，众多官运、军粮甚至军队都是通过该河南下，完成维护南疆稳定的作用。桂柳古运河沿途流经之地多属于自然风景优美之地，山清水秀，清代学者朱依真称赞："别情何以，相思埭口，一江春水"，歌颂运河常年如春的美景，这也是当下运河航运衰退后振兴的主要生态支撑，可作为湿地型绿地进行修复开发。

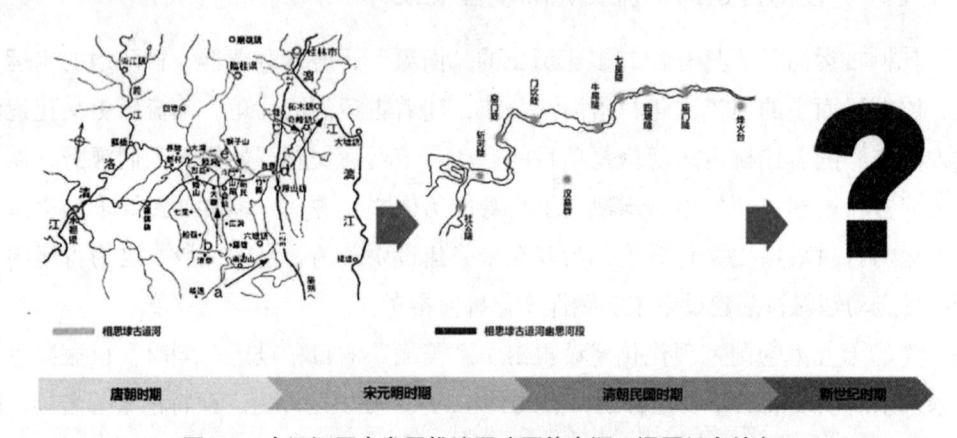

图6-1 古运河历史发展推演图（图片来源：课题组自绘）

河流文虎产生源于桂柳古运河的兴起，运河航线运行需要陡门收集河水，便于推舟前行，而陡门需要陡夫提供人力服务，陡夫有百姓与军队之分，航运的兴盛需要大量的陡夫驻守，因而演变成为守陡聚落，因此河流文化包含有运河文化、陡门文化、守陡文化三部分。

（1）远去的古运河文化

桂柳古运河近域连通桂柳两地，远域衔接湖南、广西、广东三省区的水路沟通。历史中的守陡村落依附运河而生，运河的兴衰与守陡村落息息相关，古村落内分布有许多运河文化元素，如社门岭村的社公石像、各家世代相传的航运工具等，都见证了村落与古运河紧密的关系。桂柳运河河道不宽，线路多弯道，且自然岩石众多，因此形成了常年河水水位高差变化大，航运难度高，外地船只经过需要本地陡夫熟手帮忙渡运的运河特点，正是运河的这些特殊性催生了守陡村落的产生、兴盛。

（2）珍贵的陡门文化

陡门文化是本次研究中最突出的文化。古代陡门遗留到现代、保存完好的已经不多，离桂柳古运河较近的地方如灵渠，是人工修建的陡门，然而桂柳古运河许多陡门是利用古运河河床自然裸石形成的陡门，与灵渠的陡门是有本质上的区别的。桂柳古运河的陡门所形成的景观更为自然，与山水契合度更高。

门坎陡利用了河道天然的河床石设立的陡门（见图6-2、6-3），河道天然的河石形成了一道关卡，陡杠凹口与面杠凹口都设置在天然的河石上，以北面凸出河石为滚水坝。

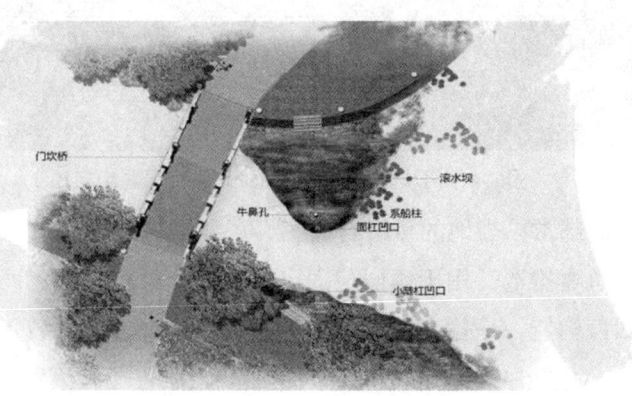

图6-2 门坎陡复原图（图片来源：课题组自绘）

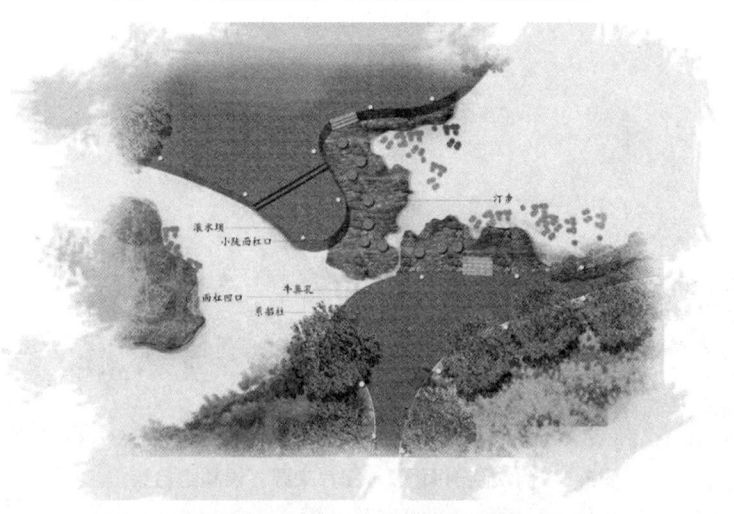

图6-3 门坎陡复原图2（图片来源：课题组自绘）

由门坎陡的剖面图（见下图6-4）可知，天然的河石形成了陡门的关卡，河石的凸出缩小了河道的宽度，上游的水利用天然的缩口汇集水量，方便船舶经过这落差河段。

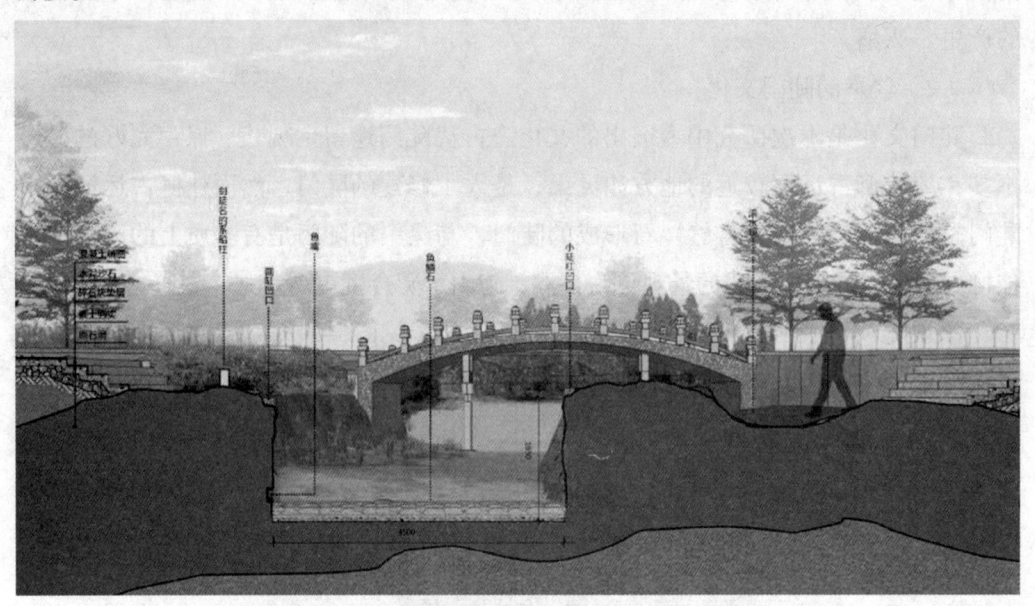

图6-4 门坎陡剖面图（图片来源：课题组自绘）

陡门河床底部常以当地的鱼鳞石铺底，宽度控制在4-5米左右，便于陡夫操作，河床一侧设有鱼嘴构造，用于镶嵌与固定拦水围挡材料。河床两岸各自设有面杠凹口、小陡杠凹口构造，是拦水围挡的上部固定构件。近水区域建有刻陡门名称的系船柱与牛鼻孔（见图6-5），便于捆绑固定船只之用，还有滚水坝区域的设置，便于缓冲陡门水流。

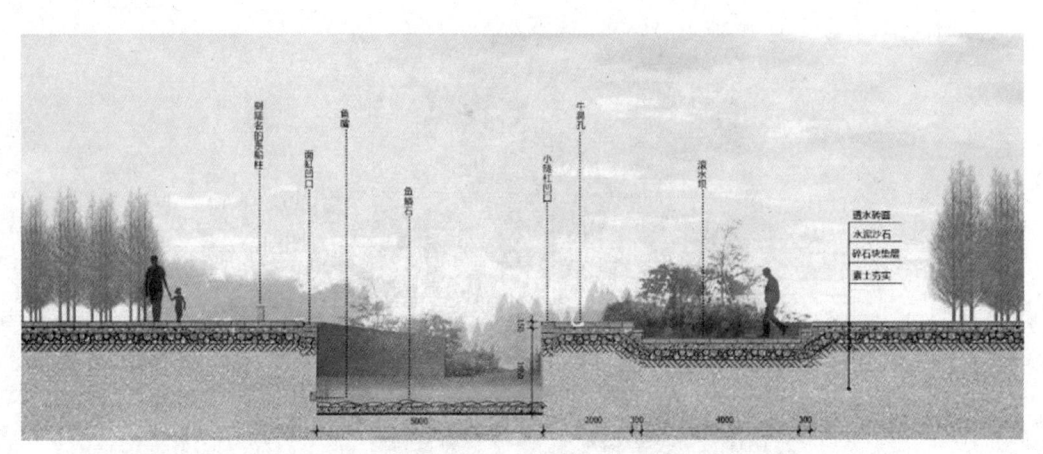

图6-5 门坎陡剖面图2（图片来源：课题组自绘）

(3)迷失的守陡村落文化

陡门的存在产生了陡夫,陡夫一年四季常年守在陡边,为过往的船只提供劳务,由此形成了桂柳古运河的守陡文化。历史中穿蓑衣、戴斗笠的陡夫守立在陡门旁的形象,逐步发展成为社公人物的造型来源,社公是守陡村落用于镇守陡门、运河的神仙,这份神灵崇敬文化的形成源于生活,而利于生活,是守陡文化的一种实体体现。古运河水运的兴盛,陡夫数量的增加,长年累月的驻守,陡夫的家属逐渐在陡门旁形成居住地,后又慢慢地变成守陡的村落,世代居住在此。这种由陡门发展成为聚落的演变文化,见证了古运河航运的兴盛,当下这些曾经肩负历史守陡的村落依旧存在,可通过振兴守陡文化从而促进古村落的文化振兴。

2. 桂柳古运河河流文化景观环境现状

时光飞逝,时代更替,桂柳古运河历经形成、发展、兴盛与衰退,依托于运河的古村落文化也是因河盛而兴,因河衰而隐退。

(1)桂柳古运河文化景观环境现状

桂柳古运河文化当下处于较严峻的局面,首先是环境困境。航道停运,导致运河河床长时间萎缩,甚至部分河段已经被淤泥堵塞,仅留下不到2米宽的河床,两岸野草丛生,处于驳岸失稳现状的河段较多,早已不具备水运与游览的功能;其次是管理人员困境,运河可以说是因陡夫与守陡村落而兴,陡夫这一职业在当下早已不复存在,仅存的守陡村落居民又以其他职业谋生,没有了管理者,文化遗失已是必然;最后是发展困境,运河北面有兴安灵渠的成功开发,对于桂柳古运河而言是提出相当挑战的开发难度,两者性质相似,相隔不远,而兴安灵渠历史资料齐全,保留完整,开发较便利,而桂柳古运河现状艰难,历史资料丢失严重,加上周边景点较多,这些因素都将为运河文化的振兴带来不小的难度。

(2)陡门文化景观环境现状

陡门对于运河古村落当下而言,如同遥远的历史故事,活在村落老人的回忆与故事讲述中。陡门的遗址现状依稀只能见到零零星星的构建,小到一个历史中插陡的石洞,大的有守陡古道的原石(见图6-6),然而古村落中的居民,尤其是70岁以下的村民,陡门已经不属于他们生活的一部分,只是追忆祖先时才会提起的零星回忆而已。当下陡门不能为古村落带来经济收入与就业,它与古运河静静留存于古村周边,居民们会行走路过它们,偶尔会在陡门与运河河床里打捞鱼虾螺蛳河蚌,甚至陡门的一些原有的石材部分被村民带回家中另作他用,陡门古道两岸的石像早已被盗掘贩卖,剩下较多的是古道铺设的石板与石桥。总之,陡门文化当下已经处于濒临失传乃至消失的现状局面。

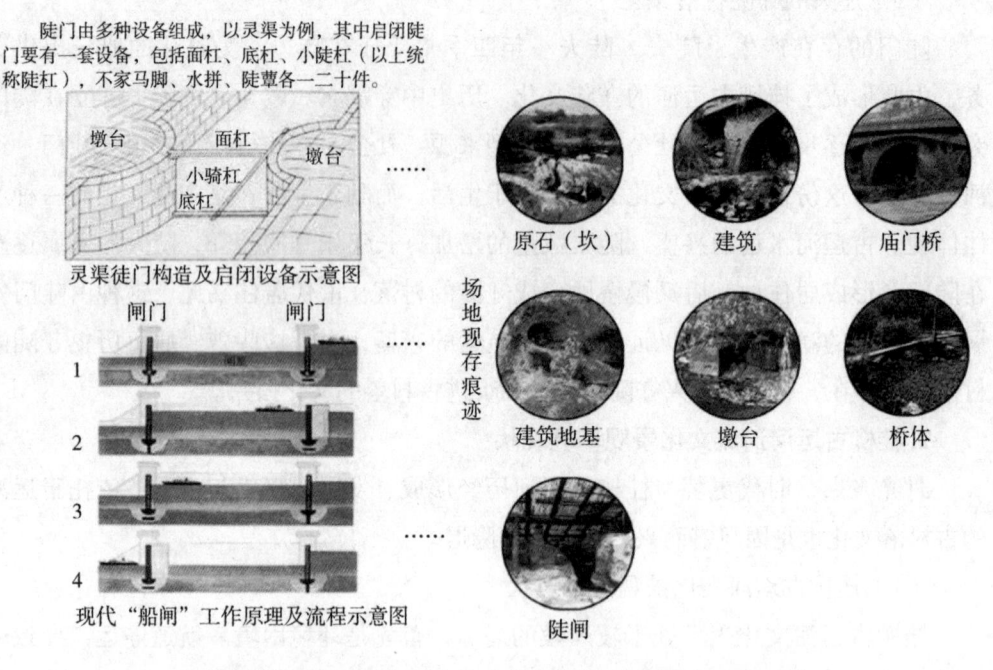

图6-6　陡门遗存现状分析（图片来源：课题组自绘）

（3）守陡文化景观环境现状

桂柳古运河流域在历史上曾数十次因为洪水的泛滥造成不同程度的破坏，历朝历代都动用过大量人力物力，甚至军队进行运河河道修复，当下航道的停运，河床的淤积，经济的转变已将守陡这一职业退出人们视野，相应的守陡文化只能是通过老人口述、地方县志记录等形式发展，较为单一与脆弱。近十年中，古运河经常受到洪水侵袭（见图6-7），尤其是2017年，上游暴雨数日，泄洪任务相当繁重，青狮潭水库出现裂缝危机，紧急情况下，直接开闸泄洪，运河沿途的守陡古村落、大学校园、桂阳公路都受到了非常严重的洪水冲击，尤其是一些历史较为久远的守陡村落，连夜出逃避灾，村舍老屋被冲塌的数量非常的多，村民的农田蔬菜作物、家畜一夜之间，被洪水淹没毁于一旦，导致大部分村民外迁。这洪涝现状无疑给守陡文化以致命般的打击。在项目现场调研中，村落当时洪涝的场景依旧遗存，较多古村早已破旧不堪，人烟稀少，可见守陡文化当下的困境。

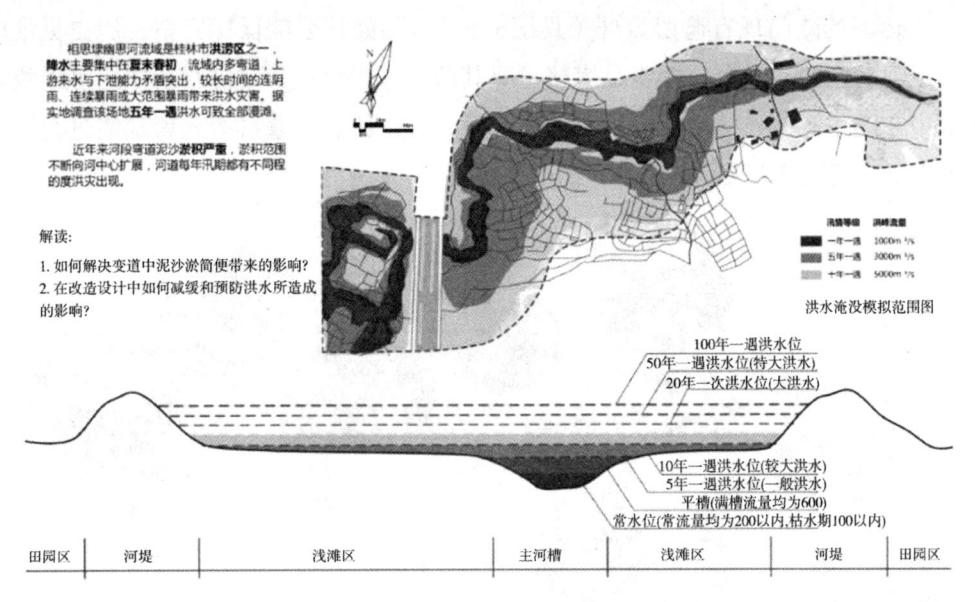

图6-7 古运河洪水分析（图片来源：课题组自绘）

3. 文化现状优劣势分析

（1）文化现状优势

桂柳古运河源于唐代，越千年历史，数代更替，在水利整治与保护上拥有着许多可考究的数据记录，是其水利文化的优势之一。另外，古运河沿途地势平坦，喀斯特地貌的青山绿水资源众多，尤其是天然的湿地、江河资源较多，长时间的荒废，为古运河的植物生境提供了较好的自我修复条件，整体绿化率达到95%以上，属于天然环境的"肾地"，也是野生动物的栖息天堂（见图6-8）。

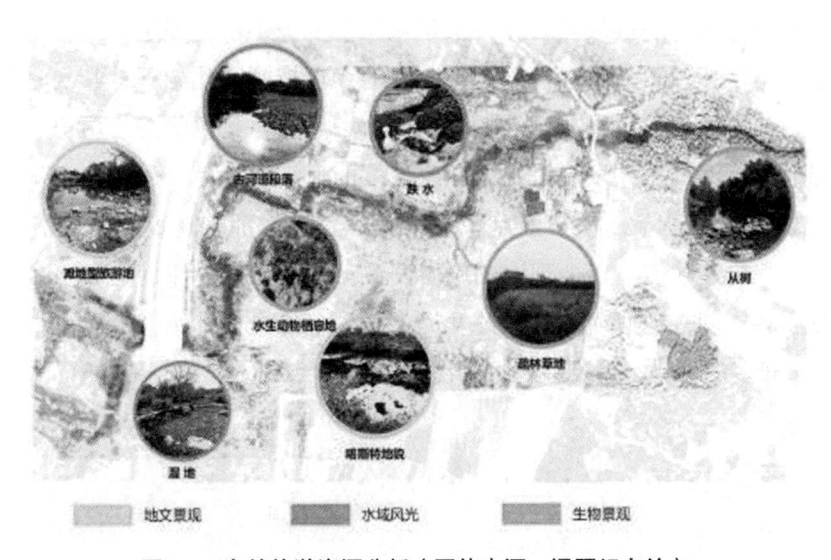

图6-8 自然旅游资源分析（图片来源：课题组自绘）

古运河的陡门现有遗留数处（见图6-9），例如社公陡保存完整，历史见证度高。运河湾区的烽火台位置也是直接可寻其历史修建痕迹，守陡村落中还可以找到历史中守陡军队驻守的遗址。主要的庙门桥、良丰桥、汉墓群等元素都能进行原址上的恢复，可见其人文优势显著，值得深挖。

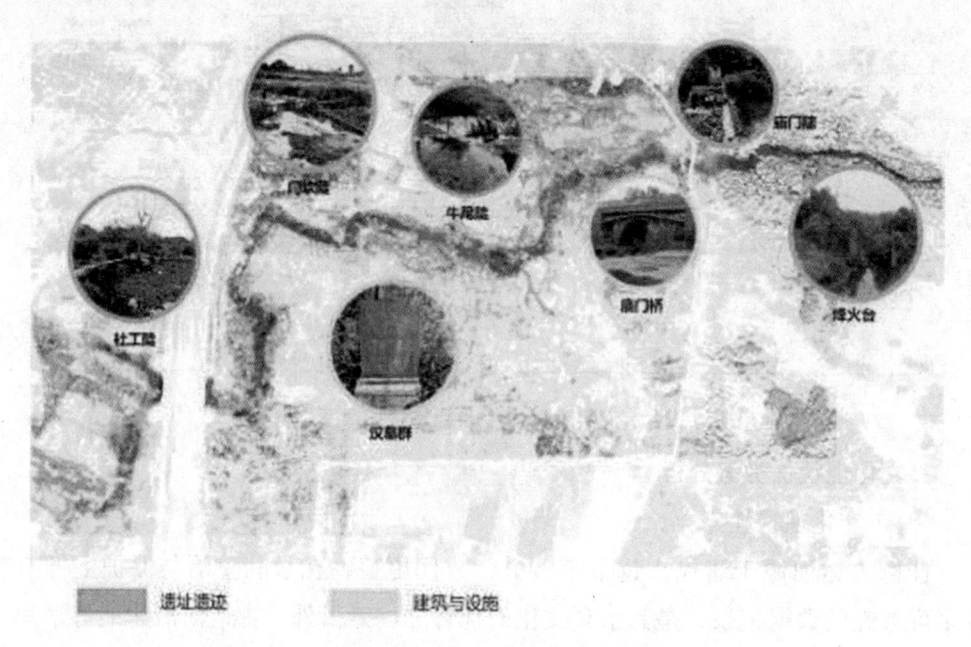

图6-9 人文旅游资源分析（图片来源：课题组自绘）

（2）文化现状劣势

桂柳古运河周边现有一些较成熟的旅游景点（见图6-10），对于其振兴而言提出了一定的文化发展挑战。首先是大学城旅游资源丰富，周边广西师范大学、桂林旅游学院、桂林理工大学等内部都有成熟的大学校园文化景观；其次是园林旅游胜地资源，如雁山园、植物园都是较热门的旅游景点，景色优美、历史文化资源丰富，对桂柳古运河的振兴发展是提出一定挑战的；最后是愚自乐园、玉圭园水上乐园类型的现代休闲景点，该类景点现代景观显著，内部游玩设施丰富，兼具吃、喝、住、玩综合性功能。以上现有的旅游资源分别从游人人流、参与项目、游览功能等多方面对桂柳古运河河流文化开发提出了一定的文化挑战，让河流文化传承与开发增加了较多的劣势，需要在规划中认真处理。

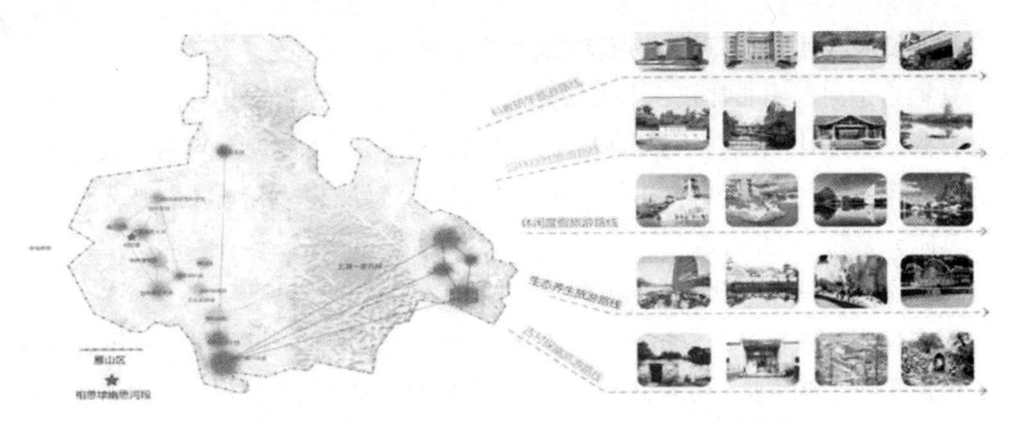

图6-10 周边旅游资源分析（图片来源：课题组自绘）

（3）发展机遇分析

"全域旅游"的兴起为桂柳古运河守陡村落振兴发展带来了巨大的发展机遇。根据走访调查发现，桂林市出行游人量逐年上升（见图6-11），以家庭出行类最多，其次是朋友、情侣结伴出行，单人与商务出行者较少。旅游地最受欢迎的是自然风景区，其次是名胜古迹、主体公园，最少是文化馆博物馆与商业街等。来桂林旅游的游客以广西、广东游客为主，山东、湖南、湖北、江西为次，其他省份的游人相对较少。由以上数据分析可知，桂林市未来将迎来巨大的游客流量，以家庭式旅游客人为主，非常注重自然风景与历史文化类旅游路线的选择，而桂柳古运河守陡古村落以古运河自然风景景观为背景，守陡、陡门水利历史文化为特色，具有较好的吸引力，值得好好规划开发。

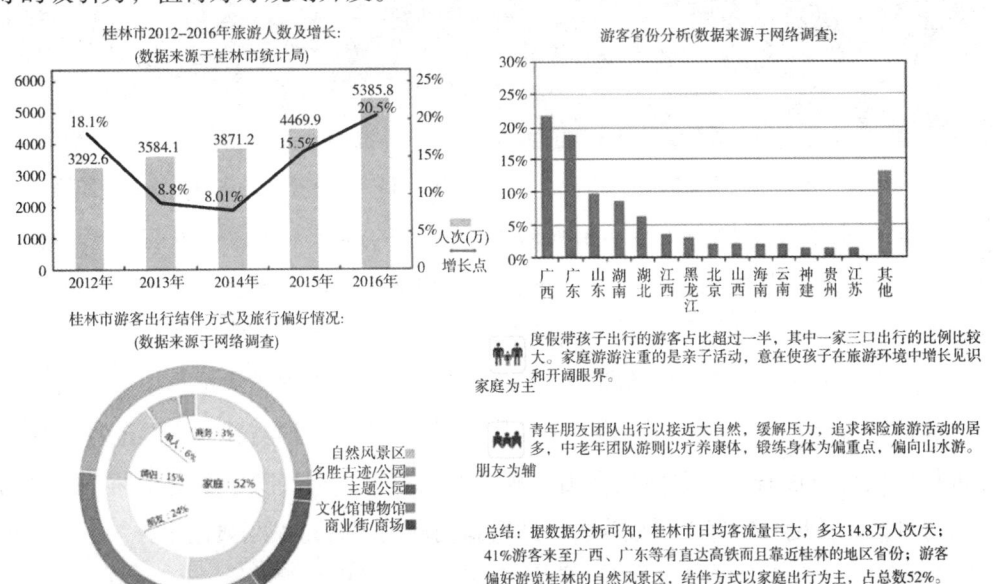

图6-11 旅游人群分析（图片来源：课题组自绘）

4. 桂柳古运河古村落现状与河流文化振兴策略

桂柳古运河航线非常长,本书研究的对象主要为运河古文化,而不是普通的沿途村落,侧重对守陡文化与运河历史的开发,故下文分别选取了河流守陡发源古村、军队守陡古村、河湾守陡古村、河流文化保留较好的古村等样本村作为研究对象,具体历史与现状介绍如下。

(1)蒋家坝古村现状与振兴策略

蒋家坝古村内较多的农田现为广西师范大学文教用地,村内虽然古屋资源众多,但是受到近年洪水泛滥的影响,村内大部分的老屋民居都已经坍塌损坏(见图6-12、6-13),部分建于高处免受洪水冲塌的剩余老屋虽然幸免,但是只余留很少的老人留守村内。损坏的房屋主人多数不再决定就地拆除破屋,而是外迁新建房屋,进行新村规划。村内现状到处都是破碎的老屋建筑材料,村内道路狭窄,荒草丛生,行走于村内,许久不见往来人影。蒋家坝村属于雁山科教产业园区划地,村内没有特色的就业产业,只是基本的务农,留守的多为老人与孩童。蒋家坝村位于古运河泊湾三坝位置,地理位置非常具有湿地河湾景观与发展优势。

图6-12 蒋家宗祠(课题组拍摄)   图6-13 洪水损坏的古屋(课题组拍摄)

根据蒋家坝的现状,按照雁山科教产业园区的规划方案,可以将蒋家坝振兴规划定位为水磨坊风情村落,充分发挥其位于泊湾三坝的水利优势,进行三坝水湾区域的扩展,分别形成蒋家坝村前新建新村景观区、良丰河蒋家坝段水磨坊风情景观区。同时依托雁山大岭的山势资源,有山有水,将其规划成为植物层次丰富,山地、坡地、湿地相互交融的景观格局。对于损坏的蒋家宗祠与其前面的池塘水景,应进行历史尊重性修复。总体呈现出一幅水湾泊舟、古祠倒映、水磨悠扬、水草荡漾的湾口景观(见图6-14),成为古运河弯道河段特色古村振兴典范。

图6-14 湾口景观设计图（图片来源：课题组自绘）

蒋家坝湾口处湿地景观的设计应首先将现有的河床淤积问题进行疏通，恢复原有的生态湾口面积，根据古运河湿地植物品种调研成果，进行乡土化湿地植物造景配置设计，力求做到"四季常绿，四季有花"的湿地植物景观（见图6-14），同时植物配置时要注重污染物吸附功能类湿地植物的运用，为后期古运河日常水体自然净化系统提供植物保障。在景观小品方面，将防腐木质栈道融入湾口近水与临水区，在远水区设置透水砖材质的游步道，同时规划观赏木质平台供游人休憩游赏湿地景观，这些景观小品的设计都遵循着以保护湾口湿地生态环境为主的设计原则，与湿地原生资源进行共生发展。在灯光照明上，以太阳能发电灯为主，形成绿色能源的节约型湿地景观。

（2）竹园古村现状与振兴策略

竹园古村位于古运河雁山段的古渠始端，占据着古运河自汉代以来桂林段最重要的四塘桥位置（见图6-15），不仅关卡运河东渠上7陡，还驻守通往运河下8陡的必经之地四塘桥，是非常具有水利战略位置的守陡乡村。竹园村自宋朝开始，从刘梦侯父子参军后，留下守陡而世代发展来，由其发扬出数十处为桂柳古运河世代守陡的刘氏村落，是当之无愧的守陡村落发源地，历史上也称其为"渠首村"。

图6-15 竹园古村全貌航拍图（课题组拍摄）

竹园古村内先保存有成片的汉代古墓群、四塘桥、陡门遗址、抗战烈士墓、古石碑等历史文化资源，走在村内，会看到古墓封土堆与古石碑数处（见图6-16、6-17），汉代古墓已被桂林考古队考古挖掘，出土的文物现存于桂林市博物馆。四塘桥已经新建为现代的钢筋混凝土桥梁，是村民出入村庄的必经之地。遗址陡门与运河水渠相对保留完整，丰水期与常水位时村民常乘舟前往运河网捉鱼虾，进入村中，可见较多村民家门前放有小型船舟，多以木质、竹质、铁板为造舟材料。

图6-16 汉墓石碑（课题组拍摄） 　　图6-17 汉墓封土堆（课题组拍摄）

竹园村振兴首先应充分发挥其"渠首村"的文化特色，"渠首村"不仅在文化塑造上完成历史重要性的营造，更重要的是发挥其在古运河中把守东渠上七陡门与下八陡的历史守陡（见图6-18）的战略意义；其次将刘梦侯父子从军守陡的人物历史传记作为村落文化重点突出，规划建设桂柳古运河东渠守陡宗谱文化基地，展示各守陡村落的起源发展的关联网络，成为守陡村落后人追思先人、记住乡愁的主要文化基地；最后修复东渠15陡也是该村文化振兴的任务之一，该村周边现存陡门遗址较多，水利工程地势保留完整，故可以根据历史资料寻找出15个陡门的位置，理清陡门的造型与分工，尝试将其场景恢复，传承桂柳古运河的运河记忆，将相邻的守陡村落串联形成带状景观绿地，与兴安的灵渠形成遥相呼应的水利历史文化基地。最后是竹园村的汉墓资源的运用，汉墓文化远早于古运河文化，需要进行历史文脉的梳理，寻找汉墓与守陡村落之间的联系，避免汉墓资源因历史久远而出现文化断层。考察汉墓出土文物，在村落建设中，形成汉墓文化基地、景墙、景观小品等，将遗忘的记忆重新展示出来。

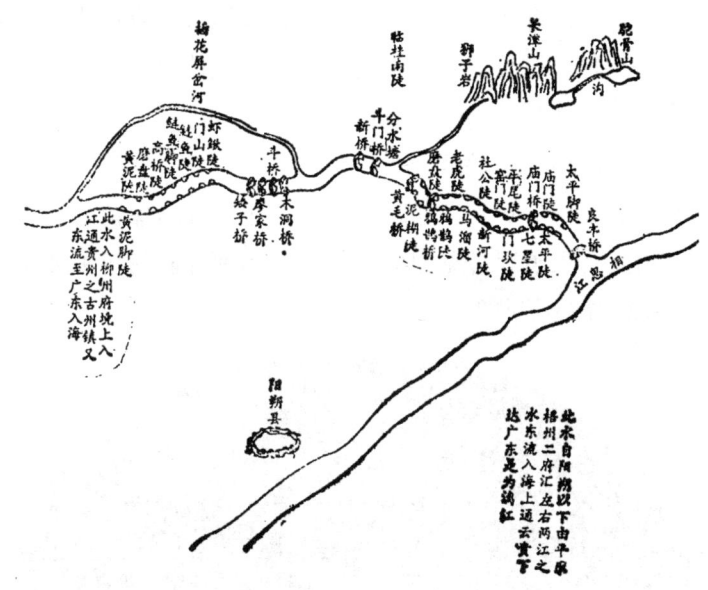

图6-18 桂柳古运河的上下陡门

（3）渔梁头古村现状与振兴策略

渔梁头古村背靠雁山大岭（见图6-19），面朝古运河，村域内生态环境良好，村内老屋旧房资源丰富，但是受到长期洪水的影响，较多年代已久的房屋已经坍塌（见图6-20），村内道路、旱厕、堆肥池等设施，给村内人居环境带来了很多不良影响，如臭味、蚊蝇、细菌传播等，需要未来重点改进。村民很少在旧屋宅基地上进行新房修建，而是在村外围农田区域进行扩展建设，形成内老外新的村落布局现状。村内过去种植绿色蔬菜，是桂林市区的"菜篮子"，但是由于近年水患较多，许多种植菜地每年经常面临水淹的危害，造成大多数原本以种菜为生的主要劳动力外出打工，加剧了村庄的"空心"现状，村内的农业产业也是一蹶不振。

图6-19 雁山大岭（课题组拍摄）　　图6-20 破败的老屋（课题组拍摄）

根据渔梁头山水资源，可将渔梁头古村外围规划成为与科教园区相呼应的大岭公园，塑造以山体为框架，以运河湿地为玉带的山水景观，形成青山烟雨、水草盎然、鱼翔浅底的郊区公园绿地。古村依山面水，古屋进行合理修复，保留和整合村内古道、古井、石构件，进行景观改造与设计，形成依附于大岭公园的历史文化古村，成为怀旧情怀与休闲诗意的绝好去处。

（4）社门岭古村现状与振兴策略

社门岭古村是古运河雁山河段中历史文化、生态环境保留最完好的村落，而且地理位置也可称得上得天独厚（见图6-21），是运河守陡村落中最有河流文化振兴发展潜能、最易取得进展效果的古村。

图6-21 社门岭村前运河航拍图（课题组拍摄）

首先，社门岭村由竹园村分化而来，村落地理位置是古运河陡门中东渠上八陡的把关驻守之地,村前现存的社公陡门与古道方石是目前最现存完整的陡门(见图6-22),社公陡门不仅配件上保存完好,其水系来龙去脉、地势高低、原石格局等宏观环境保存都非常完整,是一处非常珍贵的历史实体资源(见图6-23)。其次,村前农田俨然,分布着众多独木成林的古樟资源,村内植物生态环境非常优美,造就了村内长寿老人众多,是远近闻名的长寿村。最后,新建的沥青公路雁中路位置在社公岭古村南面(见图6-24),雁山新村东面与雁山政府与古村直接相邻,广西师范大学漓江学院与古村相对而望,桂林卫校位于古村西南方向,由此可见社门岭古村地理优势非常具有特色优势。

图6-22 社公岭古村落全貌航拍图(课题组拍摄)

社门岭古村虽然地理位置优越,但是村内大部分老屋也长期受到洪水的威胁,多数年久失修,破败不堪,留守的村民多以居住在新建的钢筋混凝土"方盒子"建筑内为主,村内老旧新建民居混建其中,整体风貌相对比较杂乱。村民少部分就业以租用农田种植绿色果树与养殖农家牲畜为生,大部分青壮年还是以外出打工或在广西境内工地揽活为主。

图6-23 社公陡现状(课题组拍摄) 　　**图6-24 宽阔的雁中路(课题组拍摄)**

社门岭古村振兴的首要原则是对历史场景的修复再现，整合社公陡门现存的历史构件，疏通现存水系河道，将古樟资源规划成大树荫凉景观，将陡门与村内通过绿地串联成生态整体区域（见图6-25）。其次，充分利用得天独厚的地理旅游优势，将村前绿地规划成为山水露营基地，将古村规划成为历史旅游村落，打造村内特色民宿与文创基地，利用周边大学资源，将文化价值挖掘与转化做到淋漓尽致。

图6-25　社公岭陡门规划设计图（图片来源：课题组自绘）

社公岭的陡门景观恢复性设计首先需要对现遗留的陡门古道、古桥、古河渠进行场地清污整理；其次根据历史记载与时代需求对道路、石桥、河石、汀步等元素进行整合设计；最后是陡门所在河床的生态环境恢复。当下河床淤积严重，湿地植物品种单一，故需要进行河床清污，铺设不同粒径具有污染物吸附功能的材料，如磨面卵石、碎石、蛭石等；植物景观恢复设计中要注重植物层次营造，改变原有单一的灌木-草本层次，加重乔木层的植物种植比例，增强社公岭陡门在洪水季节时的防灾减灾能力，并且在植物品种选择上加强抗污染、吸附污染物的植物的配置比重，总体上形成具有深厚历史文化底蕴、优良生态环境的古运河景观区。

社公岭因为地理位置的优越与陡门景观的完整性，是古运河守陡村落中较出色的观赏点，游人来往人流量会较多，规划中将利用游客的来往，在社公岭陡门附近的平地中创建文创集市（见图6-26），选用朴实传统的青石砖进行场地铺装，古道石材料品种的石磴随地铺设成为摆台，供村民与周边大学生日常销售农产品与文创作品之用，一方面提供了村民就业的机会，一方面也是古运河文化的交流。集市以蓝天为盖，周边是美丽的陡门湿地景观，将会给游人带来一场特殊的绿色购物体验。

图6-26 社公岭村前文创市场设计图（图片来源：课题组自绘）

露营基地选址在社公岭村优美的古树林中，以树林为基地的生态守护屏障（见图6-27），面向村前平整的农田水塘，以自然风光为体验资源。同时规划通往社公陡的幽静景观游步道，为露营游人提供白天与夜晚不同时间段的古运河景色。保护好该区域的生态绿地，通过植物品种的选择与搭配，尝试塑造稻花香里听蛐蛐叫、看夏夜萤火虫浪漫飞舞的农家田野景观体验。

图6-27 社公岭露营基地设计图（图片来源：课题组自绘）

（5）莫家古村现状与振兴策略

莫家村发源于古运河的守陡驻守的军队，跟其他古村相比，有着军事防御的特殊历史文化功能。其在北宋时期，始于南丹土司系列，为驻军守卫桂柳运河古道而来，村落布局为面水朝北，具有遵守朝廷管理安排的寓意。古村分为左、中、右三个屯，村内还保留着当年见证南丹土司莫公晟率领马队北上朝廷归顺宋朝封号时屯

159

兵于桂林的两大古井（见图6-28），位于莫家祠堂后巷中。村后还有近千年树龄的古樟树作为风水林，护佑村庄。时代变迁，村内驻军防御的功能已经远去，许多莫姓子弟由该村逐步向外迁徙，分布于广西桂林、灵川等地居住。村内留守的村民不多，就业以外出打工为主，新旧民居混杂，古巷道穿梭于村内，村前村后以开阔的农田池塘为主（见图6-29），属于典型的平原型古村落。

图6-28 古井（课题组拍摄）　　　　　图6-29 开阔的农田（课题组拍摄）

军队驻守古运河的历史文化是莫家古村文化振兴的关键部分，根据村落内现存的驻军驻守陡门历史遗址进行场景整合，首先可以搭建历史军队驻守陡门的景观场面，其次考究当年民族土司管理与军队整编的历史资料，形成南疆少数民族自治古运河的历史研究基地，重点是守陡军队来源、军队日常管理、守陡任务操作等场景的展示，借助村落的古井、古树、古巷，设计成为历史纪念平台，为子孙研究古运河军队驻守陡门提供可视、可体验、可游的文化科普场地。基于莫家村良好的生态环境资源，在振兴军队驻守陡门历史的同时，还可以运用其现有的百亩水塘资源，创建生态水生蔬菜生产基地与绿色水产养殖休闲村落，将传统的零星污染重的个体水产养殖转变成为有规模、有组织的农村合作社，科学引入绿色生态养种技术，利用桂林市乡村旅游资源进行绿色农产品销售，作到文化与农业双赢振兴的规划设计。

（6）云塘古村现状与振兴策略

云塘古村位于桂林理工大学雁山校区、科教园与文创漫城三者之间，雁山区大学城中心环线穿越云塘新旧村落之间，村外新建有云塘桥横跨于古运河支流良丰河上（见图6-30），良丰河道环绕古村的同时穿过古村风水林沿村中流去，村内河边两岸形成优美的古屋水景（见图6-31），可供游人观赏，许多周边大学的学生老师经常前往进行艺术绘画写生创作以及摄影拍摄。云塘古村借助中心环线沿街建房，村民自行发展起与大学城相关的商业，如餐饮、住宿、旅游用品出租等，就业情况相对较好。古村前后以连片的农田、池塘为主，水产养殖业也是其收入之一，同时也造就了其湿地景观的特点，春夏秋三季荷塘景观受游人喜爱，农家乐分布较多，是钓鱼野炊的好去处。

图6-30　良丰河（课题组拍摄）　　　**图6-31　穿村而过的清河（课题组拍摄）**

云塘古村池塘资源丰富，河湾穿村而过，与大学城、桂阳公路相邻，规划定位为运河特色的文创艺术休闲度假古村，着力发展文创动漫艺术行业，沿桂阳公路建设乡野民宿与农家餐饮街区，拉动相应绿色农家服务行业。对于远离公路景色优美的村落区域，规划形成大学生艺术摄影、写生创作基地，以文化吸引商机。云塘古村整体景观格局以池塘湿地景观为主，发挥各湿地植物的景观特色，蓝天绿水，是垂钓、写生的好去处。云塘古村的特色景观打造如同其村名"云塘"般，以突显其云朵般自然池塘景观为特色，不填埋塘池，而是将其整合净化，保留原水塘的田埂，尤其是池边原生植物，适当融入式地进行木质平台与木栈道嵌入式设计，供游人行走与驻足赏景；小河湾区域注重生态河岸设计，力争规划水上行舟项目，增加游人参与度。植物造景在农家植物大背景下，重点突出湿生植物景观，驳岸的湿地乔灌木层可以是水杉、池衫、乌桕、桑树、垂柳等，水中可以种植睡莲、荷花、千屈菜、荇菜、慈菇等。生态功能要重点打造湿地的净化与吸附功能，为桂柳古运河整体生态作后方支撑。

（7）小结

六个样本运河文化村落因为地理位置的不同，呈现出不同的现状特点，尤其是位置不同表现出的优势特色各异，都将成为振兴规划的考虑因素。这些河流文化村落建筑老屋坍塌、新老混建现状较相似，就业除了渔梁头村、社门岭村、云塘古村三村外，基本以务农打工为主，振兴中需要认真对待产业经济的创建问题，其他现状细节如表6-1所示。

表6-1　守陡村落现状分布对比

村落名称	建筑现状	所在位置	就业状况	其他资源
蒋家坝	老屋坍塌严重，新老混建	古运河泊湾三坝位置	务农、打工	属于师大文教用地
竹园村	部分老屋坍塌，新老混杂	雁山段的古渠始端，渠首村	务农、打工	占据四塘桥位置，汉代古墓群、四塘桥、陡门遗址、抗战烈士墓、古石碑
渔梁头村	老屋坍塌严重，新老混建	背靠雁山大岭，面朝古运河	种植绿色蔬菜，打工	生态环境良好
社门岭村	部分老屋坍塌，新老混杂	古运河陡门中东渠上八陡的把关驻守之地	种植绿色果树与养殖农家牲畜为主，打工	历史文化、生态环境保留最完好。独木成林的古樟资源。长寿老人众多
莫家村	部分老屋坍塌，新老混杂	面水朝北	务农、打工	守陡军队 两大古井 古樟树林
云塘古村	古屋水景	运河下游，远离运河	农家乐、务农、打工、水产养殖业	云塘桥 良丰河

六个样本运河古村现状条件各不相同，优势各有特色，根据古运河总体规划设计，对各运河村落进行了文化个性化振兴规划。首先根据村落性质进行规划整体定位，使村落位置特性与古运河发展紧密结合发挥相应作用；其次展开景观格局设计，对现状元素进行整合与提升，将原状更新成为丰富科学的景观实体；各运河村落各具历史文化或是区位优势，在振兴规划中，力争形成特色景观，成为亮点式的古运河节点景观，该部分尤为关键，是桂柳古运河与兴安灵渠形成对比格局的区别所在。植物造景是运河村落的绿色背景，最容易被人忽略，确是联通各运河村落形式设计的纽带，是与山野农田融合一体的媒介。桂柳古运河湿地资源丰富，运河村落可以借助该资源发展湿地田园综合体。

各运河村落振兴规划内容对比如表6-2。

表6-2　运河村落振兴规划内容对比表

村落名称	规划定位	景观格局	特色景观	植物景观	生态功能
蒋家坝	水磨坊风情村落	植物层次丰富，山地、坡地、湿地相互交融的景观格局	湾口景观	四季常绿，四季有花	保护湾口湿地生态环境为主，湿地原生资源进行共生发展，形成绿色能源的节约型湿地景观
竹园村	水利历史文化基地	带状景观绿地	"渠首村"修复东渠15陡	滨水植物景观	恢复陡门场景生态

续表

村落名称	规划定位	景观格局	特色景观	植物景观	生态功能
渔梁头村	山水景观	青山烟雨、水草盛然、鱼翔浅底的郊区公园绿地	历史文化古村	郊野疏林草地植物景观	与科教园区相呼应的大岭公园，塑造以山体为框架，以运河湿地为玉带的山水景观
社门岭村	特色民宿与文创基地	具有深厚历史文化底蕴、优良生态环境的古运河景观区	历史旅游村落	将古樟资源规划成大树荫凉景观，陡门湿地景观	疏通现存水系河道，将陡门与村内通过绿地串联成生态整体区域。加重乔木层的植物种植比例，增强社公岭陡门在洪水季节时的防灾减灾能力
莫家村	南疆少数民族自治古运河的历史研究基地	借助古井、古树、古巷，设计成为历史纪念平台，提供可视、可体验、可游的文化科普场地	搭建历史军队驻守陡门的景观场面	创建生态水生蔬菜生产基地与绿色水产养殖休闲村落	生态农业塑造
云塘古村	运河特色的文创艺术休闲度假古村	以池塘湿地景观为主，发挥各湿地植物的景观特色，蓝天绿水，是垂钓、写生的好去处	突显其云朵般池塘景观为特色	植物造景在农家植物大背景下，重点突出湿生植物景观	重点打造湿地的净化与吸附功能，为桂柳古运河整体生态作后方支撑。驳岸的湿地乔灌层可以是水杉、池衫、乌桕、桑树、垂柳等，水中可以种植睡莲、荷花、千屈菜、荇菜、慈菇等

5.桂柳古运河守陡古村落文化保护策略分析

（1）保护策略一：溯源固本，唐史为兴，生态为路。

梳理桂柳古运河村落的形成、发展、兴盛、衰退发展史，将村落的文脉整合，理清来之何处，从源头上进行文化特色辨别，保证该文化对于桂柳运河与守陡的针对性；提倡以运河村落唐代历史场景恢复为尝试。桂柳古运河在唐代时期航运到达一个历史高峰，经济社会文化的发展是运河历史上的一个高潮阶段，因此场景再现设计建议以唐朝时期的风景园林场景为蓝图进行整合，以兴盛时期的运河航运场景去完成文化振兴；生态环境是古运河的根本，因时间流逝古运河风光不再如旧景，在当下文化振兴的同时，融入时代生态文明，整治运河淤积现状，丰富桂柳古运河的时代生态意义，让文化振兴的同时，也承担雁山区的生态支撑与保护。

（2）保护策略二：陡门引领，守陡为脉，村落为面。

自然河石陡门构造是桂柳古运河景观最突出的历史特色，故文化振兴中需要以运河陡门为特色引领，重点打造陡门历史景观，尤其是其依附河床自然山石为基座修筑构造的高超技艺，与兴安灵渠陡门形成本质上的区别。将陡门衍生形成的守陡文化作为横向文脉，与陡门修建线路相辅相成，守陡文化充满着人物传奇色彩，可以将陡门枯燥的水利构件赋予生活色彩的丰富；通过运河守陡村落的乡村振兴作为设计面，将古运河守陡村落整体文化做"活"、做好，形成有机化、系统化的文化振兴规划。

（3）保护策略三：各村多样，运河为线，雁山为区。

运河守陡村落历史形成不同，发展历程各异，各村的文化振兴应进行多样化渠道开展，保存各自个性特质，分别形成驻军村、渠首村、发源村、湾口村、古道村等文化。以古运河为联络线，将零散的守陡村落串联起来，梳理成为线性文化构造，根据地理位置与文化特质的异同，在线性构造上多亮点发展，避免单一与局促化。最后回归雁山区整体规划中，将运河守陡村落文化与雁山新区规划融为一体，共同发展。

6. 桂柳古运河古村落文化振兴策略研究

运河守陡古村落的振兴首先急需开展文化的保护与传承，生态环境的良好循环是保证文化延续的基础，与时俱进是振兴的必要条件，具体的保护与振兴策略如下。

（1）振兴定位：修复生态环境，完成运河转型发展

古运河航运早已停航许久，运河河道因为长期的淤泥囤积而变得狭窄，部分河段的水质也是浑浊不清，笔者在调研中发现，现在运河守陡村落居民除了到河里捞些螺蛳、河蚌、鱼虾等水产品，已经很少再运用河流产生经济效益，各家各户曾经水运的船舟也早已不复存在。因此振兴村落文化，首先要进行古运河的生态修复，将运河单纯的航运功能向复合型转型发展。复合型功能不仅可以给运河带来新的生机，更是给运河守陡村落带来新的发展机遇。这复合型的功能定位分别包含：运河湿地公园建设、历史陡门主题科普基地、运河守陡古村落文化线路打造、运河水上绿道开发、运河水街重建（见图6-32）、守陡古村落特色民宿营造等。将守陡村落与古运河的发展灵活结合在一起，相互促进，完成古为今用的转型。

图6-32 运河水街效果图（图片来源：课题组自绘）

（2）振兴特色：突显历史陡门，展现陡门水石景观

桂柳古运河的历史陡门区别于"北渠"灵渠的陡门构造，桂柳古运河的历史陡门修建在天然的河流岩石上，利用自然河石作为结构支撑，部分陡门还直接利用竖立的河石作为闸门的支撑，形成了自然水石与水利相结合的陡门景观。虽然历史的远去让运河陡门许多水中构件已经消失，但是岩石构造保存完好，这些构造如同自然景石般分散在古运河河道中，形态各异。在振兴运河守陡村落时，可通过恢复部分历史陡门景观（见图6-33），突显自身优势特色，尤其是天然山石景观特色。

图6-33 牛尾陡历史恢复性景观（图片来源：课题组自绘）

（3）振兴模式：整合河流湿地，营造田园综合旅游

高铁时代的到来已经不再需要桂柳运河的航运解决物流、交通问题，而古运河现位于桂林市雁山新区中，区内分布着大量的事业机关单位、大学园、居住新区等资源，新区的建设急需湿地公园、绿道、蓝道生态线等环保设施，因此，将古运河打造成为雁山湿地公园、慢行绿道系统、水上游乐线路等，同时将运河周边田地与守陡村落规划成为田园综合体，发展绿色生态休闲农业，是一条可行性高的乡村振兴之路。利用区域人群资源，打开旅游市场，并结合大学城学术研究优势，将运河与守陡村落规划成集湿地保护、田园现代农业、科普教育基地为一体的新区生态后花园，既振兴乡村，而为地方生态造福子孙。

7. 结语

党的十九大对于国家现代化建设增加了"美丽"的新目标，城乡建设与生态文明要紧密结合，绿色的城乡特色营造与乡村经济共进发展更能满足时代的需求。桂柳古运河守陡村落类型丰富，以守陡历史文化、运河湿地景观为特色，通过坚持走发展运河生态型，以保留陡门历史文化优先、乡村农业环境原生完整为特色的乡村经济道路，逐步形成互为体系、整体发展的城乡文化关系。守陡文化村落作为桂柳古运河沿途中具有地貌特点、历史特色的人居环境类型之一，承载着省内河流文化和生态文明，随着城镇化的发展，守陡乡村人居环境各组成部分在逐步改变，面对前所未有的人类建设开发活动，表现出河流文化的脆弱性。应加强对其特色人居环境的保护，对于已恶化的环境应进行改善。可通过进行人居环境现状普查与建档体制，将乡村扶贫与环境改善同步进行，应用高科技环境监测技术，注重长效机制，进行可持续的改善规划，为营造"三大生态"作出努力。良好的乡村经济支撑城镇化特色健康发展，两者共进，互利互赢，特色城镇化发展促进乡村经济形成独特性，打开运河经济市场，扩宽乡村市场局面，城镇化特色加重乡村经济中文化比重，增加单体乡村经济价值比，为乡村经济特色专业化及创新发展带来契机。

（二）龙胜各族自治县广南村河流水体与神话景观设计

广南村位于广西壮族自治区桂林市龙胜各族自治县西北部的平等乡，该村落地处湘桂交界，是一个具有上千年历史的侗族古村。千百年以来，广南侗族人民在此繁衍生息，独特的地理气候环境造就了特有的水木侗寨地域文化。俗话说：一方水土孕育一方文化，广南村位于平等河与甲江两河交汇处，因此，广南村又名为甲江寨，以河流命名，可见族人对河流资源的珍爱。广南村水资源和山林资源都尤为丰富，美其名曰为"水木侗寨"，由于其独特的自然地理因素，村寨形成了"森林—

丘陵—梯田—河流"的复合型农业场域特点，长时间的交通闭塞，使得这千年的地域性农业文化特征得以保存完好，族人还是沿用千年的传统农业生产方式，许多古老的农作工具与农耕习俗还能在村寨内看到。如图6-34、6-35所示，族人喜欢种植大糯，喜欢食用糯米饭，常在村边河流旁的晒禾台上晾晒糯穗。

图6-34 农业遗产现状图（来源于自摄）　　图6-35 农业遗产现状图（来源于自摄）

这最具广南侗寨地域性特色的"大糯农业"，在近几年的区域合作大发展的扶贫协作促进作用下，创建了"广南村大糯种植示范基地"，并逐步建立自己的生产经营模式，形成具有广南特色的大糯农业文化品牌。族人还摸索了以"大糯种植，稻田养鱼"为主导的新型农业产业，充分发挥了当地河流水资源的优势，因此形成以水资源为特色的农业文化旅游、体验的生产经营模式。大糯收割后会产生大量的稻草，族人用稻草制作出了草龙、草狮、草球等的农业文创产品，在农闲时分举行舞草龙、舞草狮的民族活动，现已被列入广西非物质遗产名录。如图6-36、6-37、6-38所示。

图6-36 草狮　　图6-37 村民农闲舞蹈

坐落于村寨平等河上有一座二百四十余年历史的广南兴坡风雨桥，这座风雨桥虽然已经经历二百四十余年风雨，但仍能供行人和轻型车辆通行；风雨桥与河流、山林组成了一幅美丽的山水画卷；广南兴坡风雨桥还有一段红色历史，在1934年12月，工农红军中央军委第一纵队长征期间，路过广南兴坡风雨桥，渡过平等河，这桥承载着广南侗族人民对工农红军的军民爱戴之情。

图6-38 草龙

1. 区位环境分析

广南村地处广西壮族自治区桂林市龙胜各族自治县西北部的山区地带，如图5-1所示；村落深处大山环绕之中，气候属于亚热带季风性类型，全年降雨量丰沛，年平均气温18摄氏度左右，年降雨量1 400至2 400毫米，温暖多雨的气候成就了广南成为龙胜优质大糯的主产区，而本次设计地块位于侗寨外平等河的开阔地带，如图5-2所示，地形类型覆盖了河谷水田、半山梯田、高山林地等基本地块，形成以甲江为主的流线型地域性农业遗产景观区域（见图6-39、6-40）。

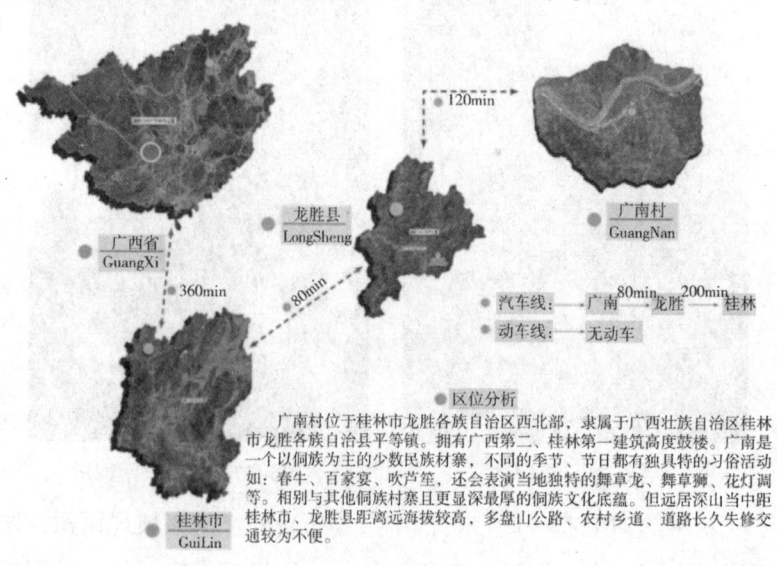

图6-39 方案区位分析图A

● 广南村设计地块

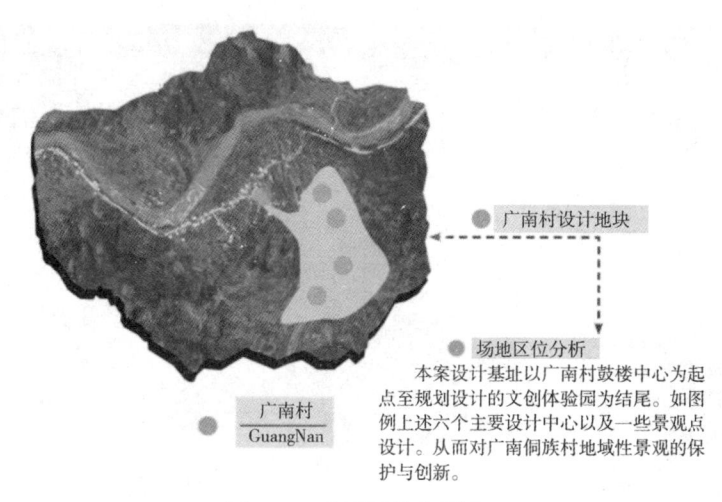

● 场地区位分析
本案设计基址以广南村鼓楼中心为起点至规划设计的文创体验园为结尾。如图例上述六个主要设计中心以及一些景观点设计。从而对广南侗族村地域性景观的保护与创新。

● 广南村
　GuangNan

图6-40　方案区位分析图B

2. 方案设计分析

河流文化体现方案结合广南侗族地区现有场地农业遗产资源，最终确定了以河流流线为主的线型分散式的研学性河流农业遗产景观。以甲江流线性为引导，结合左岸的梯田景观和右岸的大糯农业景观。如图6-41、6-43所示。

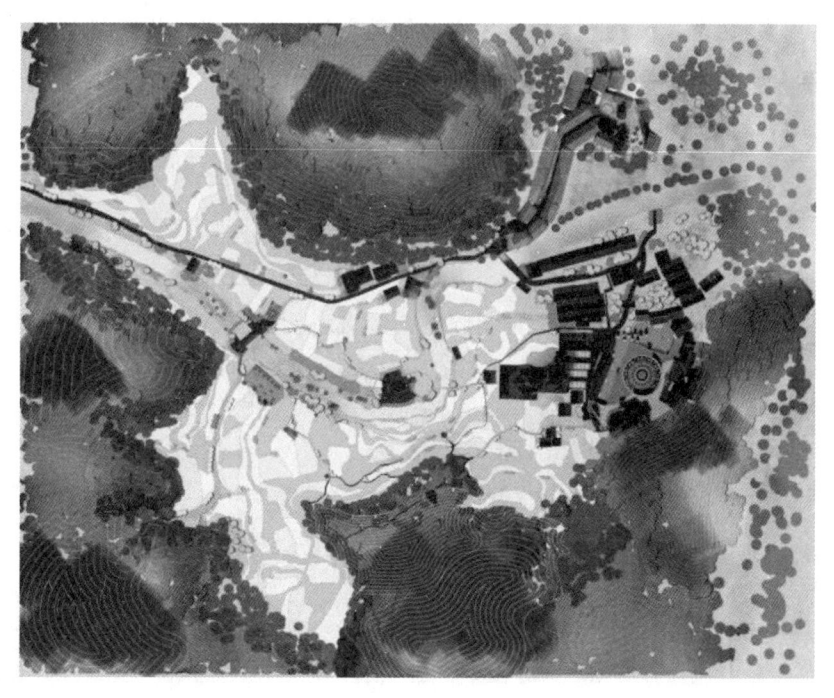

图6-41　方案彩平图

图6-42　设计模型现场展示图

3. 水体景观设计

（1）山谷引水渠——立体山泉农业遗产景观

广南地区有着丰富的山泉水资源，而引水管和引水渠的设计来源于广南地区侗族先民的农耕智慧，就地取材，利用当地毛竹掏空，一条条顺应地形首尾相连接（如图6-43所示），将高山泉水利用地形高差引流到山下，这因地制宜的引水设计既能节约山林材料资源也能提高取水的效益；同时既能满足当地四季的农业用水需求，也是一种自然风味的山水农业遗产景观。竹制引水渠的设置为游人以及当地农作的行人提供了24小时不间断、新鲜甘甜的清洁山泉水，这样的山泉利用设计不仅能提高参与人群对于环境的参与度，更能体验侗族先民在生活方式及农业生产方式的绿色生态理念。另一方面更是对侗族悠久的农耕历史文化的有效传承，将这种生态绿色的生产生活形式有效的延续下去（如图6-44、6-45所示）。

图6-44 引水管效果图　　　　　　　图6-45 引水渠跌景效果图

（2）叮咚水车——活动的河流立体景观

在对广南村考察时了解到该村落原有的水车早被毁坏，所以笔者在进行方案设计时还原了水车取水的节点，修建水车一方面是满足村中农作需求，让广南村居住的族人可以随时调用河水灌溉农作物；另一方面在河流两边让游客游览时也能参与水车取水的体验中，以亲身参与体会侗族农耕遗产文化。如图6-46、6-47所示。

图6-46　水车节点效果图　　　　图6-47　水车节点剖面效果图

（3）山泉跌水景观

山泉跌水景观是将山泉水通过引水渠流入村中河谷的跌水景观，在农业方面，可以解决雨季降雨过多时对梯田及稻田的水淹危害问题，及时地把多余的水量排导入山地的河流，以此避免降雨过多所带来的次生灾害。山泉跌落时叮咚叮咚，水滴溅落在两边的野草上，是一种极具生态效果的农业遗产景观，场景效果如图6-48所示。

图6-48　山泉跌水效果图

跌水造景同时也利用了该区域原有的河滩高低驳岸，划分了大小不一、深浅不同的储水景观。在夏季，游客可以在水池旁临水游玩、在池中欢快戏水，为该区域添加了娱乐戏水体验空间。储水池还有一个附加的作用，能为当地村民提供临时的寄养场地，方便了村民在民俗重要节日时捕获鱼类的生活习惯，可保证了鱼类的新鲜，作出最新鲜的侗族特色菜肴（如图6-49所示）。

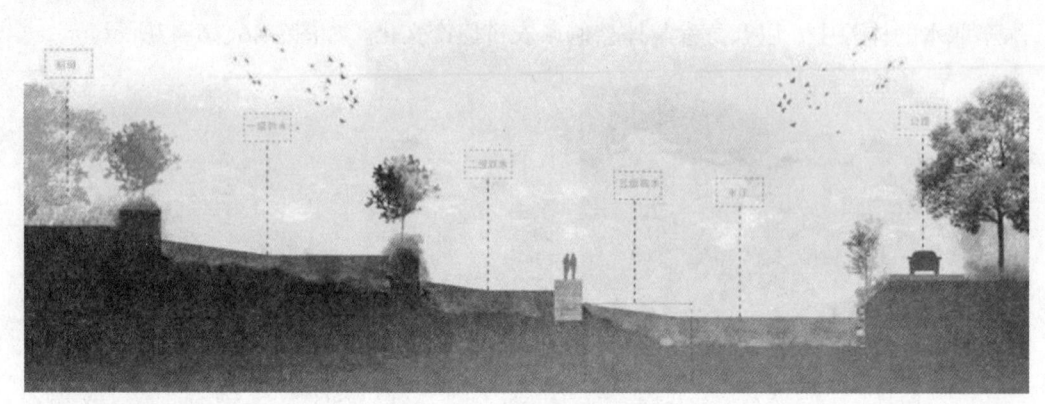

图6-49 山泉跌水剖面图

（4）生态垂钓池

将生态钓鱼池放置在场地中博物馆周边天然水池，因为那里地形落差起伏较小，同时也是山泉水所流经的区域，池中鱼类生长的是野生的山泉水鱼类，我们有意在田野间营造一处野趣横生的生态垂钓区，生态垂钓池与农庄相邻，便于游客游玩捕捉到鱼后可直接进行菜肴加工，整个过程可以感受到侗族先民原始的采集涉猎过程；每年秋季稻谷丰收之后，当地村民还能将放水后的稻田里养的野生稻花鱼转养在池中，以便于食用需要之时方便捕捞。生态垂钓池既丰富了当地的景观多样性，也能通过鱼类净化水源，让洁净的水流入村中河流（如图6-50、6-51所示）。

图6-50 垂钓池效果图

图6-51　垂钓区剖面图

4. 河流神话景观设计

在平面推导过程中，笔者结合了广南村原有神话遗留分布，由村落中心的广南鼓楼为始，穿越村内古官道将各个神话景观节点相连成游览线路，使分散式的节点变成有规划的流畅贯通，然后过风雨祭桥，最后行至神话园林收尾。在广南鼓楼设计环节中，通过鼓楼与祭祀广场相结合，形成了当地居民的综合祭祀场所，同时也是一个适合游人参与的集中式的神话景观空间。先是引导游人初探式了解广南村河流文化与侗族神话，同时也预留了神秘空间给余下的游览路线。古官道设计中最大程度地还原了历史管道的场景，让参与人群身临其境体会广南历史，并体会广南地区神话文化信仰由繁荣走向衰落的过程，结合现有的场景布置，重塑古官道以及广南侗族神话历史文化的实体性。而祭桥部分是整个方案的次要祭祀场所，体现了百年风雨桥的历史沧桑。神话园林分为两处，其一为一个小型的集散中心场所，不仅能为参与人群提供相应的休憩空间，同时也是一个较好的观赏点；其二为沿盘山栈道到山神庙的一个庙宇神话园林，幽长的栈道通往密林深处的庙宇，对神话神秘性有一个直观的营造，使整个方案形成共同体，形成一个具有地域性侗族特色的在河流文化神话环境。

笔者根据广南侗寨原始古村流传的三大祭祀活动进行功能分区设计，分别为：鼓楼萨玛祭祀区、风雨桥神话祭祀区、山神庙祭祀区三大祭祀分区。鼓楼祭祀区主要承担侗族萨玛神话的祭祀活动，以萨玛神庙为主要祭祀场所；风雨桥神话祭祀区主要承担着侗族河流神话信仰的祭祀活动，与大糯农遗景观相邻，构建一个河流农耕主题体验园区；山神庙祭祀区主要承担土地守护神神话祭祀活动，与周围神话景观节点相呼应，构成一个独具侗族神话色彩的祭祀活动展示区。三大祭祀分区相辅相成，采用神话园林的设计手法，用简洁明了的设计语言还原了具有民族河流与农耕特色的神话园林景观（如图6-52所示）。

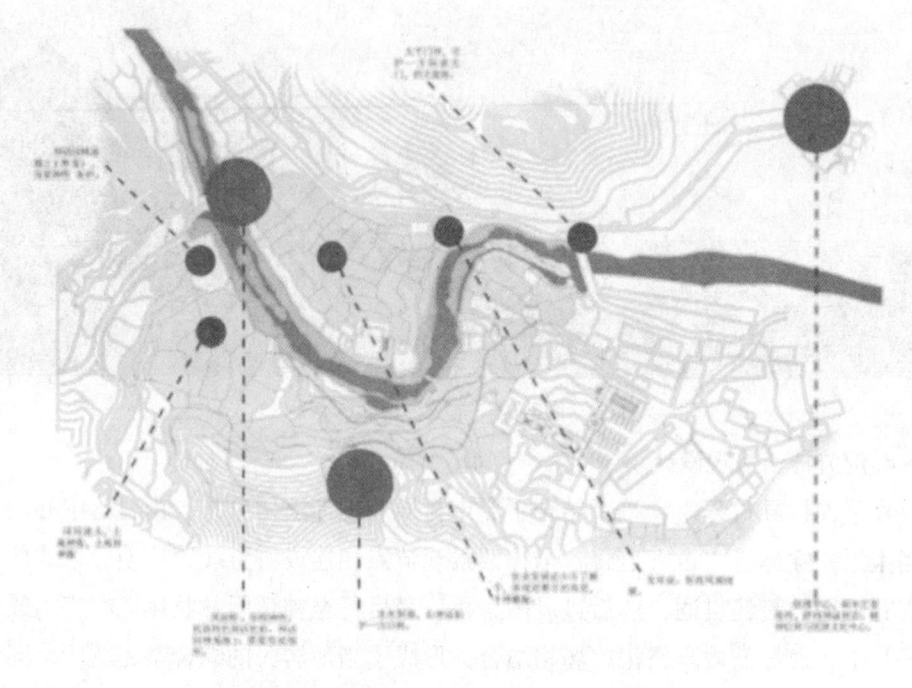

图6-52 祭祀功能分区分析图（来源于自制）

（1）风雨桥中心

风雨桥是个充满河流神话色彩与历史意义的场所，有花龙水中救人、风雨桥镇压螃蟹精等神话故事。多数侗族村落建造风雨桥时会在桥柱上刻画龙纹，可见侗族人民对河流神灵的一种强烈崇敬信仰。红军过草地时就曾经在广南风雨桥休息过夜，具有浓厚的护佑意义。村里侗族多种大型祭祀活动都会在此进行。风雨桥是主要的神话景观设计节点之一，围绕着风雨桥进行了神话景观营造，如图6-53、6-54是对风雨桥的正景与侧景进行展示。两点一线的空间形式，在廊亭上观景，凭栏眺望，四面田野，景色随季节的变化给予人们在桥上的感受产生不同的变化，一流溪水穿桥而过，景色迷人，令人陶醉。

图6-53 风雨桥正景　　　　　　　图6-54 风雨桥侧景

桥梁屋脊、飞檐、小青瓦组合图案线条、形状、形式等有规律的重复，形成了风雨桥场景特殊的韵律和节奏。硕大的桥跨结构，给人们一种厚重的感觉，桥身部分的屋顶都为重檐，大致看上去饱满厚重，从而不显得单薄，屋檐下跳出的吊瓜，为桥身直线构成的桥廊起到了点睛的作用，桥的一侧设计了一道斜坡，可为人们提供亲水的空间，风雨桥的左右对称式，在出入口出打破了出入口的对称形式，台阶的错乱上升，从平面上看与梯田景观逐渐融合，回归自然朴素，支撑部分由两大桥台和三大桥墩与桥跨组成，共同支撑着桥身部分（如图6-55、6-56所示）。

图6-55 风雨桥近景　　**图6-56 风雨桥远景**

风雨桥古井是风雨桥的中心景观节点。通过对当地村名的调查，笔者了解到在风雨桥前方靠左侧曾有一个清澈的古井。古井场景根据侗族风土习俗给予水景进行复原，便于族人各种祭祀活动时方便取水，旁边放置散落的青石，青石板环绕古井，还能为路过的行人提供一处清澈甘甜的水源（如图6-57所示）。

图6-57 风雨桥古井

村中历来都有在河边风雨桥旁祭桥祈福驱灾的习俗，笔者在甲江两岸、风雨桥前设计了一座抽象式的木桥用于该祭祀桥神活动，佑护来往人群平安。村内在古时每年二月初二龙抬头之日有祭桥求子之说，把桥当作新生儿来时的道路。村民祭祀桥神时，常向桥神祈祷以保佑家人平安顺心，更求香火不断、家族兴旺、祛病免灾，因而祭桥的设计是广南神话景观规划设计的一个重现场景（如图6-58所示）。

图6-58 祭桥点

笔者共设计了两处神话园林景观节点，第一节点在风雨桥左前侧，内容为一块石阵，便于村中在风雨桥进行面具表演祭祀活动，而石头阵中将平时祭祀用的魃头（面具）挂在石阵中的石柱上，给游人与村中后人一个了解与认知的环境空间，也是风雨桥景观的一个衍生场景（如图6-59、6-60所示）。

图6-59 神话园林一　　　　图6-60 风雨桥衔接

第二处神话园林场地所展现的是以柚子树为主的神话园林景观，将当地主要寓有神话祈福象征的果树结合在设计之中。该场地最靠近山中墓穴坟包，不仅需为广南侗族人提供一个祭祀祖先、缅怀先人的场地。也是整个神话景观祭祀路线中提供游人了解侗族墓葬文化的一处场地（如图6-61、6-62所示）

图6-61 神话园林二之一   图6-62 神话园林二之二

（2）自然信仰点景

广南侗族村是一个多雨水易发生洪灾的村寨，夏季气温高又易发生旱灾，龙母亭节点的出现是展示侗民与水灾、旱灾作斗争的景点，意在造福黎民百姓、不忘龙母恩泽。建龙母庙同时也今后便于年年祭祀，祈求风调雨顺、国泰民安（如图6-63所示）。

图6-63 龙母亭节点

在两次考察中，都在广南侗族村看到了古官道的广南太平门，可见广南村民对于门神非常重视，而且太平门建造位置独特，是村内与另一个村落的分隔区域，所以太平门的寓意就是守护广南驱邪避鬼、卫家宅、保平安、助功利。故本案设计中在太平门旁设计一座门神亭，为广南村民祭祀这位守护村落门户平安的神灵提供一个祭祀空间场景。亭子屋顶为歇山顶，材料是当地小青瓦与杉木，坐落在青石台基上，门神造型雄壮，呼应镇守的寓意（如图6-64所示）。

图6-64　门神亭节点

广南村是一个以农业耕作为主的村落，农耕生活中，他们与牛同生、用牛耕种、以牛为食，牛成了他们生存下去的重要保障，便有了祭牛神这种祭事活动，可见他们是敬牛爱牛的民族。每年农历四月初八或六月初六举行祭牛活动，称为"牛辰节"或"洗牛身"。当日要用鸡、鸭等祭品在牛栏旁边设案祭祀还会用特制的黑糯米饭喂牛，对牛为人耕作表示谢意。该节点以露天田间空间为场景，选择在大糯中心展示区设计了一尊石牛雕像，雕像坐落在一个45厘米高的台基上，便于祭祀时摆放祭品果肉，同时也供往来行人观赏（如图6-65所示）。

图6-65　祭牛神节点

村中神话传说只要有土的地方就会土地神，土地神神位有大有小，无论房前屋后、田间果林都有土地神，土地神为地方行政神，保护乡里安宁平静，土地神不仅可以保佑农业收成，也能保佑生意人经商顺利与旅客旅途平安，甚至还守护村中祖先坟墓不受邪魔的侵扰，可见土地神为当地之守护神祇，为十乡八里必拜之神。因此本案在稻作田间的梯田栈道边设计了一方土地神龛，寓意守护沿路而过的人群的平安福寿,也为日出而作日入而息的田间侗族儿女在农忙时早出晚归有一个保护平安的神话精神寄托,也充分展示了该侗族村落对于神灵的强烈崇拜(如图6-66所示)。

图6-66 田间土地神节点

山神之所以能受到人们的崇拜,是因为它能呼风唤雨,能保佑村民五谷丰登、牲畜兴旺,村民觉得它也能降灾降难,因此敬重它、恳求它、拜服于它。因此笔者在山中设计一座山神庙,意为山神能够带给村民生产生活等活动免受山洪泥石流等自然灾害的破坏。在山神庙旁放置一个放生池,是侗族村民感谢山神庇护而积善成德的场地,山神庙位于山顶稍低处,背有山为靠,面向稻田,庙前有放置民族图腾柱的场景空间,便于祭祀活动的开展(如图6-67、6-68、6-69所示)。

图6-67 远眺山神庙

图6-68　山神庙节点

图6-69　放生池节点

5. 小结

广南侗族神话景观的规划设计从实地考察、方案探究、方案设计到图纸展示都讲述了民族河流神话故事，设计上运用了大量的神话故事为题材，从神话精神信仰入手，以主要的鼓楼再到风雨桥为一连串设计为引导，展现人与神灵之间的精神纽带，人对神灵的信仰崇拜。烘托神灵的庇护，对于百姓来说能给他们带来平安健康、风调雨顺、驱邪避灾、送福求子的美好向往。总体来说就是对广南侗族神话传说的重现，使其在各方面展现出神秘性。加强人们对于神性的探究，营造一个和谐、神秘、充满浓厚神秘色彩的神话景观环境。

笔者期望通过此方案设计能够使广南侗族地区独特的地域性民族文化遗产得到重生，以形成一个集户外休闲、研学交流、文化体验于一身的综合型景观设计方案；而在这个重生的过程中唤醒人们对本民族文化遗产的自信感，对优秀民俗文化生态保护的紧迫感；并且服务于一方，带动该地区的经济发展。在设计方面尊重原住居民的生活所需，认真进行文化传承理念的科学推导，做到每一地块的设计都有理有据，以此达到设计效果的最优化，在传统的民族农遗文化体验空间进行大胆的创新设计，以此为大家呈现一个独具侗族地域性特色的大地景观。

结　语

笔者以珠江流域河流发展为研究背景，以"河流文化""文化价值"为两大脉络，"河流文化"围绕"文化"体系展开，"文化价值"围绕"价值"体系研究。两体系根据研究对象、关联因素、重难点及目标层层递进，寻求一条传承河流文化与价值多元转化的建设道路。具体研究内容总结如下。

1. 总结珠江流域民族河流文化构成与价值形成历程

①民族河流文化构成内容研究。从体系框架分解珠江流域民族河流文化的结构，并划分民族文化类型，概括其文化理念、文化生命、文化伦理与体制等文化特征。

②河流文化价值形成历程研究。从历史演变角度分析珠江流域民族河流文化价值形成过程，分别形成文化的社会、经济、人文价值内涵，总结历史中文化价值的出现、发展、转变等阶段特征。

③民族河流文化与文化价值演变关系研究。从文化传播学角度分析河流文化形成与文化价值演变两者间的关联，主要分析历史过程中文化内容对价值转化的影响机理。

2. 挖掘珠江流域民族河流文化特色与特色价值

①从珠江地域角度研究河流文化特色内容。分别调研珠江流域地域条件，包含其河流人文景观、河流节庆民俗、图腾崇拜、传奇故事等特色内容，形成珠江河流文化特色内涵，并从中收集影响特色价值的因素种类。

②从水域价值角度研究河流文化特色价值。收集珠江流域河流文化特色价值资源，建立文化特色价值数据库，整合文化价值特色对珠江生态、社会、经济保护的作用机理。

③从珠江民族角度整理民族河流特色文化与特色价值的关联。整合两者的关联网络图，精练概括珠江水系特色，寻求特色内涵的关键思想内容，确保特色延续的排他性。

3. 尝试更新珠江流域河流文化运用与文化价值

①河流文化运用的时代发展研究。根据珠江河流文化特色，扩宽文化特色运用

渠道，展开渠道类型、深度、广度研究，力求打造珠江河流文化品牌，提高珠江流域河流文化自信。

②文化价值的时代更新研究。针对珠江河流文化的时代危机，理清文化价值需求的变更部分，进行河流文化价值发展更新研究，包含价值理念、内涵、层次、目标的更新。

③河流文化发展与价值转化的时代更新关系研究。根据珠江流域时代发展新任务，总结河流文化价值转化现状症结，调整文化发展宏观规划，更新文化发展与价值转化的关系。

4. 珠江流域河流文化传承环境设计方案尝试研究

①桂柳古运河河流文化景观设计。立足于桂柳古运河场域的热点问题，结合国家政策与地方开发需求，进行运河河流文化景观规划设计，包含运河河流文化元素、景观小品、特色建筑、植物造景、水利特色构建等，传承河流传统优秀文化，延续传统文化精髓，推动文化的可持续发展。

②广南村河流水体与神话景观设计。根据时代发展需求，调研广南村河流现状与神话故事现状，尝试规划民族水体景观，并进行河流相关的神话景观营造。

致　　谢

  本书分别得到了广西师范大学设计学院刘涛教授、刘世军教授、孙启微老师、杨丽文老师、李敏老师、孙志远老师的大力支持；同时我指导的毕业生莫江耀、林子歆、班鑫、李莫凡、陈金森、刘斌、王志娟、廖福威等8位同学也参与了课题扩展出来的运河场地设计。在此对以上人员表达诚挚的感谢。

参考文献

[1] 《中国河湖大典》编纂委员会编著. 中国河湖大典（珠江卷）[M]. 北京：中国水利水电出版社，2013.

[2] 潘莹，蔡梦凡，施瑛. 基于语言分区的海南岛民族民系传统聚落景观特征分析[J]. 中国园林，2020（12）.

[3] 司徒尚纪编著. 中国珠江文化简史[M]. 广州：中山大学出版社，2015.

[4] 黄伟宗编著. 中国珠江文化史[M]. 广州：广东教育出版社，2010.

[5] 任敏康. 桂林市两江四湖规划布局研究与探讨[J]. 水利规划与设计，2016（09）.

[6] 覃圣敏等. 广西左江流域崖壁画考察与研究[M]. 南宁：广西民族出版社，1987.

[7] 张亚莎. 花山岩画——左江流域古代民族图像志[J]. 中国文化遗产，2016（04）.

[8] 覃乃昌. 壮族稻作农业史[M]. 南宁：广西民族出版社，1997.

[9] 刘善军. 山东省温泉分布规律及地下热水资源预测[J]. 山东地质，1998（06）.

[10] 莫凤欣. 广西节日文化[M]. 香港：香港天马图书有限公司，2003.

[11] 冯智明. 神话叙事与庆典仪式的互文——以桂北瑶族"渡海"神话和禁风节为中心[J]. 民族文学研究，2018（03）.

[12] 徐山. 雷神崇拜[M]. 上海：上海三联书店，1992.

[13] 王明丽，牛天伟. 从汉画看古代雷神形象的演变[J]. 中原文物，2002（04）.

[14] 覃乃昌. 布洛陀文化体系述论[J]. 广西民族研究，2003（03）.

[15] 霍雨丰. 西汉南越王博物馆研究丛书·南越物语[M]. 广州：岭南美术出版社，2019.

[16] 徐凌玉，张玉坤，李严. 明长城防御体系文化遗产价值评估研究[J]. 北京联合大学学报（人文社会科学版），2018（10）.